Rudolf Buddensieg

Johann Wiclif und seine Zeit

Rudolf Buddensieg

Johann Wiclif und seine Zeit

ISBN/EAN: 9783744615648

Hergestellt in Europa, USA, Kanada, Australien, Japan

Cover: Foto ©ninafisch / pixelio.de

Weitere Bücher finden Sie auf **www.hansebooks.com**

Johann Wiclif und seine Zeit.

Zum fünfhundertjährigen Wiclifjubiläum.

(31. Dezember 1884.)

Von

Rudolf Buddensieg.

Halle 1885.

Verein für Reformationsgeschichte.

Meinen

geliebten Eltern

zugeeignet.

Inhalt.

Einleitung.

„Hätte die starrköpfige Widerspenstigkeit unserer Prälaten nicht dem göttlichen und wundervollen Geiste Wiclifs im Wege ge= standen und nicht versucht, ihn als einen Schismatiker und Neuerer zu beseitigen, so wären vielleicht weder die Böhmen Hus und Hieronymus, noch selbst die Namen Luthers und Kalvins je bekannt geworden, und der Ruhm, allen unseren Nachbarn die Reformation gebracht zu haben, wäre völlig und allein unser gewesen."

Mit diesen Worten ruft der größte Geistesheld des 17. Jahr= hunderts, John Milton [1]), den ihm selbst verwandten Heldengeist Wiclifs seinen Zeitgenossen in die Erinnerung zurück. John Wiclif und Geoffrey Chaucer, William Shakspere und John Milton — welche Fülle und Kraft geistigen Lebens stellt sich uns in diesen vier Namen dar! Hat Milton, nach 250 Jahren noch von der Heldengröße seines Volksgenossen begeistert, aber nicht ohne Klage die geistesmächtige Persönlichkeit Wiclifs als den Mittelpunkt einer Geschichtsepoche seines Volkes gepriesen, so mahnt uns die sich immer mehr vertiefende geschichtliche Forschung, den Tag, an dem vor einem halben Jahrtausend der Vorreformator das Auge schloß, nicht ohne den Versuch vorübergehen zu lassen, die Bedeutung Wiclifs für die Gesamtentwickelung des abend= ländischen Geisteslebens zu begreifen.

---

1) Areopagitica, Ausgabe von Arber 1868, S. 68: „Had it not bin the obstinat perversenes of our Prelats against the divine and admirable spirit of Wicklef, to suppresse him as a schismatic and innovator, perhaps neither the Bohemian Husse and Jerom, no nor the name of Luther or of Calvin had been ever known: the glory of reforming all our neigh= bours had bin compleatly ours."

Buddensieg, Wiclif und seine Zeit. 1

Er war eine Persönlichkeit von universalem Charakter; ein
Mann, in dessen Geiste eine Fülle großer Eigenschaften sich har=
monisch einten, der das Gesamtleben seines Volkes und seiner
Zeit in charakteristischer Ausprägung darstellte, und von dessen
kräftigem Geiste sich hinwiederum im Bewußtsein seiner Zeitgenossen
zahlreiche Reflexe finden. Dem Rechte der göttlichen Wahr=
heit und der menschlichen Freiheit galt der Kampf seines
Lebens. Vaterland und Evangelium, Glaube und Freiheit sind
die beiden Pole, um die sich sein inneres Leben bewegt. Auf dem
Grunde des Volkstums und Christentums wurzelt seine Persön=
lichkeit. Von dem Kampfe um das politische Recht seines Volkes
ausgehend erblickte er die Aufgabe seines späteren Lebens in der
lebensvollen Verwirklichung der Forderungen des „göttlichen Ge=
setzes". In ihm verkörpern sich die nationalen und religiösen
Bestrebungen, welche gegen Ausgang des Mittelalters auf englischem
Boden zu einem heftigen Widerstreit entgegengesetzter Gewalten
führen. Dürfen wir von Luther sagen, daß er wie kein anderer die
Persönlichkeit der Reformation in sich darstellt, so ist doch auch
Wiclif kraft der Macht und Fülle seines Geisteslebens eine refor=
matorische Persönlichkeit in der ganzen Tiefe des Wortes. Wohl,
es war ihm nicht beschieden, die Kirche seines Vaterlandes zu re=
formieren und die religiösen Gedanken, welche seinen Kampf gegen
Rom beherrschten, im Leben seines Volkes bleibend zu verwirklichen;
dennoch hat er — das bestätigen uns die religionsgeschichtlichen
Forschungen der Gegenwart mit zunehmender Deutlichkeit —, was
er gelebt, auch uns nicht vergeblich gelebt. —

Von vielen wird jetzt, gelegentlich seines 500jährigen Jubiläums,
sein Name genannt, und doch, wie wenige kennen ihn. Nicht viel
mehr als seinen Namen weiß der Durchschnittsgebildete von ihm.
Vielleicht gedenkt der eine oder der andere noch an Oxford, Lutter=
worth und an seinen Kampf gegen die römische Wandlungslehre —
aber daß von diesem Manne die tiefgehendsten Einflüsse auf die
ihm nachfolgenden Jahrhunderte ausgeübt worden sind, daß die
Wellen der von ihm ausgehenden Geistesbewegung bis über die
Ufer unserer Zeit herüberschlagen, und daß auch wir noch bis zu
einem gewissen Grade von seinen großen Gedanken über Staat und
Kirche zehren, daran gedenkt niemand mehr. Nicht nur die Engländer,

seine Landsleute, sondern auch wir, seine Stammesgenossen im weiteren Sinne des Wortes, sind dem Andenken des großen mittelalterlichen Germanen in einem gewissen Sinne undankbar gewesen.

Wie das Abbild des Hauptes einer in die graue Vorzeit hinaufreichenden Königsreihe schaut auf die meisten unter uns — wer wollte es leugnen — sein trübes Bildnis herab, ohne bestimmten persönlich=individualisierten Ausdruck. Man muß, um ihn zu begreifen, dem Manne geschichtlich näher treten. Dann leuchtet wohl für uns durch die allgemeinen Züge des bisher bekannten Bildes ihr ureigenstes, individuelles Geistesleben hindurch und läßt uns erkennen, wie viel, nach einem schönen Worte Rankes, in dem großen Kampfe zweier feindlichen Gewalten doch wieder auf die Sinnesweise und sittliche Kraft der Einzelperson ankam, auf ihr Verhalten zu den großen Interessen, die sie vertreten, und zu den Gegnern, die sie bekämpfte. —

Als evangelische deutsche Christen aber haben wir die Pflicht, uns das Wirken dieses geistesmächtigen Mannes in die dankbare Erinnerung zurückzurufen, dessen Gewissen zuerst gegen die römischen Verkümmerungen des Evangeliums einen Widerspruch erhob, wie er von Luther 150 Jahre später allerdings vielseitiger und wirksamer, aber kaum entschiedener und tiefer begründet worden ist. Zwar fehlt Wiclif die Genialität, vor allem die Gemütstiefe, die uns bei Luther mit unwiderstehlicher Gewalt in den Zauber seiner Persönlichkeit bannt; auch war der Deutsche, wenn wir vergleichen wollen, zweifellos der größere Mann. Aber ihn und sein Werk hätten wir ohne Wiclif und Hus nicht gehabt, weil Wiclifs reformatorische Gedanken den abendländischen Gesamtgeist wesentlich beeinflußt haben. Die Universitätsbibliothek von Prag besitzt ein althusitisches Kantionale vom Jahre 1572, in dem die schönen Glaubenslieder der alttschechischen Kirche mit feinem künstlerischen Empfinden durch eine Reihe trefflicher Miniaturen illustriert worden sind. Dort finden wir auf einem der großen und schönen Pergamentblätter ein Lied auf das Gedächtnis des frommen Mag. Johann Hus. Neben der Initiale erheben sich, das eine über dem andern, drei kleine Rundbilder, auf deren erstem Johann Wiclif, der Engländer, abgebildet ist, wie er aus dem Steine Funken schlägt, während auf dem Mittelbilde Johann Hus, der Böhme, mit dem Funken

die Kohlen entzündet, und auf dem untersten Martin Luther, der
Deutsche, hoch über seinen Häupten die weithinlodernde Fackel
schwingt. Wie feinsinnig ist auf diesen Bildern von dem alten
Maler die göttliche Mission symbolisiert worden, die den drei
Männern zuteil geworden war!

Johann Wiclif ist der originale Geist, der mit den Mitteln
eines scharfen Verstandes und entschlossenen Willens auf dem Altar
der Kirche ein Feuer entzündete, welches die Seele seines Volkes
in ihren Tiefen ergriff, mehr als anderthalb Jahrhunderte in
seiner Heimat fortglomm und endlich in der englischen Refor=
mation unter Heinrich VIII. zu hellen Flammen emporschlug. —
Über die Beziehungen zwischen der englischen und der böhmischen
Bewegung verdanken wir Johann Loserth äußerst interessante Mit=
teilungen. Soweit die Lehre in Frage kommt, weist dieser ausgezeich=
nete Forscher nach, verläuft die Prager Bewegung fast ausschließlich
in den Bahnen der Oxforder. Theologisch verdankt Hus seinen so=
genannten Vorläufern nichts, Wiclif dagegen fast alles. Was
Hus, sagt Loserth [1]), von theologischem Wissen in seine ver=
schiedenen lateinischen Traktate niedergelegt hat, das verdankt er
fast alles dem Engländer, dessen Schriften er es nach fleißigem
Studium entnommen. Hus war in aller Wahrheit ein echter
Wiclifit. Wortgetreu und nicht selten mit großer Naivetät, aber
bona fide, hat er die Schriften seines Meisters kopiert. In Kostnitz
erlitt der fromme und demütige Mann den Märtyrertod nicht für
seine eigene Lehre, sondern für diejenige eines andern Mannes.
Husens Bild strahlte in der mächtigen Flammenlohe des Scheiter=
haufens in hellem Lichtglanze vor Mit= und Nachwelt auf, aber
tief im Hintergrunde durch das düstere Geleucht hindurch erhob
sich der Schatten eines andern, Johann Wiclifs. — Die Wellen=
schläge der von dem Engländer ausgehenden Bewegung gewahren
wir in den großen Reformationskonzilien des 15. Jahrhunderts,
und auch Luther bewegt sich bis zum Reichstage von Worms, wenn
auch völlig unbewußt — „wie mit starrem Staunen", sagt er [2]) —
auf der Linie Hus=Wicliffscher Gedanken. Vorahnenden Geistes

---

1) Hus und Wiclif (Prag, Tempsky 1884), S. 1.

2) Luthers Briefe ꝛc., herausgeg. von de Wette; Brief an Staupitz
vom 30. November 1519 I, 341.

hatte Wiclif, dessen ganze Persönlichkeit allerdings eine umfassende, reale Weissagung auf die nachfolgende Reformation war, das große Werk des deutschen Augustiners vorausgeschaut: „Ich vertraue", sagt er im Trialog, „daß einige Bettelbrüder, welche Gott zu unterweisen gefallen wird, sich zu der ursprünglichen Religion Christi mit aller Andacht wieder bekehren, ... von ihrer Un= treue lassen .... und alsdann die Kirche Gottes wieder bauen werden so wie Paulus [1])."

Johann Wiclif ist der Vater der Kirchenreform. Wohl traten vor ihm Männer auf, welche ihre Kritik auf einzelne Punkte des päpstlichen Systems lenkten, aber den prinzipiellen Bruch mit Rom, den ersten praktischen Versuch, die reformatorischen Gedanken im Leben eines Volkes durchzuführen, verdanken wir ihm. Wenn wir deshalb als deutsch=evangelische Christen bei der Betrachtung von Luthers Geistesthat mit berechtigtem Hochgefühle daran gedenken, daß wir die Reinigung der Kirche Gottes deutschen Impulsen ver= danken, so sollten wir doch auch nicht vergessen, daß die ersten reformatorischen Ideen und der Versuch ihrer praktischen Verwirk= lichung jenem älteren Sohne des germanischen Volksstammes an= gehören, dessen 500jähriger Todestag am 31. Dezember v. J. gefeiert worden ist.

Wir sollten das um so weniger, als die deutsche Wissenschaft es seit Jahrhunderten als eine Ehrenaufgabe angesehen hat, das Andenken des großen Angelsachsen zu Ehren zu bringen. Der Trialog, der bisher — mit Unrecht — als Wiclifs Hauptwerk angesehen worden ist, ist bis jetzt dreimal gedruckt worden. 1525 gab ihn aus Huttens Nachlaß dessen Freund Otto von Brunfels in Basel heraus. Die zweite Ausgabe erschien 1753 in Leipzig und Frankfurt, die dritte 1869 in Oxford; bezeichnend genug waren in allen drei Fällen deutsche Gelehrte die Herausgeber, in den beiden ersten Deutsche die Drucker.

Lechlers umfassende und tiefgehende Arbeiten auf diesem Ge= biete bezeichnen zweifellos eine neue Phase der Wiclif=Forschung.

---

1) Trialogus, Oxforder Ausgabe von 1869, S. 349: „Suppono autem quod aliqui fratres, quos Deus dignatur docere, ad religionem primaevam Christi devotius convertentur, et relicta sua perfidia, sive obtenta sive petita antichristi licentia, redibunt libere ad religionem Christi primaevam et tunc aedificabunt ecclesiam sicut Paulus."

Seine Monographie über Wiclif [1]) hat die Arbeiten aller seiner englischen und deutschen Vorgänger in tiefen Schatten gestellt. Auch die englische Litteratur des eben zu Ende gegangenen Wiclif=Jahres geht, so weit sie auf Beachtung Anspruch hat, fast ausschließlich auf Lechler zurück. Nur an vereinzelten Punkten hat sie auf Grund der inzwischen erfolgten Veröffentlichungen von neuen Wiclif=Texten [2]) die Forschungen des Leipziger Gelehrten weiterzuführen und neue Ergebnisse ans Licht zu fördern gesucht [3]). — Auch die neu ge= gründete Wiclif=Gesellschaft in London, welche sich die Heraus= gabe der sämtlichen noch ungedruckten Werke Wiclifs zur Aufgabe gesetzt hat, ist erst auf Anregung eines Deutschen gegründet worden [4])

1) Johann von Wiclif und die Vorgeschichte der Reformation, von G. Lechler. 2 Bde., Leipzig, Fleischer 1873.

2) Es kommen hier in Frage: Th. Arnolds Ausgabe der Select English Works of John Wyclif, 3 Bde., Oxford, Clarendon Press, 1869 bis 1871; die beiden ersten Bände enthalten englische Predigten Wiclifs. F. D. Matthew, English Works of J. Wyclif, hitherto unprinted. London, Early Engl. Text. Soc. 1880. Endlich die von mir besorgten Ausgaben der Lateinischen Streitschriften J. Wiclifs, Leipzig, Barth 1883 und des Traktats De Christo et suo advers. Antichristo, Gotha, F. A. Perthes, 1880.

3) Dies wird nicht ohne Erfolg von Pennington, J. Wiclif, Life, Times and Teaching, London 1884, versucht. Seine Schrift ist unter den er= schienenen Festschriften die umfassendste und recht gut; auf einige unbekannte Partien ist neues Licht geworfen, die Universitätsperiode ist auf Grund ein= gehender Studien mit Gewandtheit und in lebhaften Farben geschildert; auch der Überblick über Wiclifs Lehrsystem ist entsprechend den Bedürfnissen der Leser, die in weiten Kreisen gesucht werden, mit Geschick entworfen, dagegen genügt das letzte Kapitel über die Einflüsse Wiclifs auf die böhmische und namentlich deutsche Reformation nicht. — Ich selbst habe im Verlage von T. Fisher Unwin in London eine kleine Festschrift in englischer Sprache unter dem Titel: John Wiclif, Patriot and Reformer geschrieben — für populäre Zwecke.

4) Vgl. Report of the Wyclif Society, Ende 1883. Den unermüd= lichen Bemühungen namentlich F. J. Furnivalls in London, ferner des Professors der Neueren Geschichte Montagu=Burrows in Oxford und F. D. Matthews in London ist es gelungen, die Gesellschaft zu gründen und zu organisieren. Ihre Arbeiten sind gegenwärtig in vollem Gange. Als Vereinsschriften für 1882 und 1883 sind die von mir englisch bearbeiteten Streitschriften (Polemical Works of J. W. in Latin) erschienen; die Publikationen für 1884 (De Dominio divino und De Incarnatione) erleiden infolge der unabweisbaren Schwierigkeiten, die für die kritische Textbearbei=

und hat sich ihre beiden ersten Vereinsschriften von einem deutschen Theologen liefern lassen müssen, wie denn auch die Fortsetzung ihrer Arbeiten zu einem wesentlichen Teile in den Händen von deutschen Gelehrten liegt.

Die Aufgabe, welche der geschichtlichen Betrachtung der Person Wiclifs und seines Werkes für die Gegenwart gestellt ist, besteht in dem Nachweis seines inneren Werdens. Wir wissen, daß Wiclif, der auf der Grenzscheide zweier religiösen Anschauungen steht, auf den wichtigsten Lebensgebieten neue Marksteine gesetzt und tieferen Grund gegraben hat; aber in seinen Anfängen, seinem Werden und seinen Wirkungen ist der Anstoß, den er den westeuropäischen Völkern auf dem Gebiete des nationalen und religiösen Geisteslebens gegeben, wohl noch nicht zur Genüge erkannt worden. Wir kennen und schätzen in ihm den energischen Trieb freieren Denkens und seine tiefe, im Evangelium gegründete Innerlichkeit: wie er war, steht er vor uns, nicht wie er es geworden.

Darum erscheint es mir, abgesehen von den Forderungen dankbarer Erinnerung, welche das Wiclif=Jubiläum an uns deutsche Protestanten stellt, eine für die geschichtliche Würdigung des Mannes ebenso wichtige wie allgemein anziehende Aufgabe zu sein, in dem inneren Wachsen und Vorwärtsschreiten einer bedeutenden Einzelpersönlichkeit gleichzeitig die innere Vorwärtsbewegung einer großen und edlen Nation beobachtend zu verfolgen. Denn niemanden, der überhaupt Freude an geschichtlichen Betrachtungen hat, wird es gereuen, des Werdens und Wachsens eines Volks in seinem Hauptvertreter inne zu werden und durch liebende Betrachtung der Einzelpersönlichkeit im Rahmen ihrer Zeit und ihrer Bestrebungen den Pulsschlag der Volksseele in der einen oder andern Weise gleichsam nachzuempfinden.

Versuchen wir es deshalb, die große Persönlichkeit, welcher die nachfolgenden Zeilen gewidmet sind, aus dem Geiste ihrer Zeit zu verstehen.

---

tung namentlich in der den Herausgebern zugemessenen kurzen Zeit liegen, leider eine Verzögerung. Ihr Druck soll jetzt nahezu vollendet sein.

I. Wiclifs Jahrhundert.

Das Königtum.

Im 14. Jahrhundert gewahren wir in England einen groß=
artigen Aufschwung aller nationalen Kräfte. Wir sehen dort die
beiden großen, in den Urzeiten der Nation wurzelnden Staats=
gewalten, die Krone und das Parlament, in einen Widerstreit
geraten, nachdem sie eben den ersten großen Kampf um die politische
Selbstregierung des Landes gegen eine fremde Macht, den Papst,
gemeinsam und siegreich ausgefochten haben. Das allgemeine
Streben nach festen Verfassungsformen, welches um diese Zeit in fast
allen Ländern Europas zutage trat [1]), ergriff auch in England die
Nation und führte zu einem Siege der Volkspartei. Ein politischer
Aufschwung der mittleren und unteren Schichten der Bevölkerung
schien das Ergebnis des an wirtschaftlichen Fortschritten und glän=
zenden Kriegserfolgen reichen Jahrhunderts zu sein. Aber das=
selbe Jahrhundert barg nicht nur die furchtbaren Verheerungen des
„Faulen Todes‟, der Pest, in seinem Schoße, sondern auch die
Keime jenes schaurigen Blutkrieges von 100 Jahren, welcher die
Kraft der Nation auf lange Zeit hinaus brach. — In diese an

---

1) In Italien stellt Cola bi Rienzi 1347 „den guten alten Zustand‟,
eine Art republikanisches Regiment, wieder her; 1356 erlangen die venetia=
nischen Plebejer im Bunde mit dem Dogen nach blutigen Kämpfen mit dem
Abel ihre alten Rechte wieder; in Frankreich beschränken 1355 nicht weniger
als drei Ständeversammlungen die königlichen Rechte und verlangen Reformen;
1356 zwingen ähnliche Bestrebungen Karl IV., dem deutschen Volke das
Grundgesetz der Reichsverfassung, die Goldene Bulle, zu geben; auch in Ara=
gonien tritt 1348 an die Stelle „der gewaltsamen Macht der Union das
gesetzmäßige Ansehen eines Justicia‟; vgl. Hieron. Blancae, Rerum
Arag. Com., S. 810, und Ranke, Werke, Bd. XXXIII, xxviii.

ſchöpferiſchen Keimen reiche Zeit ſah ſich Wiclif hineingeſtellt. Sein Leben gehört den Regierungen der drei letzten Plantagenets, (Eduards II.), Eduards III. und Richards II. an.

Die Heldenkraft des Geſchlechts ſchien in Eduard I., dem Größten ſeines Stammes, ſich erſchöpft zu haben. Von den acht Königen, welche das Haus Plantagenet England geſchenkt, waren ſechs durch männliche Kraft, Charakterſtärke und klaren, feſten Willen ausgezeichnet. Dieſe Tugenden des Stammes mangelten dem entarteten Sohne Eduards, um mit erneuter Kraft in ſeinem Enkel wieder zu erſcheinen. —

Der Sproß eines ſchwachen und laſterhaften Vaters und einer verworfenen Mutter beſtieg Eduard III. als 14jähriger Prinz im Jahre 1327 den Thron ſeiner Väter. Sein Volk knüpfte an ſeinen Regierungsantritt keine Hoffnungen; waren doch die Erwartungen, die es in ſeinen Vater geſetzt, aufs ſchmählichſte getäuſcht worden [1]). Aber als er ſich von den übeln Einflüſſen, denen ſeine Jugend aus= geſetzt geweſen, befreit, gelang es ihm raſch, auf dem Throne Eduards I. die alte Kraft wieder heimiſch zu machen und die Krone der Plantagenets mit neuem Glanze kriegeriſcher, politiſcher und diplomatiſcher Erfolge zu umkleiden.

Blieben ihm auch demütigende Niederlagen nicht erſpart, der Ruhm, den größten Sieg des Jahrhunderts gewonnen und England durch die unwiderſtehliche Gewalt ſeiner Walliſer Kriegs= haufen zum erſten Militärſtaat Europas gemacht zu haben, gehört ihm. Frankreich entriß er bei Crecy den Kriegsruhm, dem feind= lichen Schottland nahm er ſeinen König. Bis nach Paris im Süden, nach Edinburgh im Norden reichte ſein mächtiger Arm. Als Ludwig der Bayer (1347) ſtarb, boten ihm die Kurfürſten die Kaiſerkrone an: kein Wunder, daß ihm in einem Jahrhundert, in dem edle Ritterlichkeit und perſönliche Tapferkeit alles galt, die Liebe eines begeiſterten Volkes zuteil wurde.

Stumpfe Thatenſcheu, ruhſame Behaglichkeit war ihm fremd. Den Reiz hinträumenden Behagens liebte er nicht. In niemand

---

1) „O qualis sperabatur adhuc princeps Walliae! Tota spes evanuit, dum factus est rex Angliae", ſo klagt in der Vita Edw. II., ed. Hearne, S. 136 ſein Zeitgenoſſe, der Mönch von Malmsbury.

stellt sich die kriegerische Art der Zeit so kräftig dar wie in ihm. Der zarte, schlanke Bau seines Körpers dämpfte nicht seine Lust an Krieg und Abenteuern, die den großen Volkskönigen der Vorzeit eigen gewesen. Die Gefahr vermied er nie. Was seine Person betraf, so konnte er sich auf seinen starken und geschickten Arm verlassen. Es war ihm eine Lust, seine persönliche Kraft in dem lustigen Spiel des Turniers und sein Leben in dem Getümmel der Schlacht einzusetzen. „So lange er noch lebt, soll der Prinz von Wales nicht um Hilfe an mich senden", rief er dem Boten zu, den der von französischen Rittern auf den Tod bedrängte Schwarze Prinz ihm in der Schlacht von Crecy sandte [1]). Vor Calais forderte er, um in die durch die lange Belagerung er= schlaffenden Kriegsunternehmungen Abwechselung zu bringen, einen französischen Ritter zum Zweikampf heraus und bestand ihn unter den bangen Befürchtungen der Seinen siegreich. Jagd und Kampf= spiel waren seine Lust. Oft erschien er, eine verkappte Ritter= gestalt, in den Turnierschranken und rannte seinen Gegner über den Haufen, bloß um sich an dem schallenden Jubel zu erfreuen, in den sein Volk ausbrach, wenn es unter dem geöffneten Visier die regel= mäßigen und energischen Züge des Plantagenet erblickte. —

Waren es nicht kriegerische Unternehmungen, in denen er seinen Thatendurst stillen konnte, so wandte sein rastloser Geist sich den Werken des Friedens zu. In Wilhelm von Wykeham hatte er einen Baumeister gewonnen, der mit dem Reichtum der orientali= schen Kunst nicht minder vertraut war als mit der schlichten Ein= fachheit der normannischen Bauformen, und auf den der Zauber der aufstrebenden Gotik nicht ohne Wirkung blieb. In den herrlichen Bauten, die der kunstsinnige König in Windsor und Oxford [2]) aufführen ließ, in den Wandmalereien der St. Stephanskapelle, die ihn und seine Familie darstellen, begegnen wir den Spuren seines auch künstlerisch empfindenden Geistes.

Von nicht minderem Glanze umgeben erschien dieser König, welcher der Schrecken seiner Feinde war, seinem Volke als das Haupt des prunkhaften Rittertums seiner Zeit. Er liebte den

---

1) Vgl. Green, History of the English people, (1878), I, 419.
2) Das New College ist seine Gründung.

Pomp der Turniere. Wie ein neuer König Artus rief er seinen Zeitgenossen die von dem Zauber der Sage und Poesie verklärte Tafelrunde in bewundernde Erinnerung. An dem Schimmer edler Steine und kostbarer Stoffe, an der schönen Form glänzender Waffen und an glitzernden Geschmeiden hatte er, „auch wenn er es an anderen sah", Gefallen. Den Ernst des Krieges unterbrach er durch den Lärm glänzender Hoffeste, welche die Stiftung des St.=Georgs und des Hosenbandordens feierten.

Den gemeinen Mann gewann er durch seine herablassende Art; dem Fremden sogar zeigte er sich zugänglich. Aus seinem götter=gleichen Antlitze leuchtete solche Huld, daß alle, die hineinsahen, bei Tage darüber fröhlich waren und nachts davon träumten, sagt ein gleichzeitiger Chronist von ihm [1]).

Schon in jungen Jahren zeichneten ihn scharfe Erfassung des Gegen=standes im geschäftlichen Verkehr aus. Fünf Sprachen handhabte er mit Geschick. In den gewichtigen Dingen der Welt, der politischen Unter=handlung war er gewandt, berechnend und von jener rücksichtslosen Härte, die noch keinem großen Manne gefehlt hat. —

So kommt es, daß auf keinem Könige des Landes die natio=nalen Erinnerungen des Engländers mit mehr Wärme ruhen als auf diesem ritterlichen Plantagenet. Schon seine Zeitgenossen, Künstler, Dichter und Chronisten, haben um das wallende Haupt=haar des königlichen Ritters Ruhmeskränze gewunden [2]).

Aber der glänzenden Erscheinung fehlen auch die Schatten nicht. Als er mit Einsetzung seiner ganzen Kraft sich die größten kriege=rischen Lorbeeren des Jahrhunderts errungen, befleckte er sein Heldentum durch den Mangel an Treue und durch verwerfliche Genußsucht. Ruhelos in seiner Politik und nach neuen Zielen strebend, warf er die Netze seiner schlauen Staatskunst über alle

---

1) Cont. Ad. Mur. 226 bei Knighton, De event. Angliae, col. 2630: „vultum habens deo similem, quia tanta gratia elucebat in eo ut" etc.

2) Einmal erscheint er in einer Schilderung bei Froissard auf dem Ver=deck eines Schiffs sitzend, im schwarzen Sammetwams und Biberbarett, „das ihm wohl zu Gesicht stand"; vor ihm steht Sir John Chandos, der ihm, ehe die feindliche Flotte auf dem Kanale in Sicht kommt, die fröhlichen Schlacht=gesänge und leidenschaftlichen Liebeslieder vorsingen muß, die er aus Deutsch=land mitgebracht hat; vgl. Pauli, Gesch. Englands V, 499.

Länder Europas, allen zu Diensten, keinem getreu. Den Papst spielte er gegen den Kaiser, den Kaiser gegen den Papst aus. Die Freundschaft der flämischen Städte mißbrauchte er zur Unterdrückung ihrer Beschützer, und die nationale Erregung über die nichtswür= digen römischen Erpressungen hinderte ihn nicht, sich mit dem Papste brüderlich in die Beute gemeinsamer Räubereien zu teilen. —

Nicht anders verfuhr er mit den eigenen Unterthanen. „Vor allen anderen Ländern und Königreichen liegt dem Könige England, das Land der Wonne und Ehre, am Herzen", ließ er seinen Kanzler dem Parlamente und dem Lande sagen, um den un= patriotischen Widerspruch desselben Landes und Parlamentes gegen seine unerträglichen Kriegssteuern niederzuschlagen. Als nach Tagen der verzweifeltsten Verlegenheiten seine Dankbarkeit über die vom Parlament neu eröffneten Hilfsquellen in die Ahnung umschlug, daß die politische Macht der Gemeinen eine Thatsache geworden, mit der zu rechnen sei, äußerte er so energisch wie vor ihm kein anderer König seinen Unwillen über die wachsenden politischen Frei= heiten und Ansprüche des dritten Standes. Für schwere Hilfsgelder bewilligte er die Anerkennung dieser Ansprüche; und als er jene eingestrichen, gewann es der ritterliche König über sich, alles Be= willigte für null und nichtig zu erklären. Der Vorteil der Krone und sein persönlicher Ehrgeiz waren das Maß, das er an diese Dinge legte. Die Machttendenzen, welche mit seinen französischen, aquitanischen, flandrischen und schottischen Kriegen verwachsen waren, nahmen ihm das Interesse an der konstitutionellen Fortentwickelung und an dem inneren Aufschwung des Volkes, der in seinen Augen die Rechte der Krone bedrohte. —

Die gleichen Mängel, Falschheit und Kurzsichtigkeit, Leiden= schaftlichkeit und Prahlsucht verunzierten seinen persönlichen Cha= rakter. Die Tapferkeit und den Todesmut der tapferen Vertei= diger von Calais hätte derselbe König, der sich gern als das Vor= bild des edlen und hochherzigen Rittertums rühmen hörte, mit ausgesuchter Grausamkeit bestraft, wenn nicht seine edle Gemahlin Philippa die durch Verrat Gefallenen in ihren königlichen Schutz genommen. Doch ließ der beutelustige König die reichen Güter der eroberten Stadt seinen räuberischen Händen nicht entgehen. Es gab in London keine Frau, sagt Walsingham, welche nicht

Kleider, Pelze, Federbetten und Schmuckſtücke aus der Beute von
Calais und anderen franzöſiſchen Städten beſaß. Während der
König ſich in die Eitelkeiten des Turniers verlor und die Ritter
ſeiner Tafelrunde mit glänzenden Ketten und ſchimmernden Ge=
wändern aus der franzöſiſchen Beute ſchmückte, kam ein furchtbarer
Feind über den Kanal, der auf ſeinem vernichtenden Todesgange
von den Küſten des Mittelmeeres her dem Herrſcher die Hälfte ſeiner
Unterthanen entriß. Aber dem Könige und ſeiner Umgebung war das
giftige Verderben fremd geblieben. Die unheimlichen Drohungen der
Peſtilenz hatten ihn wohl geſchreckt, aber durch Tanz, Jagd und
rauſchende Spiele ſuchte er die mahnende Stimme zu übertäuben.

Schon von anderer Seite iſt darauf hingewieſen worden [1]),
daß für den ruhmloſen Ausgang ſeiner Regierung der Grund zum
Teil in ſeiner eigenen Erſchlaffung zu ſuchen iſt, und daß dieſe
hinwiederum ihren Urſprung in einem Übermaß von Sinnlichkeit
hatte [2]). So befleckte der König, den ſein eigenes Volk, ſo lange
er auf der Höhe ſeiner männlichen Kraft ſtand, als einen glor=
reichen Fürſten bewunderte, den die abendländiſche Chriſtenheit als
unbeſiegten Heerführer fürchtete, die Ehren ſeines Lebens durch ein
ſchmachvolles Alter. —

Die Glut ſeiner unreinen Leidenſchaft für die glänzende Er=
ſcheinung der Gräfin Salisbury konnte er kaum bändigen [3]). Zu=
letzt verſtrickte zügelloſe Sinnenluſt den Helden in die Arme und
Launen eines verworfenen und habgierigen Weibes, der Perrers.
In ſeinem ſtumpfen Alter ſcheute er ſich nicht, die ſchamloſe Perſon
als Königin der Schönheit in glänzendem Aufzuge durch die Straßen
von London an den Häuſern ſeiner ehrſamen Bürger vorüber=
zuführen oder ſie als Sonnendame zur Königin ſeiner Turniere zu
machen [4]). Von einer wahrhaft kindiſchen Neigung für die ſchlimme

---

1) Pauli, Geſchichte Englands, S. 501.

2) Cont. Ad. Mur., S. 226: „luxus tamen motusque carnis etiam in
senili aetate non cohibuit"; vgl. Walsingham, Histor. Anglic., S. 192.
193. Stubbs, Constit. Hist., S. 418.

3) Froissard, Les Chroniques I, I, 165 ff.: „si le férit tantôt
une étincelle de fin amour au coeur que madame Vénus lui envoya par
Cupido le Dieu d'amour."

4) Walsingham, S. 195. Cont. Ad. Mur., S. 205. Godwin,
Life of Chaucer III, 77.

Frau befangen, ließ er sich von ihr über Vogelbeize und Lebens=
hoffnungen unterhalten [1]), als ihn der Tod mit kalter Hand er=
griff, am 21. Juni 1377. Als sein Haupt auf die Brust herab=
fiel, und seine Füße und Hände zu erstarren anfingen, zog Alice
Perrers die kostbaren Ringe und Ketten von den erkaltenden
Gliedern, füllte sich damit die Taschen und machte sich heimlich
aus dem Schlosse davon. Ein einziger Priester blieb mitleidig
beim sterbenden Könige, reichte ihm, als der Tod seine Schrecken
auf das Antlitz warf, den Kruzifixus zum Kusse hin, hörte ihn noch
den Namen Jesus sprechen und absolvierte ihn von seinen Sün=
den. Dann schloß er dem Toten die Augen [2]). —

So unrühmlich endete der König, den sein Jahrhundert als
den größten gerühmt [3]).

Seine Lebensziele waren mit den vorschreitenden Jahren andere
geworden, als sie von dem Interesse seines zu innerer Kraft er=
starkenden Volkes gefordert wurden. Nachdem er unter unaus=
gesetzten Kriegen gegen auswärtige Feinde den Aufstieg zu den
Höhen des Lebens vollendet, aber auch die Kraft seines Volkes
durch immer erneute Kriegsforderungen erschöpft hatte, verloren
seine persönlichen Bestrebungen die Fühlung mit den Wünschen des
Volkes, welches im Bewußtsein seiner wachsenden Macht Rechte und
Pflichten der Krone gegen einander abzuwägen gelernt hatte.

———

In dem Parlamente hatte sich nach einer reichen geschicht=
lichen Entwickelung, als die Interessen des Volkes und der Krone
sich nicht mehr in gleicher Richtung bewegten, eine neue Macht
neben die Krone gestellt, deren Eingriffe in die Regierungsgewalt

1) Archaeologia, S. 280—283. Walsingham, S. 192.
2) Walsingham, S. 192.
3) Nicht ohne bemütigenden Schmerz „über die Wandelbarkeit und Schwäche
der menschlichen Natur", sagt Pauli, „überblickt man sein Leben oder be=
trachtet das eherne Bildnis, das ihm in Westminster gesetzt wurde. Da liegt
er mit den schönen, regelmäßigen Zügen der Plantagenets, mit dem wallenden
Haar und dem langen Barte, mit dem feinen zierlichen Körper, den die Zeit=
genossen so viel gepriesen."

schon Eduards Ahnen zu bestreiten gehabt hatten. Unter dem
ersten Eduard hatten die Gemeinen einen Freibrief zu erlangen
gewußt, der jede Steuererhebung von der Zustimmung der vier
Stände abhängig machte. Mit den erneuten Ansprüchen des
Königs an die Steuerkraft des Landes wurden ihnen neue Hand=
haben geboten, die Erweiterung ihrer politischen Rechte zu erzwingen.
Ihr politisches Vorwärtsstreben nahm die Form nationalen Er=
wachens an. Wenn Eduard I. wohl einmal mit leidenschaftlichem
Aufwallen die großen Ziele seiner Staatskunst, die Rechte des
Landes und die Übergriffe der Feinde den Gemeinen ins Gedächtnis
rief und zürnend klagte, daß ihre Zurückhaltung sein gutes Schwert
am Zuschlagen hindere, begegnete er der früheren patriotischen
Opferwilligkeit nicht mehr. Er mußte erkennen, daß seiner könig=
lichen Macht ein Rivale erstanden sei — im Parlamente.

Bei der Absetzung Eduards II. hatte diese ständische Vertretung
des Landes ihre Kräfte erprobt [1]. Der Versuch, willkürliche
Steuern abzulehnen, der Krone neue Minister und ein neues
Steuersystem aufzuzwingen, war dem schwachen Könige gegenüber
gelungen. Nun wuchsen den Baronen, und, nachdem sie den
König mit hatten entthronen helfen, vor allem den Gemeinen die
Flügel. Das Recht, die Räte der Krone zu bestätigen und im
gegebenen Falle zu bestrafen, wurde gefordert und bewilligt. Als
der vierte Stand erst erkannt hatte, daß er in dem Steuerbewilli=
gungsrechte eine schneidige Waffe gegen die königlichen Willkürlich=
keiten in der Hand habe, fanden die Gemeinen rasch die Formen
für die Stärkung der parlamentarischen Gewalt. —

Sobald das System der Separatbeschlüsse seitens der vier
Stände, der Prälaten, Barone, Ritter und Bürger Zeichen des
Zusammenbruchs aufwies, wurde zu der Teilung in ein Haus der
Lords und Gemeinen geschritten, im Jahre 1341 [2]. Der Klerus hatte
infolge seiner Zwitterstellung der Krone und der Kurie gegenüber
politische Bündnisse nicht suchen können. Der dritte Stand dagegen,
die Ritter, war zuerst durch die Gleichartigkeit der Interessen
und sozialen Stellung den Baronen zugeführt worden; aber nach=

---

1) Green, S. 392—394. Stubbs II, 360—361.
2) Stubbs II, 390—391.

dem im Jahre 1322 den Städten die volle Teilnahme an der
Gesetzgebung gewährleistet war, finden wir infolge von inneren
Wandlungen, die sich noch der geschichtlichen Kenntnis entziehen,
die Ritter gegen die Mitte des Jahrhunderts im engen politischen
und parlamentarischen Zusammenschluß mit den Städten.

Die Folgen dieser Verschiebung waren äußerst bedeutsame.
Aus dem breiten bürgerlichen Stratum der Bevölkerung zog das
Land die besten Kräfte. Ihm fiel in dem allmählichen Aufstieg der par=
lamentarischen Parteien und unter den wachsenden Geldverlegenheiten
der Krone die politische Entscheidung mehr und mehr zu, und so
gewahren wir am Ende unserer Periode, wie sich in dem wirren
Durcheinander von Interessen eine klare, zielbewußte Macht in dem
Bürgertum erhebt, das mehr als einmal seinen Widerstand gegen
die entgegengesetzten Bestrebungen der Krone erfolgreich richtet. —

Aber nicht der vierte Stand allein zog aus der politischen Wand=
lung seinen Gewinn. Gesondert in vier verschiedene, oft von ganz
entgegengesetzten Interessen beherrschte Teile hätten Klerus, Barone,
Ritter und Städte ihre Kraft in mancher Krisis zersplittert sehen
müssen. Eine dauernde Verbindung des Rittertums und der Baronie
hätte beide Stände der Hilfe beraubt, welche sie aus ihrer Ver=
bindung mit den immer reicher werdenden Handelsklassen zogen,
und sie zu einer aristokratischen Clique gemacht. Auf die Haltung
der Ritter kam bei dieser Lage der Dinge fast alles an. Mit den
Baronen verknüpften sie soziale, mit den Bürgern politische Inter=
essen: so wurde durch sie eine Verbindung der drei Stände ge=
schaffen, welche diesen jene Einheit des Empfindens und Handelns
gab, in welcher für das gegen die politischen Übergriffe des Königs
und die kirchlichen des Papstes ankämpfende Parlament die Gewähr
des Sieges lag.

Die Geschichte des Parlaments seit 1340 ist eine Geschichte
seiner Erfolge; in ihm vollzog sich in diesem Jahre die politische
Konsolidation des Reiches. Schwächten Eduards III. unausgesetzte
Kriege die wirtschaftliche Kraft des Landes, die politische Macht der
Stände mehrten sie. Der Preis für eine Geldverwilligung war
fast in jedem Einzelfalle ein politisches Recht. Schon 1331 gestand
der König den Ständen das Recht zu zu wählen, ob diplomatische
Verhandlungen oder Krieg vorzuziehen sei. Die flandrische Expedition

im Jahre 1338 erklärte er „unter Zustimmung der Barone und auf Bitten der Gemeinen" unternommen zu haben [1]). Als 1341 die Scheidung in zwei Häuser erfolgte, nahm in natürlicher Folge des erreichten Sieges bei den Gemeinen das Vertrauen in die eigene Kraft zu. Ihr politischer Einfluß war in stetigem Wachs= tum begriffen. Sie verlangten und erlangten, daß der König bei Ministerbesetzungen den „Rat des Hauses zu hören" habe, daß die Räte der Krone dem Hause einen Eid zu leisten und sich etwaigen Beschwerden gegenüber zu verantworten haben sollten [2]).

Das Streben der Nation hatte neue Formen und gegenüber der ermattenden Krongewalt neue Ziele zu finden. Denn mit jenem Anspruch war in aller Form der Grundsatz der Ministerverant= wortlichkeit ausgesprochen. Das Parlament war, nachdem ihm diese Forderung zugestanden war, ein ganz anderes geworden, als es bei Eduards Regierungsantritte gewesen. Der dritte und vierte Stand sah sich jetzt schon der alten Fesseln entledigt. Das Hoch= gefühl eigenen Könnens und das Bewußtsein nationaler Unentbehr= lichkeit hob die Brust dieser Männer und rief noch einmal alle Erinnerungen an die großen Kämpfe der Barone um die Magna Charta wach. Der König aber zog sich grollend und eifersüchtig auf die erweiterten Rechtsbefugnisse der neuen Macht zurück, weil er den Teilnehmer an den bisherigen Kronrechten bei jeder neuen staatlichen Verwickelung neu empfand [3]).

Aber die Zeit und die Geschichte des Landes heilten mit innerer Notwendigkeit den Riß, den die königliche Laune, Willkür und Unmut zwischen Krone und Volk geschlagen. In weit höherem Maße nämlich, als die von dynastischen Interessen beherrschten französischen Kriege es gethan, brachte der nationale Widerspruch gegen die verwerflichen Übergriffe der geistlichen Macht eine all= mähliche Versöhnung der getrennten Gewalten zustande.

Unsere Betrachtung hat sich demgemäß den nationalen und kirchlichen Verhältnissen Englands im 14. Jahrhundert zuzuwenden,

---

1) Green, S. 413—414.
2) Rot. Parl. II, 128. 130.
3) Weber, Weltgeschichte I, 894—895.

wenn sie den folgenreichen Abfall, der mit Wiclifs Namen be=
zeichnet zu werden pflegt, unserm Verständnis in seinem tieferen
Grunde vermitteln will.

Werfen wir einen Blick auf das englische Volkstum, auf
dessen Grund sich die reformatorische Gestalt Wiclifs erhebt, so ge=
wahren wir um die Mitte des Jahrhunderts in den Tiefen der
Nation eine Welt von Gegensätzen, ein wirres Durcheinander von
Klagen und Hoffnungen.

Seit jenem schmählichen Tage, an dem Johann Ohneland gegen
den Widerspruch seiner Barone, „das Reich zur Magd des Papstes"
gemacht hatte, begann die innere Festigung des englischen Volks=
tums sich zu vollziehen.   Als im Jahre 1204 die Normandie an
die Krone Frankreich zurückgefallen, und damit der Zuzug der nor=
mannischen Einwanderer gehemmt war, trat, befördert durch den
gemeinsamen Kampf gegen den auswärtigen Feind, eine innere
Annäherung und allmähliche Verschmelzung der beiden das Land
beherrschenden Volksstämme ein.

In den parlamentarischen Kämpfen gelangte das einst unter=
worfene, rein germanische Element, das im niederen Volk und
Adel seine Wurzeln hatte, allmählich zu freierer politischer und sozialer
Geltung.   Die Städte, namentlich die Häfen, hatten sich von
Mischung nicht freihalten können; fremdländische Schichten, Fran=
zosen, Flamländer, Hansen, Normannen, Schotten und Walliser
hatten sich angesetzt und stärkten den Stamm, den die freigewor=
denen Sachsen bildeten: fast alles Männer von Unternehmungs=
geist, kräftige und gescheite Naturen, die mit Aufbietung aller von
einem energischen und intelligenten Könige in die rechten Bahnen
geleiteten Kräfte die Herrschaft des Meeres und der dem Insel=
lande zunächst gelegenen Küstenstriche anstrebten.   Durch diese
Handelskanäle strömte nun ein ungeheurer Reichtum ins Land.

Durch Ackerbau und Schafzucht, durch einen rasch und glücklich
entwickelten Handel war seit Eduards III. Regierungsantritt der
Wohlstand des Landes von Jahr zu Jahr gewachsen.   Schon
damals durfte sich England, im Vergleich mit seinen Nachbar=

ländern Deutschland, Italien, Anjou und Frankreich einer außer=
ordentlichen Wohlhabenheit, ja Reichtums rühmen [1]).

Englland zählte im 14. Jahrhundert, vor dem Einbruch des
Schwarzen Todes, etwa 3—4 Millionen Einwohner; die aus=
ländischen Verwickelungen, die das Land mehr und mehr auf den
Beruf eines Handelsstaates, auf die Pflege kaufmännischer Be=
ziehungen zu Italien, Spanien und Portugal, namentlich zur
deutschen Hansa, hinwiesen und die Erwerbungen von Stapel=
plätzen und Kolonieen begünstigten, kamen ihm vielfach für seine
handelspolitischen Bestrebungen zustatten.   Das Beispiel der fremden
Nationen, die den englischen Markt teilweise beherrschten und überall
in englischen Seeplätzen ihre Faktoreien und Lagerhäuser errichteten,
lockte die Einheimischen nicht nur zur Nachfolge, sondern spornte
sie auch zu dem Wetteifer an, es dem Lehrmeister zuvorzuthun.
Bald sahen in der That die italienischen Wechselbanken und die
hanseatischen Verkehrsvermittler, daß ihre Dienste von den Londoner
Kauf= und Schiffsherren ersetzt wurden.   Sie waren gezwungen,
jene in den deutschen Grenzgebieten, diese im Inlande, das verloren
gegangene Absatzgebiet wiederzugewinnen.   So erfreute sich der
englische Handelsstand eines wachsenden Gedeihens [2]).   Von

---

1) Es ist schwierig, über den Umfang und Wert der Ein = und Ausfuhr
des größten englischen Hafens (London) ein einigermaßen sicheres Urteil zu
gewinnen.   Für den Sack Wolle z. B. ließ sich der Londoner Kaufmann
4—10 Pfd. Stlg. zahlen.   Noch größere kaufmännische Gewandtheit besaß
ein geistlicher Herr, der Bischof von Lincoln, der mit seiner Wollschur, 20 000
bis 30 000 Sack, nach den Niederlanden fuhr und dort einen ungeheuern
Gewinn erzielte, weil er für den Sack, der ihn selbst 9 Schilling kostete, bis
zu 20 Pfd. Stlg. erhielt (vgl. Knighton, col. 2570: „imposito precio
IX marcarum ad saccum . . . vendiderunt ibidem quemlibet saccum pro
viginti £.   Im Jahre 1350 passierten den Tower, der den Londoner
Hafen beherrscht, nicht weniger als 13 429 Tonnen schwerer Wein.

2) Von Wilhelm de la Pole, einem reichen Londoner Kaufmann, ließ
Eduard III. sich einmal bewirten, nicht ohne dem Bürgertum die Ehre vor=
zuhalten, die durch den königlichen Besuch einem seiner Mitglieder widerfahren
war.   Derselbe Pole hatte ein andermal dem König die Summe von 18 500
Pfund Sterling auf einmal vorgestreckt (vgl. Macpherson, Annals
of Commerce I, 512).   Im Jahre 1348 verfiel der König, in neuer Be=
drängnis, auf den Einfall, den Osterlingen und Hansen für ihre Geld=

2*

allen Seiten führten die Galeeren den Stapelplätzen des englischen
Handels die Reichtümer ihrer Länder zu. Zwischen den italieni=
schen und englischen Küsten war reger Verkehr, und nachdem die
Kreuzzüge in Palästina keine Opfer an Menschen und Gütern mehr
aus Europa forderten, erhob sich ein nicht minder lebhafter Schiffs=
verkehr zwischen England und den Ostseeprovinzen, Litauen und
Rußland, der den Deutschrittern in Preußen nicht nur unwillige
Kreuzfahrer, sondern auch geschäftige und geschickte Kaufleute zu=
führte. Auch mit dem südlichen Frankreich und Spanien bestanden
vielfache und fruchtbare Handelsverbindungen.

In natürlicher Folge wuchsen mit dem wirtschaftlichen Fort=
schritte die Lebensbedürfnisse der besitzenden Klassen. Nachdem die
furchtbare Geißel des Schwarzen Todes die Insel verlassen, und
fast gleichzeitig die Ansprüche an die Leistungsfähigkeit des Landes
nach Abschluß der französischen Kriege sich verringert hatten, ver=
loren die reichen Bevölkerungsschichten sich in eine maßlose Lust an
den Eitelkeiten des Lebens. Verschwendung, Üppigkeit und Sinnen=
lust schossen in rasche Blüte. Auf den Schmuck des Lebens, kost=
bare Kleider, edle Steine und anderes Schaugepränge wurden Un=
summen verwendet. In Weinschenken und Glücksspielen, in Gelagen
und Reiterzügen, die nicht selten vom Könige selbst angeführt
waren, ging die angelsächsische Einfachheit und Mäßigkeit verloren.
Während der König alles fahrende Volk, die leichtsinnigen Frauen
insonderheit „zu Nutz und Frommen der Studenten" aus Cam=
bridge auswies, und der Mayor von London die Einführung flan=
drischer Mädchen in die Londoner Weinschenken mit schweren Bußen
belegte, wirkte das schmähliche Beispiel, welches die sittlich verwil=
derten Barone und nicht zum mindesten der König selbst mit den
Prinzen seines Hauses gaben, auf die reicheren Bevölkerungskreise

---

unterstützungen die Wollpachtgefälle anzuweisen, und aus demselben Jahre
ist uns der Name eines großen deutschen Kaufherrn, Tidemanns von Limberg,
erhalten, der den einträglichsten Handelszweig von Cornwallis, das Zinn=
geschäft, mit Beschlag belegte.

entsittlichend weiter. In zerschlitzten Kleidern, Schnabelschuhen [1]),
silbernen Schnallen und goldenen Spangen, in wallendem Feder=
schmuck und schwerer Kleidertracht trug der wachsende Reichtum des
Landes sich zur Schau und begann „durch den Prunk barocker
Kontraste allmählich die künstlerisch schönen mittelalterlichen Formen"
zu verdrängen.

Aber in den Tiefen des geknechteten Volkes wurde dieser
Kleiderprunk, die Verschwendung und unsittliche Üppigkeit der Vor=
nehmen und Reichen mit Mißgunst empfunden. Laut und allseitig
ertönen die Klagen über Stolz, Übermut, Prachtliebe und Scham=
losigkeit. In jenen Tagen, schreibt ein Chronist, erhob sich
ein Gerücht und Gerede unter dem armen Volke, daß, wo ein
Turnier abgehalten werden sollte, sich große Scharen von Damen,
der schönsten und geschmücktesten des Königreiches, aber nicht der
besten, einfanden, manchmal 40 oder 50 an Zahl, als ob sie selbst
zum Turniere gehörten. Diese Frauen prangten in den bunt=
farbigsten und herrlichsten Mannskleidern daher, in fliegenden
Mänteln mit den Parteifarben der Turnierkämpen, mit kleinen
Kappen und mit Bändern, die sie kreuzweise um den Kopf ge=
wunden, und mit goldenen und silbernen Gürteln, in denen sie
kleine Dolche trugen. So kamen sie auf auserwählten Rossen zum
Turnierplatz angeritten, vergeudeten ihre Güter und verdarben ihre
Leiber mit den verächtlichen Dingen des Lebens, daß man überall
das dumpfe Murren der ‚armen Leute‘ vernehmen konnte. Denn
jene fürchteten Gott nicht und verachteten die ehrbare Stimme des
Volkes [2]).

---

1) Sie scheinen mit der Königin Anna, der Gemahlin Richards II., aus
Böhmen gekommen zu sein. Am Ende des Jahrhunderts waren sie in allen
Ständen, vom Hofherrn bis zum Handwerker herab, im Gebrauch. Sie
mußten mit silbernen Ketten am Beine festgebunden werden, damit man
gehen konnte; cf. Mon. Evesham., Vita Ric. II, S. 126: „cum longis rostris
(anglice Cracowys vel Pykys) dimidiam virgam largiter habentes ita ut
oporteret eos ad tibiam ligari cum cathenis aureis, antequam cum eis
possent incedere."

2) Green, S. 428.

Je höher der Wohlstand des Landes stieg, um so tiefer und allgemeiner wurde der soziale Riß. Von Jahr zu Jahr nahm er zu. Die blinde Lust am Vergeuden und der schroffe Stolz der Herrschenden entzündete Mißgunst und Groll, Verbitterung und Murren in den Schichten der armen Dorfleute; denn nur einer kleinen bevorzugten Klasse, nicht der breiten Masse des Volkes, fielen die Früchte des wachsenden Nationalwohlstandes in den Schoß. Dazu kam, daß die wirtschaftliche Lage des Dorfmannes, wie sie sich geschichtlich entwickelt, nicht dazu angethan war, ihn mit den Entbehrungen zu versöhnen, welche ihm die neuen Verhältnisse brachten, und seinen begehrlichen Blick vom leicht erworbenen Gute des prassenden Kaufmanns abzuziehen.

Seit der normannischen Eroberung war der Druck, der auf der angelsächsischen Leibeigenschaft auch früher lag, durch die rück= sichtslose Härte der Barone unerträglicher geworden. Wilhelm des Eroberers Adel hatte den angelsächsischen Bauern die Be= dingungen eines persönlichen Freiheitslebens vollends genommen. Klangen dann aus den Liedern der Väter die Erinnerungen an die glücklicheren Zeiten des guten Königs Alfred wieder, in denen Fürst und Volk sich eins fühlten, so ergriff Bitterkeit, Haß und Zorn über die harte Hand des Fremden das angelsächsische Herz. Was der Bauer an Arbeitskraft besaß, das nutzte der normannische Adel und der Klerus durch die erzwungenen Hilfsleistungen beim Ackerbau und der Viehzucht aus; über seine Freiheit verfügte die Willkür, oder, was schlimmer war, die Laune des Herrn. Leib und Leben des Mannes, seines Weibes, seiner Kinder und Haus= genossen war ein Kaufstück geworden. Von einer Hand ging es in die andere über, und immer schien es neuen, erbarmungsloseren Bedrückungen ausgesetzt zu werden.

In wehmütigen Weisen macht sich der Jammer und das Elend des armen Villein Luft. „Das Gras von der Wiese, das grüne Korn am Halm, das Hemd auf seinem Leibe" — nichts wird von den gierigen Händen der Herren geschont. Unter dem Drucke der Zeit entsteht eine ganz neue Litteraturgattung. Jetzt kommen, seitdem der französische Einfluß im Volksleben abzunehmen beginnt, keck, frisch und naiv die ersten Blüten einer englischen Volkslyrik ans Licht. Ohne die künstlerische Abrundung des Satzbaus, oft

ungeſchickt in der Form und ohne ſichere Beherrſchung der noch
ungelenken Sprache atmen dieſe Bauerndichtungen doch eine Innig=
keit und Wärme, wie ſie nur unmittelbarſter Empfindung eigen
iſt. Da wird über alles, was das häusliche und öffentliche Leben
bewegt, das Goldneß des Sanges geworfen: über die geraubte
Kuh und das zerſtörte Kornfeld, über die Kriege in Schottland
und Frankreich, über eine Heldenthat oder Meerfahrt des Königs,
über ſeinen Tod und ſein Begräbnis — aber doch herrſcht die
Klage des armen Mannes über die ſchlimmen „letzten‟ Zeiten vor.
Hier im Liede durfte ſein häuslicher Jammer noch zu Worte
kommen. „Geſetz herrſcht nicht mehr, nur Unrecht und Gewalt=
that; Üppigkeit und Falſchheit ſind im Schwange; mit ſeinem
Schweiße und ſeiner letzten Kraft muß der Arme dem ſchlemmen=
den Prälaten und hartherzigen Barone dienen; er muß die Feld=
frucht ſeines einzigen Ackers verkaufen, um dem Könige Zins zu
ſchaffen, und ſein letztes Stück aus dem Stalle hergeben, weil es
die Laune des Herrn ſo will.‟

> „Weg führten ſie die braune Kuh, —
> Doch waren's keine Dänen —
> Das treue Tier, denk' ich daran
> Da kommen mir die Thränen‟ [1]..

Den Klagen fehlte der religiöſe Zug nicht. Gab es auf Erden
Barmherzigkeit und Gnade nicht mehr, der barmherzige Gott im
Himmel konnte nicht vergeſſen, was er dem Erdengeſchlechte in
ſeinem Sohne, dem Erlöſer, zugeſagt. Wenn alles auf Erden
nichtig war, das Leben ſelbſt eine lange, ſchwere Laſt, dann ſchien
nur das gute Werk, das für den Himmel gethan wird, wahrer
Beſitz und hatte allein bleibenden Wert, weil es „auf der Toten=
bahre‟ einen ungnädigen Gott zu verſöhnen vermochte.

> „When thou liſt, mon, oppon bere
> And ſlepeſt thene longe dreri ſlep
> Ne ſhalt thou haven with the non fere
> But thine workes on a hep‟ [2].

---

1) Political Songs, S. 150:
> „Seththe he mi feire feh fatte y my folde
> When y thenk o mi weole wel neh y wepe.‟

2) Dieſe Verſe, dem MS. Digby, 86 Oxford, Bibl. Bodl. entnommen,

Gottes Zorn ist über die Welt gekommen, weil sie im Argen liegt,
und kein Helfer, der von Verrat, Arglist und Unterdrückung be=
freie, ist zur Hand.   Nur in dem Kinde, das die liebe Frau Maria
zur Welt geboren, waltet Gottes große Güte und Gnade über
denen, die ihn lieben [1]).   Die Tröstung der Religion mildert die
Klagen, in deren schwermütige Seufzer sich die Zuversicht auf das
göttliche Erbarmen hineinmischt.   Mit dem Aufblick zu den Höhen,
von denen die Hilfe kommt, schließt in einer ganzen Reihe von
Liedern der Dichter seine herzergreifenden Klagen ab. — Von den
Menschen, von Bischof und Pfarrer, am wenigsten von Mönch
und Bettelbrüdern, ist Hilfe zu erwarten, denn sie alle sind von
der Weise ihres Herrn und Meisters abgewichen und wandeln auf
den sündigen Wegen der Welt [2]); durch betrügerischen Handel bringen

---

gehören, soweit aus der Handschrift zu ersehen ist, dem Anfange des Jahr=
hunderts an; abgedruckt im Classical Museum II, 466.

1) Polit. Songs I, 252:

„Sykerliche I dar wel say
In such a plyt this world is in,
Mony for wynyng wold betraye
Father and moder and al his kyn.
Non were heih tyme to bigyn
To amende ur mis, and wel to fare;
Ur bagge hongeth on a cliper pyn,
Bote we of this warnyng be ware. —
Be war, for I con sey no more;
Be war, for vengeance of trespas;
Be war, and thenk uppon this lore;
Be war of this sodeyn cas.
And git be war while we have spas,
And thonke that child that Marie bare.
Of his gret goodnesse and his gras
Sende us such warnyng to be war."

2) Polit. Songs I, 263. 264:

„Preste, ne monke, ne git chanoun
Ne no man of religioun,
Gyfen hem so to devocioun
        As don thes holy frecs.
For summe gyven hem to chyvalry,
Somme to riote and ribandery;
Bot ffrers gyven hem to grete study,
And to grete prayers,
Who so kepes thair reule al,
Bothe in worde and dede;
I am ful siker that he shal
Have heven blis to mede. —

die Bettelbrüder den armen Mann um die sauer erworbene Habe, durch schlaue Verführungskünste um die Treue seines Weibes.

Ehrlichkeit und Wahrheit sind von Erden geschwunden, so klagt damals in seinen berühmten „Gesichten Peter des Pflügers" ein zeitgenössischer Dichter, bei dem wir einen Augenblick verweilen müssen.

An einem sonnenbeglänzten Maimorgen ist William Longland aus dem lauten London hinaus ins blühende Land gewandert, an einer Quelle auf den Malvern Hügeln in Schlaf gesunken, und nun läßt er an seiner träumenden Seele eine Reihe von Bildern vorüberziehen, welche im Gegensatze zu der heitern Lebensfreudigkeit seines Zeitgenossen Chaucer mit furchtbarer Naturwahrheit auf die Unsicherheit des Lebens, die soziale Revolution, das sittliche und religiöse Erwachen des niederen Volkes, das Elend der Armen, die Selbstsucht der Reichen und die Verderbtheit der Kirche ihre trüben Lichter fallen lassen. In die Welt der Armut führt uns der Dichter ein: immer wieder kehrt sein Gedanke zu dem armen Manne, seinem elenden Hause, seiner magern Kuh, seiner Arbeit, seinem Hunger, seiner rauhen Fröhlichkeit und seiner Verzweiflung zurück. Es ist fast, als ob die Enge und Einförmigkeit dieses armen Lebens im Gedichte selbst ihrer Wiederschein fänden: selten tritt ein Zug warmen Naturempfindens oder die Gewalt einer großen Leidenschaft hervor. Von dem frohen Behagen am Leben, der gesunden Freude an einer genußfrohen Welt, durch welche Chaucers unsterbliches Gedicht ausgezeichnet ist, findet sich hier keine Spur. Der Schatten einer tiefen Melancholie liegt über dem Ganzen: das Weltgebäude ist im Begriff, aus den Fugen zu

---

Thai dele with purses, pynnes, and knyves,
With gyrdles. gloves, for wenches and wyves;
Bot ever bacward the husband thryves
   Ther thai are haunted tilled.
For when the gode man is fro hame,
And the frere comes to oure dame,
He spares nauther for syrne ne shame,
   That he ne dos his wille.
Gif thai no helpe of houswyves had
When husbandes are not inne,
Thes freres welfare were ful bad,
For thai shuld brewe ful shynne."

gehen, und niemand, weder Ritter noch Geistlicher, schickt sich an, dem trauernden Sänger an der plätschernden Quelle, der die Welt wieder in Ordnung bringen möchte, zu helfen. Wie schattenhafte Gestalten wandeln alle Klassen der Gesellschaft, Händler und Bett= ler, Eremiten, Sänger, Hanswurste, Pilgrime, Weber und Bauern, Leibeigene und Freie, Schreiber und Advokaten, endlich Bischöfe Äbte und Pfarrer, Mönche und Bettelbrüder am innern Auge Long Wills vorüber, aber es sind lebensvolle Realitäten. Keiner von ihnen kennt den Pfad der Tugend und Treue, bis endlich Peter, der arme Pflüger, allein noch unbefleckt und in den Strudel des allgemeinen Verderbens noch nicht mit hineingerissen, auftritt und den Weg der Wahrheit weist. Er allein weiß, woran die Mensch= heit leidet [1]). Da freut sich das Herz des Träumers, daß er für die schlimme Zeit einen Helfer gefunden, dessen schemenhafte Gestalt ihm schließlich mit dem Bilde des Erlösers verschmilzt.

Die Kirche hat er von Herzen lieb, aber kein Erbarmen kennt der „lange Will" [2]) gegen die Sünde ihrer Diener. Pfarrer und Mönche sind nicht, wie sie sein sollen. Wenn die Priester= schaft besser wäre, sagt er [3]), würden auch die Leute sich bessern, die dem Gesetze Christi zuwider sind. Ein Priester tritt auf, der nur Kardinäle kennt, die vom Papste kommen, aber von Kardinal= tugenden nichts weiß. Die „Faulheit" sagt von sich:

„Ich bin Priester und Pfarrer gewesen — Dreißig Winter durch.
Und doch kann ich weder Noten singen, — Noch der lieben Heiligen
Legenden lesen.
Aber gefunden in Feld und Flur — Hab' ich häufiger ein Häslein,
Als im Beatus vir oder Beati omnes — Auszulegen verstanden nur
einen Satz."

---

1)   „Ac Piers the Plowman
          Parceyveth moore deeper
          What is the wille and wherfore
          That many wight suffreth",

vgl. Th. Wright, The Vision and the Creed of Piers the Plowman, (London 1842), v. 10019.

2) So nannten ihn von seiner langen, hagern Gestalt seine Londoner Freunde.

3) V. 9790 ff. 10681 ff.

Dann kommt der Dichter auf den Reichtum und die Habsucht der Kirche zu reden. Das Herz geht ihm auf, und seine Rede erhebt sich zu kraftvollem Schwunge. Wo ist die alte Entbehrung und Selbst=verleugnung hin? Jetzt wird Reichtum und Besitz höher geachtet als Christi Kreuz, das den Tod und die Sünde überwunden hat. Das Geld, das schlimme Geld, hat die Kirche vergiftet.

„Als Kaiser Konstantin aus Gunst — Mit Geld und Gut die Kirche begabte,
Mit Land und Leuten, Lehnsrecht und Zins, — Da hörte man hoch aus der Höhe
Von den himmlischen Heerscharen rufen:
Heut hat des Herrn heilige Braut, Die Kirche, kränkendes Gift gegessen.
Vergiftet sind alle, denen gegeben des guten Petrus Gewalt [1])."

Dann aber weist der trauernde Dichter in prophetischer Vor=ahnung auf eine schönere Zukunft hin, wo der arme Mann erlöst sein wird aus der schweren Zeiten Not, wo ein König kommen wird, der Mönche, Pfarrer und Nonnen züchtigen wird, weil sie ihr Gelübde gebrochen, der nach der Bibel, nicht auf Geldlohn hin ihnen die Beichte abnehmen, sie mit Streichen züchtigen und dem Abte von Abingdon einen Schlag an den Kopf versetzen wird, von dem er nicht wieder genesen wird [2]). Aber ehe jener König er=scheint, wird der Antichrist erwachen, und dann kommt das Welt=ende, das nur durch Tugend und Glauben überwunden werden kann [3]). —

Das ist in kurzen Zügen der Inhalt der trüben Bilder des armen Will [4]); sie bezeichnen das Erwachen des germanischen

---

1) V. 10659 ff.

2) V. 6238: „Ac ther shal come a king
And confesse yow religiouses
And bete yow as the bible telleth
For breckynghe of youre rule."

V. 6260: „And thanne shal the abbot of Abyngdone
And all his issue for evere,
Have a knok of a kyng,
And incurable the wounde."

3) V. 6217 ff. 6271 ff.

4) Auch formell sind sie durch die Aufgabe des Endreims und Rückkehr zur germanischen Alliteration eine bemerkenswerte Reaktion des englischen Volksgeistes gegen das Normannisch=Französische.

Volksgeistes und seinen Widerspruch gegen das Romanentum in Staat und Kirche; „der erste, wenn auch noch vom Bleidruck einer schwerfälligen Allegorie gehemmte Flügelschlag des englischen Humors." Die Gemüter der Zeitgenossen aber ergriffen diese lebens= wahren Schilderungen mit packender Gewalt, und ohne eigentliche Umsturzgedanken zu enthalten, schürte das Gedicht doch den Groll der niederen Stände und ging ihnen in Fleisch und Blut über[1]).

Aber es war keineswegs das faule Leben der Geistlichen allein, gegen welches die spottende und aufreizende Muse des Volksgeistes sich wandte: der Arzt wurde des Betrugs und der Giftmischerei, der Richter der Bestechlichkeit, der Beamte des Unterschleifs, der Adel und die reichen Bürger der Üppigkeit und Feigheit be= schuldigt.

So ging die ganze Schwere der Zeit über die Armen Leute hinweg. Ein finsterer Geist des Unmutes und Grolles stieg hinab in die untersten Volksschichten. Eine gefährliche Gärung be= gann. Mit dem Anbruch des Jahrhunderts kamen die Vorboten einer neuen Zeit. Auf der ganzen Linie des Arbeitertums ent= brannte ein Kampf um das Recht des Lebens. Eine eigentümliche Erscheinung: gerade unter den kräftigsten Herrschern, unter denen der Genius des englischen Volkes mit mächtigem Flügelschlage auf= wärts stieg und die geeinte Nation von den ihr noch anhaftenden Fesseln des Fremdentums sich freizumachen begann, schien der eine verachtete, aber wegen seiner Zahl und Kraft gefährliche Stand der Armen Leute von der allgemeinen Vorwärtsbewegung des Ge= samtlebens ausgeschlossen zu sein. Nun sammelte er, da er sich in seiner nationalen und volkswirtschaftlichen Bedeutung unterschätzt und seine teuersten Lebensgüter bedroht sah, im geheimen die Kräfte zum Gegenstoß gegen seine unbarmherzigen Treiber.

Seit Eduards III. Regierungsantritt hatte sich in den untersten Volksschichten der Zunder der gefährlichen Erregung gehäuft. Ab und zu sprangen die Funken aus der Nachbarschaft über den schmalen Meerarm herüber. In Frankreich hatte sich die Jacquerie (1358) über Abt, Edelmann und Gutsherrn hergestürzt. Die demagogi= schen Bewegungen in Flandern, von der Fürstengewalt niemals

---

[1]) Pauli, S. 704.

unterdrückt, dauerten unter den Massen fort und gaben von ihrem heimlichen Feuer bald hierhin, bald dorthin ab. Auch im südlichen England wurde die fiebernde Erregung unter der Willkür der Barone, der Habsucht der Pfaffen und dem übermäßigen Steuer= und Zehntendrucke genährt. An verlockenden Bildern einer besseren Zu= kunft, an trotzigem Pochen auf die eigene, in der Menge schlum= mernde Kraft fehlte es schon nicht mehr. Über den Kanal herüber kam geheime, verworrene Kunde: fahrende Leute, ausgediente Sol= daten, heruntergekommene Krämer, Mönche und Spielleute er= zählten von dem Feuer, das der Arme Mann an der Somme und Schelde in Giebelhaus und Burghof geworfen, und von der Strafe des Himmels über die Dränger des unglücklichen Volkes. Die An= steckungskeime drangen tiefer und weiter: an ausgestoßenen Pfaffen, die hetzen, an verarmten Rittern, welche unreisige Haufen führen konnten, fehlte es nicht. —

Im englischen Süden, wohin das dumpfe Brausen zuerst ge= drungen, zuckten die ersten Blitze auf. In und um Bristol er= hoben sich um 1316 die Dorfleute gegen die königlichen Richter und die städtischen Kleinbürger gegen die Anmaßungen einer aristo= kratischen Oligarchie. Im Jahre 1326 machten in London und seiner Umgebung die Bauern mit dem Proletariat der Stadt ge= meinsame Sache, und ihrer drohenden Haltung verdankte 1327 das Land zum Teil die Absetzung des unwürdigen Königs. Unter Eduard III. wuchs in natürlicher Folge der schweren Zoll= und Steuerbedrängnisse, denen Städter und Bauer, Kaufmann und Dienstmann ausgesetzt waren, die Begehrlichkeit der Massen, und seit 1340 schlugen infolge der Pestverheerungen die Wellen des Aufruhrs in fast ununterbrochener Folge an die Oberfläche des politischen Lebens. Nur mühsam zurückgehalten glühten die Flam= men des Aufruhrs in den unteren Schichten bis gegen die sechziger Jahre hin, eine beständige Drohung für die „glorreiche" Regierung Eduards, die ihrer nicht Herr werden konnte, weil ihr der Blick für das soziale Elend fehlte. Die blutigen Kriege, Pest, Todes= schrecken und Hungersnot im Lande hatten dem armen Mann weder zur Besserung seiner sozialen Stellung, noch zur Lösung seiner Unfreiheit verholfen; und nur auf diese, nicht auf allgemeinen Umsturz gingen seine Bestrebungen. Der Städter dagegen war emporgekommen und reich geworden. Im Parlamente nahm er jetzt Anteil an der Regierung des Landes, aber seinen armen Bruder, an dessen Seite er früher gekämpft, hatte er vergessen. Das Elend war groß. „Die Kleinen rufen und schreien zu Gott um Hilfe und eine gute Ordnung, aber niemand hört ihre Stimme."

Endlich, unter den Schrecken der Pest, brach der Sturm los. Schon im Jahre 1340, zum zweitenmale 1348, hatte der furchtbare Gast aus Asien über Italien, Frankreich, das Langued'oc sich in einen südlichen Hafen Englands eingeschlichen, wo er im August erschien. Rasch stieg er nach dem Norden auf. Wohin er kam, am furchtbarsten in Schottland, entfaltete er seine ver= nichtende Kraft.

Durch wunderbare Zeichen am Himmel, mächtige Erdbeben [1]) und in England durch furchtbare Regengüsse war die Geißel, mit der Gott im Himmel die Sünden Europas zu strafen gekommen war, angekündigt worden. Überall trat der „faule Tod", der im englischen Volksmunde nachher zu einer fluchenden Beteuerung wurde [2]), unter der gleichen Form auf. Im Sommer des Jahres der Gnade 1340, schreibt Knighton, da kam eine verfluchte und fremdartige Krankheit nach England. Überall, besonders in der Grafschaft Leicester, breitete sie sich aus. So lange die Schmerzen bei den Menschen anhielten, gaben diese einen heulenden Ton von

---

1) Menzel, Weltgesch. VI, 7. Im J. 1337 erschien ein großer Komet am Himmel, der allgemeine Furcht einjagte. Bald darauf verheerten ungeheure, noch nie gesehene Heuschreckenschwärme das südliche und mittlere Europa 3 Jahre lang. 1348 verwüstete ein furchtbares Erdbeben Europa von Cypern bis Basel. Villach wurde mit 30 Dörfern gänzlich zerstört. Am Himmel zeigten sich feurige Meteore, und im südlichen Frankreich, gerade über der festen Burg des Papstes in Avignon, raunte man sich zu, stand eine furchtbare Flammensäule. Infolge der Erschütterungen wurde die Luft dick, übelriechend und betäubend, der Wein in den Fässern trübte sich. Vgl. Hecker, Epidemies of the Middle Ages, London 1844, S. 13—14, und Vorrede des Übersetzers (Babington), S. xxiv. K. Lechner, Das große Sterben in Deutschland in den Jahren 1348—1351 und die folgenden Pestepidemien, Innsbruck 1884, S. 25 ff. R. Höniger, Der Schwarze Tod, S. 76 ff.

2) Be de foule dethe of Engelond, Knighton, col. 9600.

sich wie ein Hund. Unerträglich war dieser Schmerz, und darnach
kam ein ungeheures Peststerben unter die Leute [1]). — Das war der
erste Anfang jener furchtbaren Plage, welche ganz Europa von den
Jonischen Inseln im Süden bis hinauf nach Schottland verwüstete
und in England das Vorspiel zu der großen sozialen Erhebung [2])
wurde, in welche Wiclifs Name von seinen Gegnern verwickelt
wurde.

Menschen und Vieh fielen unterschiedslos dem giftigen Hauche
zum Opfer [3]). Mit den Hirten gingen die Herden unter, deren
Wollerträge die königlichen Kassen bisher gefüllt und der Krone
Hilfsmittel, die von der Bewilligung der Stände nicht abhängig
waren, in die Hand geliefert hatten [4]). Infolge davon gingen die

---

1) Knighton, col. 2580.

2) Stubbs, S. 400: „The villein was free to cultivate his land,
to redeem his children, to find the best market for his labour. On
this hopeful state of things the Great Pestilence fell like a season
of blight . . . The Pestilence, notwithstanding its present miseries, made
labour scarce and held out the prospect of better wages, the statute (Quia
Emptores) offered the labourers wages that it was worse than slavery
to accept." Hierauf weist auch die Beschreibung der Verhältnisse des Lohn=
arbeiters hin, die wir Gower verdanken. Für bestimmte Perioden wollen sie
sich nicht binden:

> „Hi sunt qui cuiquam nolunt servire per annum
> Hos vix si solo mense tenebit homo."

Sie wollen den eingegangenen Vertrag nicht halten:

> „Horum de mille vix est operarius ille
> Qui tibi vult pacto factus inesse suo."

Ja sogar ungenügsam haben die schweren Zeiten sie gemacht:

> „Omnes communes reprobat ipse cibos.
> Nil sibi cervisia tenuis vel cisera confert
> Nec rediet tibi cras, ni meliora paras."

Vgl. Rot. Parl. II, 261; auch Rogers, Hist. of Prices I, 80; Rot. Parl.
II, 192. 242. 279. 397.

3) Knighton, col. 2598. 2599.

4) Stubbs, S. 400—401: „It ewept away with the shepherds
the flocks (Knighton, col. 2599), on whose wool the King's resources
depended, and thus cut off one of the ways by which he had so long
been able to raise money without the national consent, and in trans-
gression of the constitutional limits by which his power of direct
taxation was defined."

Fleischpreise rasch in die Höhe. Gerade die junge Bevölkerung, kräftige Burschen und Dirnen, verfielen der Plage. In Schott= land trieb der Tod ein neugeworbenes Heer, welches über die Grenze gegangen war, auseinander. Ganze Klöster, ja Weiler und Dörfer starben aus. Viele Häuser zerfielen über den Leichen der Bewohner, denen sie im Falle wenigstens ein Grab gaben. Im dichten London vor allem entfaltete die Seuche ihre tödliche Kraft: täglich begrub man, so lange sich Träger fanden, zwei= hundert Leichen auf dem Kirchhofe, den Sir Walter Maunay ge= tauft hatte. Hier sollen über 50 000 Menschen ihr Grab gefunden haben. Von je zehn Engländern raffte nach dem einen Bericht die Seuche einen hinweg, nach dem andern fiel ihr die Hälfte der Bevölkerung, welche zwischen 3—4 Millionen betrug, zum Opfer [1]; in ganz Europa sollen zwei Drittel der Bevölkerung von der Pestilenz vernichtet worden sein [2]. Das Parlament vom Januar 1349 mußte sich vertagen und ein Verbot erlassen, um die un= vernünftige Flucht ins Ausland zu verhindern [3]. Johann von Ufford, eben zum Erzbischof von Canterbury ernannt, erlag der Krankheit, ebenso ein Herzog von Gloucester.

Unter dem allgemeinen Schrecken begannen die sozialen Ver= hältnisse sich zu lösen. Die Schiffahrt stockte, der Handel lag dar= nieder, die ganze wirtschaftliche Arbeitsorganisation wich aus den Fugen. Der ländlichen Arbeit fehlten die Hände, denn der ver= schonte Dienstmann vermochte nicht auch das zu leisten, was seinem toten Bruder zufiel. Die Überlebenden aber forderten und er= zwangen ungekannte Löhne [4], während die Gutsherren teils mit

---

1) Stubbs II, 400. Green, 429. Longman, Hist. of Edw. III. I, 304—305.

2) Menzel VII, 8. In London allein starben 50000 Menschen, in Straßburg, das damals noch keine „große Stadt" war, 16000. In Deutsch= land kamen damals nicht weniger als 124434 Franziskanermönche durch die Krankheit um, und in Osnabrück „sollen nur sieben (ungetrennte) Ehepaare übrig geblieben" sein. —

3) Pauli, 417—418. Rymer, Foedera, S. 180. 182. 185. 191. Vgl. über den Verlauf der Krankheit überhaupt Hecker, The black death, translat. by Babington, p. 66 ff.

4) Avesb., S. 178. Knighton, col. 2598—2601. Rymer, S. 210. Rot. Parl. II, 233.

Gewalt, teils mit den Mitteln verjährter Rechtsansprüche auf Natural= oder Arbeitsleistung ihre Güter in der Bewirtschaftung zu erhalten suchten [1]). Die ganze Ernte des Sommers 1349 verfaulte auf den Halmen. Die Äcker blieben ohne Aussaat, nicht nur weil thatsächlich die Arbeitskräfte fehlten, sondern weil der soziale Krieg zwischen Kapital und Arbeit jetzt zum erstenmale ins Bewußtsein des armen Hörigen trat. Mit dem Arbeitslohne schlugen in natürlicher Folge die Lebensmittelpreise auf. Den Leib=eigenen zur Arbeit zu zwingen, hatten auch die Mächtigen nicht die Mittel mehr [2]). Nur der zeitweilige Erlaß der halben Jahres=rente vonseiten des Gutsherrn verhinderte den freigewordenen Farmer, Haus und Hof, Feld und Wiese, die Arbeit im Stall und auf dem Hofe zu verlassen. —

Aufruhr und Unordnung folgten in den Todesspuren der Krank=heit. Jetzt kamen die haus=, hof= und landlosen Leute in Be=wegung. Sie wanderten von Dorf zu Dorf, von Flecken zu Flecken, und sahen sich zum erstenmale als Herren des Arbeits=marktes. Wie leicht aber bot sich, da die Stützen der Gesellschaft zu wanken schienen, die Gelegenheit, daß aus dem wandernden Arbeits= und Handwerksmann ein gewaltthätiger, frecher Vagabund und verwegener Waldräuber wurde! Welcher arme Mann besaß noch sittliche Kraft genug, derartigen Verlockungen der Verzweiflung zu widerstehen? —

Eine königliche Proklamation, welche eine Heilung aller dieser Schäden zum Zweck hatte, blieb ohne Erfolg, bis Ende 1349 das bekannte Arbeiterstatut (Statute of Laboûrers) für Freie und Hörige, Männer und Frauen unter 60 Jahren die Arbeitslöhne auf die Höhe des Jahres 1346 festsetzte, jeden, der nicht vom Eigenen leben konnte, in sein Verhältnis unter dem früheren Herrn zurückzwang und den Ungehorsam gegen das Statut mit Kerker strafte [3]). — Andere Maßregeln folgten. 1350 wurde die Höhe der Arbeitslöhne von neuem festgestellt, und dem Arbeiter, der besser bezahlte Arbeit suchte, verboten, sein Dorf zu verlassen.

---

1) Stubbs, S. 400.
2) Pauli, S. 417.
3) Green, S. 431.

Buddensieg, Wiclif und seine Zeit.   3

Wer sich dem nicht fügte, galt als landesflüchtiger Mann und
verfiel, ergriffen, dem Kerker des Friedensrichters. —

Aber es war ein vergeblicher Kampf, den die Gesetzgebung gegen
die wirtschaftliche Not unternommen. Daß die Bestimmungen
wiederholt, die Strafen verschärft wurden, daß die Lehensherren
unter der Not der Zeiten immer wieder die Versuche auf-
nahmen, die alten Rechte über Leib und Leben der Hörigen zurück-
zugewinnen, zeigt gerade, daß das arme Volk einen bewußten Kampf
gegen das Gesetz mit Hartnäckigkeit führte. Thatsächlich waren die
Kornpreise so gestiegen, daß auch der kräftigste Mann den täglichen
Lebensunterhalt für sich und seine Familie nicht mehr verdienen
konnte. Dem freien Arbeiter aber, der vor der Plage durch Frei-
kauf sich aus den Fesseln der Hörigkeit losgemacht, wurden neue
Fallen gelegt. Er wurde vielfach in juristische Verwickelungen gezogen, in denen er gegen die advokatorischen Spitzfindigkeiten seiner
Kläger nicht aufkommen konnte; oft sah er sich durch Winkelzüge
und Kniffe um seine mühsam und teuer erworbene Freiheit be-
trogen. Die Erbitterung um den Verlust aber ging um so tiefer,
als die richterliche Entscheidung seiner Sache in den Händen desselben Mannes ruhte, dessen Interessen es forderten, zugunsten des
prozessierenden Gutsherrn zu entscheiden. Was Wunder, daß der
finstere Geist des Grolls und der Verbitterung die Massen ergriff
und aufrührerische Vereinigungen zwischen den Handwerkern der
Stadt, den freien Arbeitern und den Leibeigenen ins Leben rief,
welche die Landstraßen in die Hände der „armen Teufel" lieferten
und namentlich in den· östlichen Teilen des Landes die Gemein-
wesen bedrohten. —

Aber was diese Gärungen in den Tiefen des Volkes zu einer
augenblicklichen Gefahr gemacht haben würde, die einheitliche Leitung,
das fehlte ihnen jetzt noch. Wo die Bewegung aus den Wäldern
und abgelegenen Flußthälern sich hervorwagte, wurde sie nieder-
geschlagen, und allmählich verlor sie sich unter der allgemeinen Er-
schlaffung der Kräfte im Sande. —

So zehrte der soziale Schrecken und der Aufruhr, die Seuche
und ihr schrecklicher Halbbruder, der Hunger, an der Kraft der
Nation. In jener Zeit wurde die Plage und was sie im Gefolge
hatte, als die Strafe des zürnenden Gottes über die Gottlosigkeit

des Geschlechts empfunden: über die Sünden der Großen, ihre
Üppigkeit und Unmäßigkeit im Essen und Trinken und Kleider=
prunk, und nicht minder über die Verbrechen der kleinen Leute.
In der sonderbaren Schwärmerei der Geißler, von denen ein Teil
auch nach England hinübertrat, aber, unverstanden und der Ketzerei
verdächtigt, bald unterging, kam diese Empfindung zum mittelalter=
lichen Ausdruck. —

Das Haupt der Christenheit schien deshalb einem Bedürfnisse
der Zeit entgegenzukommen, als es für das Jahr 1390 ein Jubi=
läum als Heilmittel für die inneren und äußeren Gebrechen der
europäischen Menschheit nach Rom ausschrieb, um dort an den
Gräbern der Apostel, Märtyrer und Heiligen der sündigen Christen=
heit Gelegenheit zu geben, durch Bußen und Gebete den zornigen
Gott zu versöhnen. Aber schon damals war aller Welt offen=
kundig, daß der Bußernst der Vorwand, das Bußopfer der
Zweck des Festes, und das Jubiläum nur die heilige Form für
den unheiligen Anspruch des Papstes auf den Buß= und Ablaß=
pfennig war. —

Die geistliche Gewalt Roms schien in der allgemeinen Kraft=
zersplitterung, welche um die Mitte des Jahrhunderts in England
eingetreten war, den einzigen festen Punkt für die Sammlung und
Organisierung der Kräfte zu bieten. Fest gefügt und von einem
Willen gelenkt, steht zu Anfang des Jahrhunderts in dem wogenden
Durcheinander der nationalen und wirtschaftlichen Kämpfe, des
Königs gegen die Barone, der Krone gegen das aufstrebende Par=
lament, der Herren gegen die Hörigen und freien Arbeiter, des
aufstrebenden Stadtvolkes gegen die Ungebundenheit der Barone
auf der einen, und die Umsturzgedanken der Villeins auf der an=
dern Seite, eine starke Macht vor uns: das Papsttum.

Es hatte den Gipfel seiner weltlichen und geistlichen Gewalt
eben erreicht. Den mittelalterlichen Traum seiner Weltherrschaft
schien es zur Verwirklichung gebracht zu haben. Aber an dem von
dem nationalen Willen getragenen Parlamente fand es, nach=
dem es einen ersten Sieg errungen, einen ebenbürtigen Gegner.

3*

Als nämlich Johann Ohneland im Drange politiſcher Not ſeine
ſchmählich erworbene Krone einer fremden Macht verkauft und als
tributärer Vaſall das engliſche Königreich aus den Händen des
Papſtes zurückerhalten hatte, empfand die Nation die Schmach
keineswegs in der Art einer ſpäteren Zeit, in welcher das vertiefte
nationale Empfinden auf den Fußfall Johanns vor Innocenz'
Legaten Pandulf (15. Mai 1213) mit Scham herabſah und die
Demütigung als eine dem Lande widerfahrene Unehre anſah. Aus=
brüche des Unmutes wie: „Er iſt aus einem engliſchen König ein
Vaſall des Papſtes, aus einem freien Manne ein Sklave gewor=
den“ gehören erſt ſpäteren Jahrzehnten an. In den zeitgenöſſi=
ſchen Chroniken finden ſie ſich noch nicht. Hier wird das Abkommen
vielmehr als eine nicht ungünſtige Beſeitigung der Schwierigkeiten
empfunden, in welche Land und König verſtrickt waren. Lediglich
als politiſcher Akt angeſehen war das Abkommen thatſächlich ein
durchſchlagender Erfolg [1]). Aber freilich der kurzſichtige König, von
den Verlegenheiten eines zweifelhaften Erbrechts, der Volksungunſt,
des Aufruhrs von innen, und der Einfälle von außen bedrängt,
hatte nur den augenblicklichen Gewinn bedacht. In ſeinen Baronen
— der Verſchmelzungsprozeß zwiſchen der normanniſchen Ariſto=
kratie und dem angelſächſiſchen Adel begann ſich eben unter den
Thronkämpfen zu vollziehen — regte ſich jenes Beſtreben, welches
von der Geſchichte und Lage des Landes begünſtigt die frühzeitige
Ausbildung der Nationalität unter den feſten Formen einer ſtaat=
lichen Verfaſſung zur Folge hatte. Die Barone durften auf eine
lange Reihe von Erfolgen zurückſehen, durch welche die Geſchichte
ihrer Väter ausgezeichnet war. Wilhelm der Eroberer, der „nur
Gott und ſeinem guten Schwerte“ ſein Land verdankte, hatte ſelbſt
einem Gregor VII. den Peterspfennig verweigert. Willkürlich und
um den Widerſpruch von Papſt und Erzbiſchof unbekümmert ver=
wandte er geiſtliches Gut zu weltlichen Zwecken. Dem Erzbiſchof
Anſelm hatte die Verſammlung von Rockingham 1095 durch das
Verbot, ohne königliche Erlaubnis nach Rom zu reiſen, das Pallium
vorenthalten. Heinrich I. hatte mit Hilfe ſeiner Großen und
Biſchöfe die Bemühungen Urbans II., dem Könige von England

---

1) Green, S. 237.

die Inveſtitur zu entreißen, zunichte gemacht, und als er, durch
politiſche Verwickelungen bedrängt, nachgeben mußte, erneuerten Adel
und auch der Klerus den Widerſpruch gegen die Eingriffe der Papſt=
gewalt in die inneren Angelegenheiten des Landes. Auf der Synode
von Clarendon 1164 opferte gegen den Widerſtand Thomas Beckets
der Klerus den Schuß des Papſtes, um denjenigen des Königs zu
gewinnen, und Alexander III. wagte nicht, den Bann zu beſtätigen,
den ſein Erzbiſchof gegen den grauſamen und räuberiſchen König
geſchleudert. Erſt als Heinrich II. den Kampf um die königliche
Prärogative durch eine Unthat an ſeinem ſtolzen Gegner befleckt,
hatte er dem gemordeten Becket zugeſtehen müſſen, was er dem
lebenden verweigert. Aber ein anderer Erzbiſchof hatte ſich ſo ſehr
als Engländer und als erſten Reichsbeamten gefühlt, daß er auf
den Altar der Peterskirche in Rom „eine feierliche Proteſtation
gegen Johanns Vaſalleneid" niederlegte; mit ihm fühlte der eng=
liſche Klerus ſich unter dem Schatten der Magna Charta lieber
engliſch als päpſtlich.

Richard I., roh, gewaltthätig und habgierig, hielt den Papſt
nur ſeines Hohnes und ſeiner Verachtung wert. Dieſer König,
den die „poetiſche Lüge in Zuckerwaſſer aufgelöſt hat, der aber in
Wirklichkeit einer der bösartigſten Buben geweſen iſt, welche Gott
jemals in ſeinem Zorne auf Thronen geboren werden ließ," an dem
das „einzige Gute iſt, daß ihm das Totſchlagen beſſer gefiel als
das Lügen und Intriguieren", ſchickte dem Nachfolger Petri den blutigen
Panzer des Biſchofs von Beauvais, den er gefangen hatte, mit der
ſpöttiſchen Bemerkung: „Sieh zu, ob das deines Sohnes Rock iſt",
und der ungerechte Mann, der, wie ein Chroniſt uns meldet, keine
Klage anhörte, ſondern jedermann durch den Blick, die Stimme
und die Geberde eines grimmigen Löwen erſchreckte, verlachte die
Beſchwerden der Kurie, daß er den Kirchen, Abteien und Klöſtern
ihre goldenen Gefäße geraubt und ſie durch meſſingene Stücke er=
ſetzt habe [1]).

Die Magna Charta ſelbſt gedachte mit keinem Worte der päpſt=
lichen Oberherrlichkeit. Wo ſie auf die Anſprüche des Papſtes zu
ſprechen kommt, lehnt ſie nur ab. Die Appellationen nach Rom

---

1) **Menzel V, 344.**

verwirft sie und beschränkt die Kompetenzen der geistlichen Gerichte
in weltlichen und Lehnsangelegenheiten. Johann selbst gab zu,
daß seine Unterwerfung unter den Papst die Ursache der nationalen
Bewegung gewesen. Diese richtete also ihre Spitze nachher nicht
nur gegen den gewaltthätigen Fürsten, weil er in seiner Zeit das
Reich, das er als ein freies vorgefunden, zur Sklavin erniedrigt
hatte[1]), sondern auch gegen Rom. Der Papst aber empfand, daß
auch in der kirchlichen Körperschaft ein nationaler Geist sich ent=
wickelt hatte. Insofern befestigte die Magna Charta neben der
politischen auch die kirchliche Selbständigkeit des Landes.

Im Jahre 1251 warfen Mitglieder des niederen Adels und
Kleriker, die sich in einen Geheimbund zusammengeschlossen hatten,
in die Abteien, die Kirchen und Kapitelstuben Drohbriefe, in denen
sie den englischen Gesamtklerus aufforderten, dem päpstlichen Agenten
alle Geld= und Naturalleistungen zu verweigern. Gegen die Aus=
länder, die im Besitze englischer Pfründen waren, machte sich ihr
Haß in Thaten Luft. Einem italienischen Prälaten nahmen
sie alle fahrende Habe ab und jagten ihn von der Stelle, fingen
ihn im freien Felde wie ein gehetztes Wild, schleppten ihn fünf
Wochen mit sich herum und ließen ihn völlig ausgeplündert wieder
laufen. Römischen Pfarrern im Lande leerten sie die gefüllten
Kornböden, und dem päpstlichen Legaten Otho bedrohten 1260
aufrührerische Studenten von Oxford sogar das Leben.

Wurden dergleichen Ausschreitungen von der Regierungsgewalt
auch als ungesetzlich in die nötigen Schranken gewiesen, so fanden
anderseits die adeligen Patrone, Bischöfe und Prälaten auch ge=
setzliche Formen für ihre Beschwerden über die sophistischen, auf
Grund des non obstantibus privilegiis gemachten Eingriffe in
verletzte Rechte (z. B. gegen Gregor IX.)[2]). Mit der ganzen
Kraft seines wissenschaftlichen Ansehens vertrat Heinrich von Brac-
ton, der größte mittelalterliche Rechtsgelehrte Englands, dem wir
die wissenschaftliche Bearbeitung des englischen Rechts in jener Ge-
schichtsperiode verdanken, die Rechte der englischen Königs= und

---

1) „Ancillavit rex suo tempore regnum, quod liberum invenit" vgl.
Spicileg. (ed. 2. Par. 1723), II. tom. fol. 843.

2) Lechler I, 197.

Ständegewalt gegen diejenigen der Kurie und wies nach, daß die Patronatsfrage eine lediglich englische, und darum jeder Einspruch in dieselbe vonseiten Roms entschieden zurückzuweisen sei. —

Die Schläge, welche Innocenz gegen sein englisches Vasallenland richtete, prallten machtlos an dem Rechtsgefühl und dem entschlossenen Widerstand des zu einer festen Einheit verschmolzenen Volkes ab. Der Widerspruch war stark genug, um die Einreihung Englands in das päpstliche Staatensystem, das Portugal, Aragonien, Sicilien, Bulgarien, Ungarn und andere Staaten schon umfaßte, zu verhindern. Und damit wies das Land auch die Folgen des Systems, die finanzielle Aussaugung der Nation, ab. —

Die Ansprüche Gregors IX. auf eine Geldforderung fanden (1229) eine kühle Ablehnung vonseiten der Barone. Ein andermal, als 1238 der Papst seinen Legaten über den Kanal sandte, um durch Einziehung des Fünften von allen kirchlichen Liegenschaften die Kriegskosten zu einem Feldzuge gegen den Kaiser herauszuschlagen, widerstanden die Prälaten mit Entschiedenheit, und der niedere Klerus, an den sich nun der Legat wandte, ließ durch seine Vertreter die bedeutungsvolle Antwort geben, daß „weder der Kaiser durch das Urteil der Kirche der Ketzerei überwiesen, noch überhaupt das weltliche Schwert gegen Ketzer gebraucht worden sei. Erhebe der Papst die Klage gegen den Kaiser, daß die Königsmacht keine unumschränkte sei, so gelte dasselbe auch von dem Rechte des Papstes auf das geistliche Gut." Nur so lange, antwortete der berühmte Bischof von Lincoln, Robert Grossetesie, dem Papste Innocenz IV., der eine Pfründe in der lincolnschen Diöces für einen italienischen Knaben in Anspruch nahm, könne und wolle er den päpstlichen Forderungen gehorchen, als sie im Einklange stehen mit den Worten Christi und seiner Apostel [1]).

---

1) Brown, App. ad Fascic. Rer. Exp. etc. (London 1690), S. 401, wo der Brief Grossetesies abgedruckt ist: „Propter hoc ego ex debito obedientiae et fidelitatis, quo teneor utrique parenti apostolicae sedis . . . his, quae in praedicta litera continentur, et maxime quia in peccatum Christo abominabilissimum (die Provisionen sind gemeint) vergunt, et apostolicae sanctitati omnino adversantur... filialiter non obedio, sed contradico et rebello. Nec ob hoc potest vestra discretio quicquam durum contra me

So wurde in einem Lande, in welchem die bürgerliche Freiheit und das Bewußtsein vom nationalen Rechtsstaat, durch volkstüm=liche Parlamente geschützt und gehoben, eine Stätte gefunden hatte, jeder schwere geistliche Druck, der mit dem Empfinden des aufstrebenden Volkstums in Widerstreit geriet, mit einem gewissen Behagen am Widerspruch abgewiesen und keck bekämpft. Eine ganze Reihe Parlamentsbeschlüsse liegt vor, welche mit zunehmender Schärfe des Ausdrucks gegen die Beitreibung des schmählichen Vasallen=tributs Johanns und gegen die Habgier der Päpste überhaupt sich wenden.

Aber einmal in seine Schranken zurückgewiesen machte Rom, sobald die Dinge günstiger lagen und die Kraft des Gegners zu erschlaffen begann, mit neuem Geschick die alten diplomatischen Ver=suche. Während noch die Nation auf dem Grunde ihrer sächsisch=germanischen Elemente, des niederen Adels und des Bürgertums sich zu konsolidieren begann, und in natürlicher Folge die Selb=ständigkeit der anglikanischen Kirche eine Stärkung erfuhr, wurden, immer unter dem Proteste oder dem offenen Widerstande des Königs und der Nation, die alten Ansprüche vonseiten der Kurie wieder=holt.

Der kräftige Eduard I. wies prinzipiell und um die ohnmäch=tige Wut des Papstes unbekümmert jede Forderung ab. Als Robert von Winchelsea seine Weigerung des Kriegszehnten durch den Hinweis auf die geistliche Macht in Rom zu begründen ver=suchte und es als notwendig bezeichnete, daß erst der Papst zur Einziehung des Zehnten die Genehmigung erteile [1]), fuhr der König

---

statuere, quia omnis mea in hac parte dictio et actio nec contradictio est nec rebellio, sed filialis divino mandato debita patri et matri honoratio. Breviter autem recolligens dico, quod apostolicae sedis sanctitas non potest nisi quae in aedificationem sunt et non in destructionem.“ S. 400: „Apo-stolica autem mandata nec sunt nec possunt esse alia quam apostolorum doctrinae et ipsius domini Jesu Christi, apostolorum magistri et domini... consona et conformia ... Contra ipsum non est nec esse potest aposto-licae sedis sanctitas dignissima. Non est igitur praedictae literae tenor apostolicae sedis sanctitati consonus, sed obsonus et plurimum discors.“ Vgl. auch Lechler I, 198—200.

1) Pauli, S. 111. Walter v. Hemingburg II, 116.

zornig auf und drohte, im Falle der Weigerung den ganzen Klerus
des Landes schutzlos zu machen. Diese Sprache war wirksam.
Die meisten Prälaten gaben auf der Stelle nach. Dem im Wider=
stand verharrenden Primas wurden die Güter mit Beschlag belegt,
das aufgespeicherte Korn aufgehoben, die Reitpferde abgepfändet,
und um das königliche Recht im Prinzip zu begründen, wurde
zum Überfluß die Pfändung aus den Staatsrollen als altes könig=
liches Prärogativ nachgewiesen. — Als Bonifacius VIII. es in
einer Bulle (27. Juni 1299) versuchte, die Unternehmungen
Eduards I. auf Schottland unmöglich zu machen, indem er darauf
hinwies, daß Schottland als uraltes Glied der katholischen Kirche
mit Rom unmittelbar verbunden, und der Papst kraft seiner
päpstlichen Gewalt der Richter der englischen Ansprüche auf
jenes Land sei, standen König und Volk in einmütigem Wider=
stande gegen die unerhörten Anmaßungen zusammen[1]). Schott=
land, erklärten 1301 die Barone, sei nie ein Lehen des Papstes,
wohl aber des englischen Königs gewesen. Der päpstliche Anspruch
sei abzuweisen, selbst wenn der König dahin gebracht werden könne,
auf das Ansinnen der Kurie einzugehen[2]). Übrigens bäten sie
Seine Heiligkeit, die Kronrechte für künftige Zeiten unangetastet zu
lassen[3]). Gleichzeitig bestritt Eduard, in der Form zwar höf=
licher als sein Parlament, in der Sache aber ebenso entschieden,
in einem ausführlichen Schreiben dem Papste das in Anspruch
genommene Recht auf Schottland, und ohne sich weiter um den
Einspruch Bonifacius' zu kümmern, setzte er gegen diesen seine
eigenen Forderungen durch).

Ein bedeutsamer Vorgang in der politischen Machtsphäre der
beiden Gewalten, der sich ein Jahr später in Frankreich wieder=
holte, als Philipp der Schöne den Fehdehandschuh des Papstes
aufnahm und seinen von weltgeschichtlichen Folgen begleiteten Kampf
begann[4]).

Dem schwachen Königtum Eduards II. freilich fehlte die Kraft

---

1) Pauli, S. 149.
2) Ebb., S. 151.
3) Lechler, S. 208. Rymer, Foedera I. 2; 928 sqq.
4) Lechler, S. 209.

und Bestimmtheit des Willens, die im Kampfe erworbene Stellung
durch Kampf zu behaupten.

Eduard III. aber ging in den Spuren seines Großvaters.
Der feste Zusammenschluß dieses großen Königs mit seinem Parla=
mente erwies sich stark genug, die Forderungen des Papstes, die
unter alten und neuen Formen sich wiederholten, zurückzuweisen. Denn
das Parlament bekämpfte in dem avignonensischen, von französi=
schem Einflusse beherrschten Papste den nationalen Erbfeind, den
König von Frankreich. Klemens' VI. Versuche, im englisch=fran=
zösischen Kriege zu vermitteln, wies Eduard mit der Zustimmung
seines patriotischen Parlamentes ab. Nur als persönlichen Freund
und Privatmann, nicht als den Nachfolger Petri, nehme er ihn
in dieser Sache in Anspruch, und soweit heiße er seine Dienste
willkommen, ließ er dem Papste sagen. Empfindlicher noch wiesen
Barone, Ritter und Städte infolge eines Parlamentsbeschlusses
vom 18. Mai 1343 in einem offenen Briefe Klemens ab, als
dieser der avignonensischen Geldnot dadurch abhelfen wollte, daß er
Provisionen auf englische Pfründen an mehrere Franzosen verlieh.
Die Kurie gebe, schrieben die Herren, seitdem Avignon an Roms Stelle
getreten, der Kirche ein Ärgernis durch Habsucht und Ungerechtig=
keit. Reservationen, Provisionen und Versorgung ausländischer
Kleriker mit den reichsten englischen Pfründen seien der Kirche ebenso
sehr wie dem Lande schädlich. Durch Ernennung von Fremden,
ja selbst von Landesfeinden, welche die Sprache des Volkes nicht
verstehen und die Verhältnisse derer nicht kennen, an denen sie die
Seelsorge üben sollen, werde die geistliche Pflege sowie die Andacht des
Volkes beeinträchtigt, der Gottesdienst verwahrlost, die Beförde=
rung verdienter Landeskinder gehemmt und die Güter des Reiches
ins Ausland verschleppt. Das alles aber widerspreche dem Willen
der Stifter [1]).

Aber jene aufgezwungenen Franzosen meinten sich an den zu
so energischem Ausdruck gelangten Volkswillen nicht kehren zu sollen:
sie schickten wie zum Hohne ihre Agenten über den Kanal zur
Einholung der Pfründengelder, mußten es aber erleben, daß ein

---

1) F o x e, Acts and Monuments (Ausgabe von G. Townsend, London,
Seeley 1843) II, 689 ff. L e c h l e r I, 210.

Volkshaufe die Herren unterwegs aufhob, und königliche Beamte
sie mit Schimpf und Schande aus dem Lande jagten. Nicht
besser kam beim Könige der Papst an, der sich über die seinen
Untergebenen widerfahrenen Unbilden beschwerte. Sein Parlament,
schrieb damals Eduard, habe die Abstellung der Provisionen ge=
fordert, auch er weise die dem Lande unerträglichen Auflagen ab.
Es liege am Tage, daß durch die Geldausfuhr sowie durch den sitt=
lichen Niedergang der Geistlichkeit das Reich entkräftet werde.
Schließlich wandte er sich mit glücklicher Berufung auf Johannes,
Kap. 21, an den Nachfolger Petri mit dem Ersuchen, die Schafe
des Herrn zu weiden und nicht zu scheren, seine Brüder zu stärken,
nicht zu bedrücken und zu schwächen; nur so könne die alther=
gebrachte Ergebenheit Englands gegen die heilige römische Kirche
wieder hergestellt werden [1]).

Aber in Avignon wollten die Gewalthaber von solcher Be=
schränkung nichts hören. Sie wollten nicht glauben, daß der Geist
des guten Bischofs von Lincoln, der vor 100 Jahren gegen die=
selben Erpressungen protestiert, jetzt die ganze Nation ergriffen.
Nichts bezeichnet mehr die Maßlosigkeit der Ansprüche und die
dreiste Zuversicht der Kurie auf das Recht ihrer Forderungen als
die Thatsache, daß der Papst das rechtliche und patriotische Em=
pfinden eines Königs glaubte mißachten zu können, der damals,
Stellvertreter des Kaisers, beinahe selbst erwählter Römischer König,
Besieger dreier gefangener Könige, Herrscher von England, Schott=
land und Frankreich, im Zenith seines militärischen und politischen
Ruhmes stand und das Heer, das Parlament und — das Rechts=
gefühl des Volkes auf seiner Seite hatte. Als die Kurie im Jahre
1350 neue Provisionen auf englische Sinekuren verlieh, erließ
König und Parlament das berühmte Statute of Provisors, welches
dem Bischof von Rom das Recht absprach, die größten Pfründen
und Würden der Landeskirche an sich zu reißen und sie auswär=
tigen Geistlichen zu verleihen. Im weiteren Verfolg dieser An=
gelegenheit wurde 1353 das die englische Freiheit gegen Rom be=

---

1) Green, S. 409—410. Lechler, S. 211. Walsingham I,
255 ff.

gründende [1]) Statut Praemunire erlassen, welches die Berufung an das päpstliche Gericht mit den härtesten Strafen belegte.

So scharf in diesen Gesetzen der nationale Unwille über die Anmaßungen der französischen Kurie sich ausspricht, so dürfen wir dabei doch das eine nicht vergessen, daß der Widerstand gegen die unberechtigten Forderungen des Papstes mit treuem Eifer für die bestehende Kirche und mit aufrichtiger, in den Formen der Zeit sich gebender Frömmigkeit geeint war. Es war ein nationaler, kein kirchlicher Kampf, der geführt wurde, politisches Emporstreben, nicht kirchliche Opposition. Fast alle Beschwerden der Stände, von denen eben die Rede gewesen, laufen in ernstgemeinte und von jeder Verstellung freie Versicherungen kirchlicher Anhänglichkeit und Treue aus. Charaktervoll und mannhaft, eifersüchtig auf die Rechte seines Thrones und Landes konnte Eduard III. doch ohne die mindeste politische Heuchelei und von allem Phrasentum frei am Schluße jenes Schreibens von sich und seinen Ständen sagen: „Wir wünschen Eure allerheiligste Person und die heilige Römische Kirche zu verehren nach dem Maße, wie wir es schuldig sind [2])"

Denn nur gegen die Schäden der mittelalterlichen, von den römischen Einflüssen beherrschten Kirche, noch nicht gegen die Lehre, richteten sich jene patriotischen Bestrebungen auf englischem Boden. Der reformatorische Geist, der in der anglikanischen Kirche des 13. und 14. Jahrhunderts sich geltend machte, kleidete sich in die Formen des Patriotismus. Wir werden weiter unten sehen, daß dieser patriotische Geist in Johann Wiclif einen seiner hervorragendsten Vertreter gefunden hat. Er ward der Mittelpunkt eines neuen Ideenkreises, der treffendste Ausdruck der nationalen und religiösen Anschauungsweise, in welcher der aufstrebende Geist des englischen Volkes sich im 14. Jahrhundert bewegte. Aber zum Reformator machte ihn dieses politische Empfinden nicht. Denselben Widerspruch hatten vor ihm Arnold von Brescia, Richard von Armagh, Peter von Marsiglio und Johann von Jandun gegen das herrschende kirchliche System erhoben ohne bleibenden Gewinn für die

---

1) Burrows, Wiclif's Place in History, S. 43.
2) Walsingham I, 258. Lechler I, 212—213.

angegriffene Anstalt und ohne eigentliche Gefahr für das System.
Erst als Wiclif, den nationalen Standpunkt aufgebend, zu einer
Kritik der mittelalterlichen Kirchenlehre fortschritt und damit auf
die letzten prinzipiellen Gründe seines Widerspruchs zurückging,
wurde der reformatorische Kampf gefährlich für die Kirche des
Papstes, hoffnungsreich für die Kirche Christi. —

Es ist eine bedeutsame und für den kirchlichen Geist Englands
charakteristische Erscheinung, daß bis zu Wiclif die englische Kirche
durch den Vorwurf der Ketzerei nicht befleckt worden ist. —
Die heftigen, oft leidenschaftlichen Erklärungen gegen die Übergriffe
der päpstlichen Macht, die von der Krone, dem Parlamente oder
einzelnen Männer nach Rom und Avignon gerichtet wurden, gehen
an keiner Stelle auf Lehrfragen zurück. Die Waffen, welche das
Evangelium zum politischen Angriff lieferte, wurden zu einer Kritik
der Lehre nicht verwendet.

Einmal, kurz vor dem Ende des 12. Jahrhunderts, forderte
Peter von Blois, ein Archidiakonus von Bath, den Erzbischof von
York auf, „den Feinden des Glaubens durch Konzilien und harte
Strafen entgegenzutreten". Aber keine Handhabe ist gegeben, das
Wesen dieser Glaubensfeinde sicher zu erkennen; vielleicht beziehen
sich die wenigen Andeutungen über das Auftreten der „fremden
Leute" auf importierten Katharismus [1]). Wir erfahren, daß die
Eindringlinge sich auf dem englischen Boden nicht halten konnten,
weil hier strenge Kirchlichkeit vorherrschte. — Während die ketzerische
Krankheit 1150—1250 in Frankreich, Oberitalien und Deutschland
immer weiter um sich griff, errang auf englischem Boden eine
im Jahre 1159 über den Kanal gekommene Schar, wie es scheint,
Niederdeutsche, unter Führung eines gewissen Gerhard, vorüber=
gehende Erfolge. Singend zogen sie durch die südlichen Graf=
schaften, um ihrer fremden Sitten willen von Geistlichen und
Laien angestaunt. Die Anklage auf Ketzerei brachte ihnen sofort
Verfolgung und grausamen Tod. Eine Synode von Oxford ver=
hörte sie über ihre Abendmahls= und Ehesakramentslehre und fand
sie schuldig. Dem weltlichen Arme zur Bestrafung übergeben,
wurden die dreißig deutschen Ketzer erst zur Reue ermahnt, aber

---

1) Lechler I, 213.

ohne Erfolg; dann wurden sie halbnackten Leibes mit Geißelhieben
durch die Straßen Londons gehetzt, mit glühenden Eisen an der
Stirne gebrandmarkt und ohne Erbarmen, mittellos, des schützen=
den Kleides beraubt und mit zerrissenem Leibe in die Winterkälte
hinausgestoßen. Ohne Anhänger zu hinterlassen gingen sie ihrem
Martyrium unter dem Gesange: „Selig sind, die um Gerechtig=
keit willen verfolgt werden, denn das Himmelreich ist ihr" ent=
gegen und kamen sämtlich im Elend um. Die fromme Härte
dieser Strenge, bemerkt ein mönchischer Chronist zu diesen Maß=
regeln etwa 50 Jahre später, reinigte nicht allein das Königreich
von jener bereits eingeschlichenen Pest, sondern verhinderte auch
durch die Furcht, welche den Ketzern überhaupt eingeflößt wurde,
ein weiteres Eindringen derselben [1]).

Die gleiche „fromme Härte" traf etwa 50 Jahre später eine
Anzahl Albigenser. Unter Johann Ohneland waren sie über den
Kanal gekommen und ohne weitere Umstände bei lebendigem Leibe
verbrannt worden. Albigenses heretici venerunt in Angliam,
quorum aliqui comburebantur vivi, mit diesen kurzen und trocke=
nen Worten fand sich die Geschichtsschreibung jener Tage ab, der
freilich der teilnehmende, von allgemein menschlichen Empfindungen
getragene Einblick in die treibenden Motive jener Erscheinungen
abging. Anderseits genügt diese kurze Quellennotiz nicht, um die
von Flathe aufgestellte Vermutung zu begründen, daß zwischen
Wiclif und den Waldensern eine engere Verbindung anzunehmen
sei, daß diese Sekte im 14. Jahrhundert in England vorhanden
gewesen, das Auftreten Wiclifs im national = kirchlichen Interesse
begrüßt habe und durch seine Anhänger verstärkt an die Öffent=
lichkeit getreten sei [2]). Lechler hat schon darauf hingewiesen, daß
außer jenen verunglückten Versuchen, häretische Lehren von außen
her auf den englischen Boden zu verpflanzen, weitere nicht gemacht
seien, daß namentlich die Waldenser in England keinen Eingang
gefunden. Peter von Pilichdorf hebt in der im Jahre 1444 gegen
die Waldenser verfaßten Streitschrift ausdrücklich hervor, daß außer
anderen Ländern England und Flandern von der Sekte frei=

---

1) Vgl. bei Lechler I, 214.
2) Flathe, Gesch. der Vorläufer der Reformation II, 159 ff. 184. 196.

geblieben seien [1]). Unzweifelhaft würden, wäre jene Bemerkung Flathes richtig, die Gegner Wiclifs und der Lollarden eine derartige Verbindung zwischen der neuen und der alten, von der Kirche verdammten Sekte als Waffe für ihre Angriffe benutzt haben. Aber davon finde sich keine Spur. Im Gegenteil bezeuge einer der frühesten Gegner der Lollarden in einer ohne Zweifel bald nach Wiclifs Tode abgefaßten politischen Dichtung von freien Stücken, daß England, welches jetzt die Lollarden trage und Irrtum und Spaltung erzeuge, bisher von allem ketzerischem Makel sich frei und von jedem Irrtum unbefleckt erhalten habe [2]). Lechler weist zur Begründung seines im übrigen auch von mir geteilten Zweifels darauf hin, daß ihm in sämtlichen von ihm durchforschten Wiclifschriften auch nicht eine Spur aufgestoßen sei, welche auf das Vorkommen von Häretikern irgendwelcher Art in England selbst, bei Wiclifs eigenen Lebzeiten oder in früheren Jahrhunderten hinweisen

---

1) In seiner Schrift: „Contra sectam Waldensium tractatus in Bibliotheca Maxima Patrum" (Lugduni 1677), XXV, cp. 15, fol. 281, weist Peter v. P. auf eine Reihe von „Völkern, Geschlechtern und Sprachen" hin, wo „durch Gnade Gottes alle rechtgläubig und von dieser Sekte unberührt geblieben seien: „ubi omnes homines sunt immunes a tua secta penitus conservati", und nennt an dieser Stelle zuerst England, dann Flandern.

2) Vgl. Th. Wright, Polit. Poems (London 1859), vol. I, S. 231 bis 249. Das Gedicht trägt den Titel: „Against the Lollards" und soll nach Wright aus dem Jahre 1381 sein. Lechler bestreitet diese Datierung. In der ersten Strophe (S. 231) heißt es:

> „Praesta, Jhesu, quod postulo,
> Fac, quod in tuo populo
>   Nulla labes resideat;
> Fac, quod non emineat
> Et quod nusquam absorbeat
>   Semen, cum serpit clauculo.
> Fac, quod hortus revireat,
> Et novo fructu floreat."

Dann fährt der Dichter fort:

> „O terra iam pestifera
> Dudum eras puerpera
>   Omnis sanae scientiae,
> Haeresis labe libera
> Omni errore extera,
>   Exors omnis fallaciae.''

würde [1]). — Ich möchte darauf aufmerksam machen, daß diese Be=
merkung des ausgezeichneten Wicliforschers doch nur in ihrer Be=
schränkung richtig ist.   In dem Traktate De quattuor sectis no-
vellis findet sich eine Stelle, in welcher Wiclif allerdings von
Sekten spricht, welche „im Reiche sind und auf Grund menschlicher
Traditionen ihre eigenen Schwärmereien mit dem Evangelium ver=
mischen."   In diesem Zusammenhange erwähnt er dann geradezu
die Katharer, die secta novella que dicitur Bonorum Hominum,
ferner die Karthäuser, die Sanktimonialen und die ihnen ver=
wandten Richtungen [2]).   Man wird also nicht nur sagen dürfen,
daß ihm jene ketzerische Richtung bekannt war, sondern nach dem
Zusammenhange (quecunque secta in regno) scheinen Spuren
des Katharismus sogar auf dem Boden des englischen Reiches vor=
handen gewesen zu sein. — Übrigens ergiebt sich aus den Schluß=
worten, daß Wiclif den angeführten Richtungen durchaus nicht
teilnehmend gegenüberstand, vielmehr ihre Trennung von „der
Gemeinde Christi" tadelt und ihnen vorhält, daß sie nicht geschickt
wären, Gott recht zu dienen und sein Gesetz zu halten. — Der
Gedanke einer inneren Verbindung zwischen der Wiclifschen und
einer früheren, von der Kirche verurteilten Opposition scheint also
gerade auf Grund der vorliegenden Stelle abzuweisen zu sein, und
der Versuch, „die innere Entwickelung Wiclifs oder auch seiner
Anhänger in einen pragmatischen Zusammenhang zu bringen mit
irgendeiner früheren häretischen Erscheinung des europäischen Fest=
landes" muß so lange abgewiesen werden, als die fortschreitende
Bekanntschaft mit den noch nicht veröffentlichten Werken des Vor=
reformators nicht den Beweis des Gegenteiles erbringt.

---

1) Lechler I, 215.

2) Vgl. Streitschriften Johann Wiclifs (Leipzig, Barth 1883), S. 283:
„Et ad evellendam istam radicem (die Temporalien der Geistlichen) funditus est consideranda quecunque secta in regno, que secundum
tradiciones humanas commiscet fantastica legi Cristi.   Et temporalia
regni et regis proteccio debent talibus derogari, ut secta novella que dicitur Bonorum Hominum, secta monachorum Carthusiensium et secta Sancti-
monialium cum eis similibus.   Omnes enim tales sine dei licencia obli-
gant se ad ritus privatos, racione cuius sunt inhabiliores servire deo et
tenere plenius legem suam."

Die abweichenden Ansichten, welche nach Knightons Bericht der Dominikaner Richard Knapwel im 13. Jahrhundert über das Abendmahl und die alleinige Autorität der heiligen Schrift aufstellte, und die Kritik, die er an dem herrschenden kirchlichen System übte[1]), sind eine durchaus vereinzelte Erscheinung, welche überhaupt nicht in das Allgemeinbewußtsein der Zeitgenossen trat. Sie war von irgendwelchem Erfolge nicht begleitet, weil sie angesichts der großen, das Land bewegenden Interessen zurücktrat. —

Der aus den Tiefen des angelsächsischen Stammes immer wieder hervorbrechende Geist des Widerstandes gegen das entartete Kirchentum Roms kleidete sich noch nicht in die Formen des theologischen Denkens. Die Idee des Staates, der aus einer bewegten politischen Vergangenheit als neu gekräftigte Macht hervorgegangen war, befriedigte voll und ganz die nationalen Wünsche. Sie gewährte dem etwa vorhandenen kirchlichen Widerspruche sein Recht nur insoweit, als dieser seinen Zusammenhang mit den politischen und wirtschaftlichen Fragen der Gegenwart nicht verlor.

Aus den antirömischen Bestrebungen der Nation während des 13. und 14. Jahrhunderts läßt sich die Rückwirkung des politischen Gedankens auf den religiösen immer wiedererkennen. Nur darauf kam es an, daß diese religiösen Gedanken sich in einer kraftvollen und geistesmächtigen Persönlichkeit wie in einem Mittelpunkte sammelten und durch sie im Bewußtsein der Zeitgenossen lebendig erhalten wurden, um befreiend auf die noch in kirchliche Formen gebundene Volksseele zu wirken und den großen Widerstreit der Geister tiefer zu begründen.

Die Hoffnungen, welche in dieser Beziehung der antipäpstliche Geist an die Universitäten des Landes zu knüpfen sich gewöhnt hatte, waren doch nur in beschränktem Maße in Erfüllung gegangen. —

Hier, auf den großen Schulen des Landes, hatte, als die Scholastik die Herrschaft über die Geister zu verlieren begann, der

---

1) Vor einer Synode sprach er den Satz aus, nemini licere, quod bina unus possideret beneficia; vgl. Wood, Hist. univ. Ox., p. 160.

in der klösterlichen Stille groß gewordene Trieb nach freiem For=
schen eine Heimstätte gefunden.   Den beiden „Augen Englands",
Orford und Cambridge, hatte sich das Wohlgefallen des Landes,
die Gunst der Könige und der reichen Familien mit dem Augen=
blicke zugewendet, in welchem die großen Anstalten sich als Schulen
empfanden und damit im Gegensatz zu dem kirchlichen Scholasti=
cismus das Prinzip des Fortschritts, der wissenschaftlichen Freiheit
anerkannten.   In der Sonne dieser Gunst waren die beiden Univer=
sitäten zu schnellem Glanze gelangt.   Seit der Mitte des 13. Jahr=
hunderts leuchten sie im Kranze der großen abendländischen Schulen
auf.   Galt Paris als die Musterschule der scholastischen Theologie,
so behauptete Orford, welches mit dem französischen „Studium"
in regem wissenschaftlichen Verkehre stand, durch den Scharfsinn
und den freieren Schwung des Denkens, welche die großen englischen
Universitätslehrer auszeichneten, fast das ganze Mittelalter hindurch
im Bewußtsein aller frei gerichteten Zeitgenossen den zweiten, ja
den ersten Rang.

Hier hatte die geographische Lage des Landes und die natio=
nale Entwickelung, Volkscharakter und Geschichte, es mit sich ge=
bracht, daß mehr als die Autorität der Satzung die „Autorität
der freien lebendigen Persönlichkeit" gepflegt worden war.   Denn
so sehr die (spätere) Scholastik auch in den überkommenen Denk=
formen zu erstarren schien, so hat sie doch auch zur Entfesselung
des Geistes und zur Vorbereitung der großen Befreiungsthat Luthers
im 16. Jahrhundert einen ersten, vorbereitenden Schritt gethan.
Freilich noch in großer Schwerfälligkeit.   An Autoritäten groß=
gezogen und von Männern gepflegt, welche ihr Leben dem Fort=
schritt und der tieferen Begründung des vorhandenen wissenschaft=
lichen Stoffes geweiht, hatte sie neben dem Prinzip der stabilen
Kirchlichkeit durch eben diesen wissenschaftlichen Anschluß an die
forschende Persönlichkeit auch ein Moment des Fortschrittes in
sich [1]).   Dazu kam, daß unter der Freude an der Spekulation,
unter dem Gefühle einer alle Schwierigkeiten des kirchlichen Glau=
bens beherrschenden Dialektik und unter der Hingabe an die Philo=
sophie eines Heiden die Neigung, auf den engbegrenzten Pfaden

---

1) Vgl. hierzu Jäger, Johann Wycliffe, S. 6.

der Kirchlichkeit zu bleiben, stetig abnahm und die Lust am Wider=
spruche wuchs. Als das Übergewicht des Aristoteles entschieden
war, wurde von den Vorkämpfern der kirchlichen Rechtgläubigkeit
ein lautes Geschrei erhoben, nicht etwa weil der große Lehrer des
Mittelalters selbst ein Heide war, sondern weil man die Kenntnis
seiner Gedanken vielmehr den Schriften der ungläubigen, Christus=
und kirchenfeindlichen Araber verdankte. Aber von Erfolg war der
bei den Männern der Wissenschaft an den Universitäten erhobene
Einspruch nicht begleitet. Als gegen Ende des 12. Jahrhunderts
der griechische Philosoph durch die byzantinischen Exulanten in seiner
eigenen Sprache der kleinen Gemeinde des abendländischen Ge=
lehrtentums bekannt wurde, sah sich der Papst genötigt, seinen
Protest vor der Macht der von den Universitäten gepflegten Wissen=
schaft überhaupt zurückzuziehen.

Es ist eine charakteristische, wiewohl nicht überraschende Er=
scheinung, daß das Zeitalter des Rittertums, die Ära, welcher
England den edeln Schmuck und die keusche Schönheit seiner Dome
verdankt, die Zeit, in welcher das Volk neue Lieder singt, und
Chaucer die Äbtissin, den Studenten, Ritter, Mönch und Kauf=
mann unnachahmlich fabulieren läßt, auch jene Geistesheroen her=
vorbrachte, deren Ergötzen das Spiel des abstrakten Gedankens,
die Spekulation, war. Zweifellos war die unverständliche Ver=
schwendung geistiger Kraft auf rein theoretische, dem frisch pul=
sierenden Leben entrückte Fragen ein Anzeichen, daß der menschliche
Geist im Begriffe stand, das Joch einer Knechtschaft zu durch=
brechen. Diese Geistesübungen waren die Wolke, der Vorbote des
Sturmes, welcher den mächtigen Bau des Romanismus zu zer=
stören bestimmt war. Die unruhigen Geister, vor deren innerem
Auge die Wissenschaft in majestätischer Größe als eine Rom eben=
bürtige Macht emporstieg, hatten den Mut, die gezogenen Schranken
zu überschreiten, in unserer Periode noch nicht gefunden. Ein ge=
wisser wissenschaftlicher Hochmut, welcher sie auf die Beschäftigung
mit der heiligen Schrift als etwas Ehrenrühriges herabsehen ließ [1]

---

[1] Pennington, S. 32. Nach Johann von Salisbury wurden die
Biblicisten nicht nur als Philosophen zurückgewiesen, sondern auch als Geist=
liche nur mit Unmut ertragen. They became objects of derision, and

hinderte sie an dem rechten Verständnis und der entsprechenden
Wertachtung der mächtigen Handhabe, welche die Bibel jeder Kritik
an einer bestehenden Kirche bietet, und so warf sich der geistige
Hochwuchs der Nation zuletzt auf nutzlose Spitzfindigkeiten und
Wortklaubereien. —

Dennoch war die in vielbändigen Summen und Sentenzen
niedergelegte Geistesarbeit all dieser gelehrten und klugen Männer
nicht vergeblich. Denn sie war trotz aller kirchlichen Gebundenheit
doch die Trägerin des freiheitlichen und reformatorischen Gedankens
im Mittelalter. Aus den Reihen der Schultheologen, sagt Bre=
wer [1]), gingen die begabtesten Volksredner und die entschiedensten
Bekämpfer des Papsttums hervor. In ihrer Schule wurden die
Vorkämpfer der Reformation und die bedeutendsten der Refor=
matoren selbst erzogen. Die Freiheit, mit welcher die Gelehrten
sich auf jedem Gebiete der Theologie und Methaphysik bewegten,
befreite auch die kirchliche Diskussion von jeder Fessel.

So beherrschte die scholastische Philosophie, ihr System immer
mehr vervollkommnend, ihren Einfluß ausbreitend und die besten
und tiefsten Geister der Zeit in ihre Zauberkreise bannend, zwei
Jahrhunderte lang den Geist jener ringenden Zeiten. Aber die
Wissenschaft der Philosophie, in deren Dienst sie alle ihre bewun=
dernswerten Kräfte gestellt, hatte sie nicht bereichert. Kein einziges
neues Problem hatte sie gelöst. Erst als die Abnahme ihrer Kräfte
ihr die Fruchtlosigkeit ihres Strebens aufdeckte, fing sie an, durch
ihre Kritik für den geistigen Entwickelungsprozeß der westeuropäi=
schen Nationen von Bedeutung zu werden.

Als nämlich Kaiser und Papst, beide mit unermeßlichen Ver=
lusten an äußerer und innerer Kraft, den großen Kampf um die
Obergewalt der geistlich=weltlichen Macht ausgekämpft und das
ohnmächtige Bestehen des Papstes auf seinen maß= und rechtlosen
Ansprüchen einen antiklerikalen Geist großgezogen hatte, hatte die
alternde Scholastik noch einmal unter der Hand zweier Engländer

---

were termed the bullocks of Abraham, or the asses of Balaam. Turner,
Hist of Engl. I, 508.

1) Vgl. Vorrede zu den Monumenta Franciscana (Memorials of the
Franciscans in England) in den Rolls Series, p. LIX.

Triebe ans Licht gebracht und eine Weltbetrachtung wiederbelebt, die sich keineswegs als unbedingt an die kirchlichen Forderungen gebunden empfand und, obgleich nicht innerhalb der Kirche stehend, doch von dieser geduldet werden mußte. Während Dante und Marsiglius von Padua als die Apostel dieser freiheitlichen Regung auf politischem Gebiete ihren Widerspruch erhoben, unternahmen zwei englische Franziskaner, Duns Scotus, ein Mitglied des Merton College in Oxford, und Wilhelm Occam, gleichfalls Mitglied der Oxforder Universität, eine scharfe Kritik des religiös = politischen Systems der Kurie. Die ernste, tiefe und gewissenhafte Art ihres Weltbegreifens machte es ihnen nicht leicht, die Einheit der mensch = lichen Freiheit mit der Unbedingtheit der Kirchenlehre zu behaup = ten. Unabhängig und furchtlos scheuten sie sich nicht, ihre neu = gewonnene Kenntnis ihren Zeitgenossen in Wort und Schrift mit = zuteilen.

Durch sie hatte auf den englischen Schulen ein freier, un = abhängiger Geist eine Pflegstätte gefunden. Scharfsinn und Kühn = heit des Denkens zeichnete dort die Lehrer aus. Die nüchterne Gelehrsamkeit und das schulmäßige Forschen der Pariser Theologie, eines Albertus Magnus und Thomas von Aquino genügte dem angelsächsischen Freiheitssinne und dem ins Wesen der Dinge ein = dringenden Denken eines Roger Bacon, Duns Scotus und Wilhelm Occam nicht mehr.

Der wachsende Glanz Oxfords, dem das unter den Unruhen und der Unsicherheit der englisch = französischen Kriege schwer leidende Paris die geistige Führung Westeuropas abtreten mußte [1]), verlieh der Spekulation der angelsächsischen Forscher neue Impulse. Grosseteste hatte, um der heimatlichen Kirche und dem Vater =

---

1) Vgl. Shirley, Fascic. Ziz. L—LI. Eine Menge Gründe trugen zu seinem Niedergange bei: die unbequeme Nachbarschaft des Papstes in Avignon, die Verallgemeinerung des Wissens, namentlich der Theologie, welche von Paris insonderheit gepflegt worden war, der Aufschwung der nationalen Idee und Litteratur, die Gründung neuer Universitäten auf dem Kontinent (1348 Prag, 1365 Wien, theologische Fakultäten in Bologna 1362 und 1363 zu Padua) u. s. w. „Palladium Parisiense", klagt Heinrich von Langenstein, „nostris moestis temporibus cernimus jam sublatum"; vgl. Hartwig, H.- v. L. (Marburg 1857), S. 63.

lande zu nützen, es gewagt, an der Stelle die Wahrheit zu sagen,
wo man sie überhaupt nicht, am wenigsten aus dem Munde eines
Untergebenen, hören wollte. Er hatte die Schäden der Kirche in
einer Denkschrift (1250) furchtlos aufgedeckt und war schließlich
entschlossen genug gewesen, den päpstlichen Übergriffen offenen Wider=
stand entgegenzusetzen. In der Kirche, sagte er, haben sich die sieben
Todsünden eingenistet; so geht sie notwendig den Weg des Ver=
derbens. „Ach, es geht mir wie einem", ruft er in jener Denk=
schrift mit Beziehung auf den Propheten Micha aus, „der im
Weinberge des Herrn nachlieset, da man keine Trauben findet zu
essen [1]." „Wer aber ist", so fragt er sich selbst, „an dem Ver=
derben schuld? Niemand anders als die Kurie selbst. Denn sie
sendet falsche Hirten zu der Herde, die sich aufs Melken und
Scheren, aber nicht aufs Weiden verstehen. Rechte Hirten müssen
das Wort des Lebens wahrhaft lehren, das Laster strafen und
selbst das Vorbild eines guten Wandels geben."

Hatte der Papst seinem Bischof schon diese freimütige Sprache
übel genommen, so geriet er in hellen Zorn, als Grosseteste es
wagte, einen italienischen Knaben, dem die Kurie eine fette Pfründe
in der lincolnschen Diöcese übertragen, kurzer Hand zurückzuweisen:
denn es sei eine mörderische Sünde, wenn man die Seelen um
das Hirtenamt betrüge. Kaum gelang es dem Einflusse des Kar=
dinals Agidius, den aufgebrachten Papst milder zu stimmen und
von dem achtzigjährigen Grosseteste das Äußerste abzuwenden. —

Von Fluch und Bann nicht erschüttert hatte Occam in dem
Kampfe zwischen der kaiserlichen und päpstlichen Gewalt die über=
zeugende Kraft seines Wortes und die Schärfe seiner Feder der
Sache des Kaisers gewidmet, und von seiner Begeisterung für die
staatliche Gewalt hatte er sich zu einem heftigen Angriff auf die
unhaltbaren Grundlagen der geistlichen Obergewalt fortreißen lassen.
Wir sehen, der kirchliche Scholastiker hatte politische Probleme in
den Kreis seiner Betrachtungen gezogen und war zum Vorkämpfer
des weltlichen Königtums geworden. —

---

1) Micha, c. 7, v. 1ff. Vgl. Brown, Appendix, S. 255: „Potestas
autem pastoralis . . . plurimum est hodie et maxime in Anglia coarctata
et ligata, primo per exemptiones — secundo per potestatem secularem,
et tertio per appellationum tuitiones etc."

Endlich war der Doctor profundus, Thomas Bradwardine, dem in der Kirche herrſchenden Pelagianismus mit einer weder aus ſeinem Charakter, noch aus ſeiner Zeit erklärbaren Entſchiedenheit entgegengetreten. Er hatte nicht nur die thatſächliche, vor aller Augen liegende Verworfenheit der Avignonenſer Kurie durch den Hinweis auf Irrtümer in der Lehre tiefer zu begründen geſucht, ſondern auch, auf Auguſtin zurückgehend, gegen das Verdienſt der guten Werke die freie Gnade Gottes in Chriſto ſiegreich geltend gemacht [1]). Dieſen furchtloſen Denker und frommen Prieſter, den der engliſche König gegen den Widerſpruch der Kurie auf den erz= biſchöflichen Stuhl von Canterbury zu erheben noch ſtark genug war, vermochte der Haß und die Verfolgung des avignonenſiſchen Papſtes nicht zu erreichen [2]). König, Volk und die Armee wären in Brad= wardine zugleich getroffen worden. Von Sluis bis Crecy begleitete der fromme Mann ſeinen königlichen Herrn als Vertrauter. Um ſeinem durch eine furchtbare Plage heimgeſuchten Volke nahe zu ſein und dem Klerus in der Zeit der Not mit ſelbſtloſem Beiſpiele voran= zugehen, verließ er, kaum zum Erzbiſchof geweiht und den Pflichten ſeines Amtes in wahrhaft evangeliſcher Weiſe gehorchend, den franzöſiſchen Boden, um die Schrecken des Schwarzen Todes durch den Troſt ſeines perſönlichen Zuſpruchs zu mildern und ſein eignes Leben zum Opfer zu bringen [3]). Beim Heere ſtand der heilige Mann in ſo hohem Anſehen, daß damals die gemeine Rede ging, ebenſo ſehr wie dem kriegeriſchen Genius des Königs verdanke England den Gebeten des frommen Prieſters den Sieg, der den Waffen des Landes unvergänglichen Ruhm gebracht [4]).

---

1) Lechler I, 242—243.

2) Auch Eduard III, ſein Beſchützer und Freund, hatte ſeinen Freimut zu ertragen gehabt: im franzöſiſchen Feldzuge, in dem er den König als Beicht= vater und Heerkaplan begleitete, hatte der fromme Tadler Eduards harten Stolz, ſeine Grauſamkeit und Ausſchweifungen und ſein überquellendes Hoch= gefühl über die Vernichtung der Feinde mit hartem Worte getroffen; vgl. Pennington, J. Wiclif (London 1884), S. 29.

3) F. Hook, Lives of the Archbishops of Canterb. IV, 97—110.

4) Pennington, J. Wiclif, S. 29.

Aber nicht an der Person allein und ihrer individuellen Art haftete der Geist der Selbständigkeit und des Widerspruchs, der von England aus gegen die Kurie erhoben wurde. Die Ent= wickelung der Universitäten als solcher begünstigte geradezu diese Richtung des englischen Empfindens. Wie in Cambridge so hatte im Anfang des Jahrhunderts auch Oxford eine Dezentrali= sation der Wissenschaft und des Unterrichts begonnen. Das College= wesen kam auf. Merton hatte begonnen. Ihm folgte an beiden Universitäten die Gründung einzelner Stiftungen, die zwar nicht in den klösterlichen Formen, aber doch auch nicht mehr in der Weise des akademischen Freibürgertums kleinere Kreise von Stu= denten versammelten und an die Stelle des einen großen und all= gemeinen, aber von kirchlichen und staatlichen Einflüssen mehr oder weniger beherrschten Lehrorganismus eine Reihe kleinerer Gemein= schaften, Staaten im Staate, setzten, denen die Möglichkeit einer freieren wissenschaftlichen Entwickelung sich bot.

Unzweifelhaft steht dieser freiheitliche Fortschritt im Zusammen= hang mit dem Erstarken des Königtums und des Volksgeistes über= haupt. Das Bewußtsein einer selbständigen Stellung gegenüber der kirchlichen Macht beherrschte die Traditionen der Universität. Für die Wahl Oxfords zur Universitätsstadt war nicht nur seine zen= trale Lage im Königreiche, sondern auch die Erwägung maßgebend gewesen, daß es, verhältnismäßig fern von einem Bischofssitze, dem Einflusse und den Eingriffen der kirchlichen Obern vorsichtig entrückt war. —

Es kam dazu, daß die Colleges von vornherein welt= liche, nicht kirchliche Institute sein wollten. Von einer Ver= pflichtung auf den Eintritt in den geistlichen Stand war für ihre Mitglieder noch nicht die Rede. Nicht auf die geistliche Weihe, sondern auf Unterricht in den herkömmlichen Lehrfächern war ihr Absehen gerichtet. Erst unter Erzbischof Islep († 1366) und dem großen Wykeham wurde die Verbindung der Schule und Kirche enger gezogen. In seinen reichen und glänzenden Stiftungen, dem großen Mariencollege in Winchester und dem New College in Oxford, herrschen im wesentlichen monastische Formen vor. Schon äußerlich, in der Anlage der großartigen Baulichkeiten, Kapelle, Kreuzgang, Refektorium und Zellen kehren die Formen des Klosters wieder [1]). Einen Master, der an Einkünften und Amtsgewalt einem Abte gleichkam, stellte er an die Spitze des Ganzen. Ihm übertrug er die Leitung von 70 Mitgliedern, von denen der Eintritt in das kirchliche Amt erwartet wurde; sie „sollen sich zu Priestern weihen. lassen und dem Dienste am Altare mehr als dem Unterrichte obliegen.‟

Mit diesem Vorgange, der sich allerdings gegen die frühere freiere, wissenschaftliche Bewegung richtete, wurde der Versuch gemacht, die Universität fester an die kirchlichen Gewalten zu fesseln und sie zur Vorschule für das geistliche Amt zu machen. Aber die Maßregel schließt doch auch eine herbe Kritik der kirchlichen Entartung in sich. Sie ist ein Protest Wylehams gegen die schweren Schäden des Klosterwesens, das er unter Beibehaltung der mönchischen Formen mit neuem Inhalt zu erfüllen suchte.

In wie schwere Verwickelungen der von diesen Sonderanstalten genährte, freiere Geist führte, werden wir weiter unten sehen. Noch waren sie, so lange die Richtung aufs Kirchliche vorwaltete, von der Gunst des englischen Königs und seines Hauses getragen [2]) und bewahrten diesen unabhängigen Sinn unsere ganze Periode hindurch.

Der Bildungstrieb, der diese zahlreichen Anstalten mit Lernenden bevölkerte, war ein ungeheurer. Kaum glaubliche Zahlen der akademischen Bürger werden uns gemeldet. Übereinstimmende Berichte geben für die erste Hälfte des Jahrhunderts 30 000 Studierende an. In einer vor dem Papste in Avignon gehaltenen Predigt sagte Richard Fitzralph, der Erzbischof von Armagh in

---

1) Pauli, S. 687.

2) Eduard I. hatte nach dem Vorbild von Merton College, das 1274 in Oxford gegründet war, die Johanniter-Kommende zu Cambridge in ein College umgemandelt. Eduard II. hatte das Oriel College 1324, und Philippa, die Gemahlin Eduards III., das Queen's College gegründet. Eduard selbst bestritt in Cambridge den Unterhalt von 32 Studenten und wandte den wissenschaftlichen Fortschritten derselben durch Beteiligung an den Prüfungen und Besuche sein persönliches Interesse zu; vgl. Rymer, Foed. II, 851; Pauli, S. 637. Balliol College war 1260—1282 von den edlen Balliols gegründet, die in Wiclifs Heimat, auf Bernard Castle, zwei Stunden von seiner Geburtsstätte, saßen. Exeter College bestand seit 1314, University College seit 1332.

Irland (seit 1347) und Kanzler der Orforder Universität vom Jahre 1333 an: „Während zu meiner Zeit auf dem Studium zu Orford sich 30000 Studenten befanden, giebt es jetzt deren kaum 6000." Diese Angaben bestätigt Thomas Gascoigne († 1457), früher gleichfalls Kanzler der Universität, der in einer seiner von Hearne mitgeteilten Schriften sagt: „Vor der großen Plage gab es in Orford 30000 Studenten, wie ich das während meiner Amtszeit als Kanzler aus den Einträgen meiner Amtsvorgänger ersah." Die Zeit vor der großen Plage bezieht sich auf die Jahre vor 1348, so daß beide Zeugnisse also in Zahl und Zeit überein= stimmen. Andere Angaben schwanken zwischen 15000 und 6000, 3000 Studenten sind die niedrigste Ziffer [1]. —

Diesen ungeheuern Zahlen entsprachen diejenigen der Hallen und Schulen. Wood versichert [2], daß es damals „nahezu an 400 Seminarien" in Orford gegeben habe, d. h. Unterrichts= anstalten in der Art unserer höheren Schulen, wo Knaben und Jünglinge die grammatischen Kurse durchzumachen hatten, ehe sie sich den Künsten zuwendeten.

Von diesen Zahlen fallen interessante Schlaglichter auf die wissenschaftlichen Bestrebungen jener Zeit. Die Jahre, welche die nie wieder erreichte Höhe der Studentenzahl aufweisen, sind, wie wir sahen, diejenigen, in welchen der aufstrebende Geist der Uni= versitäten in den freieren Formen der Allgemeinschule sich entwickelte. Die Zahlen sinken stetig, seitdem Versuche gemacht werden, dem Studium generale allmählich kirchliche Formen aufzudrängen. —

Aber auch das andere werden wir aus dem zahlreichen Besuche schließen dürfen, daß England in seinen Universitäten eine gute Durch= schnittsbildung seiner geistigen Führer und geistlichen Pfleger hatte.

---

1) Diese letztere Angabe verdanken wir Wiclif, der sich in seinem großen Buche „Von der Kirche" über diese Dinge ausläßt. Als höchste Ziffer wer= den dort 60000 Studenten angegeben. Aber nicht mit Unrecht wird ver= vermutet, daß hier eine Null zu viel gesetzt ist. Auf die Höhe von 6000 Studenten erhob sich die Hochschule infolge der Stiftung des Erzbischofs Islep, auf die wir noch zurückkommen werden. Vgl. Loserth, Neuere Er= scheinungen der Wiclif-Litteratur in Sybels Histor. Zeitschrift 1885, N. F., XVII, 52. Auch Paulsen, Die Gründung der deutschen Universitäten im Mittelalter, Histor. Zeitschr. XLV, 298, 299.

2) A. de Wood, Annals of Oxf. 105—107.

Im Mittelpunkte der Studien stand die Theologie; aber auch dem Rechte und der Philosophie hatte sich ein sehr großer Bruchteil der Studierenden zugewandt. Astronomie und Medizin wurden von einer Minderzahl gepflegt. Das Griechische begann erst seit dem Ende des Jahrhunderts bekannt zu werden, als zahlreiche Gelehrte sich vor der herannahenden Völkerflut des Islams aus dem östlichen in das westliche Europa zu flüchten begannen. Die Verbindung Friedrichs II. mit Konstantinopel hatte in dieser Beziehung keine bleibenden Früchte getragen. Nach hoffnungsreichen Anfängen auf seinen Universitäten hatte er es zu einer Wiedergeburt des griechischen Studiums noch nicht kommen sehen. „Die Barbaren" (d. h. die Germanen und Franzosen), klagt Petrarka, „haben den Namen Homers, des göttlichen Sängers, noch nicht vernommen." — Dagegen war das Latein, in seiner rohen, schwerfälligen und reizlosen Sprache, ohne Abrundung des Satzes, ohne Wohllaut des Wortfalls, im allgemeinen Gebrauche der Kleriker.

Nur das Französische, nicht das Englische, das freilich noch ganz unentwickelt und Sprache des niederen Volkes war, that ihm in den vornehmen und gelehrten Kreisen Abbruch. — Die Chroniken wissen von einem Bischof von Durham zu erzählen, der bei einer öffentlichen Ansprache im Jahre 1318 sich mit französischen Wendungen über die ihm unbekannten halblateinischen Formen aenigmate und metropoliticae hinwegzuhelfen suchte. Cum, heißt es in der Historia Dunelmensis [1]), ad illud verbum ‚metropoliticae' pervenisset et diu anhelans pronunciare non posset, dixit in Gallico: „seit pur dite" ... et cum similiter celebraret ordines nec illud verbum ‚in aenigmate' proferre posset, dixit circumstantibus: „Par Seint Lowys, il ne fu pas curteis, qui ceste parole ici escrit." Der Bischof war indessen kein Landeskind, sondern einer jener zahlreichen avignonensischen Günstlinge, welcher das größte englische Bistum auf dem Wege der päpstlichen Provision erhalten hatte; er hieß Ludwig von Beaumont.

---

1) Vgl. Wharton, Anglia Sacra I, 761. Hist. Dunelm. SS. III, S. 118 ed. Surtees Society.

Hier in Oxford ging ein Zug frischen Lebens durch die Hallen und Colleges. Im Gefühle wachsender Kraft suchte dieser Geist oft den Kampf. Gegen das übermütige, üppige Bürgertum oder gegen die geistliche Gewalt des Bischofs und Erzbischofs führte die lecke Studentenschaft fast beständigen Krieg. Die nächsten Anlässe zu derartigen Kämpfen waren meist nur geringfügige; aber politische und religiöse Motive verliehen dem Gegensatz immer eine gewisse Schärfe. „Wo ist der Wucherer, der Simonist, der Räuber unserer Güter", riefen die Studenten dem päpstlichen Legaten Otho nach, als sie ihn aufrührerisch überfallen, „der nach unserm Gold und Silber dürstet und den König auf falsche Wege führt, unser Land in Verwirrung bringt und Fremde mit der englischen Beute bereichert [1]).

Ein andermal steht die freie Republik der Universität gegen den Erzbischof von Canterbury auf, weil er sich geweigert hatte, die Zügel seiner geistlichen Oberhoheit über die Hochschule lockerer zu lassen. Später führen Reibungen zwischen den Studenten und den städtischen Behörden und Einwohnern zu Waffenlärm und Blutvergießen. Im Jahre 1335 war die Erbitterung so groß, daß die Studenten nach Stamford auszogen und sich dort niederließen, bis ein königlicher Befehl ihre Rückkehr erzwang [2]); 1349 finden über die Kanzlerwahl wilde Kämpfe statt [3]), 1354 setzt es in einem Streite zwischen Stadt und Universität wieder blutige Köpfe [4]), und 1388/89 prallen nach lang verhaltenem Grolle mit der Rauheit ihres Naturells die Nordländer, Boreales, auf die Australes und erfüllen die Straßen der Stadt mit Blut und Waffenlärm [5]).

Erst ein gemeinsamer Feind überwand diese äußeren Gegensätze. In verbundener Kraft erhoben sich in jenen bewegten Tagen

---

1) Vgl. Hubers Englische Univers. I, 90—92, der nach Matthew Paris und Thomas de Wyle berichtet.

2) Rymer, Foed. II, 891. 892. 898. 903.

3) Rot. Claus. 23. Edw. III., S. I, 16, dorso a. 1349.

4) Robert de Avesb. 197. 198. 199. Rymer III, 300—301.

5) Knighton, 2705. 2735.

Oxforder Lebens die einzelnen Körperschaften, Nord= und Süd=
männer, Engländer, Walliser, Schotten und Irländer, Rechtsgelehrte
und Theologen, Weltliche und Reguläre, die lecke Jugend und das
gesetzte Alter in wiederholten und erbitterten Kämpfen gegen die
Bettelmönche.

Nach einem glänzenden Aufstieg in der Gunst der mittleren
und niederen Volksklassen waren diese fremden Eindringlinge den
hohen religiösen Zielen, denen sie ihre großartigen Anfänge ver=
dankten, untreu geworden. Ebenso rasch war ihr Ansehen ge=
sunken. Die Universität, die von ihrer Herrschsucht und ihrem
Übermut viel hatte leiden müssen, blickte auf dieses inurbane
Proletariat des geistlichen Standes, das der Volkssatire bald die
komische Figur liefern sollte, mit Haß, Hohn und Verachtung her=
ab. — Sie waren an der Universität erschienen, um als Kampf=
mittel gegen die gelehrte Körperschaft, die auf ihre Freiheit und
kirchliche Unabhängigkeit stolz war, verwendet zu werden. In
natürlicher Folge trat ein beständiger Kampf zwischen Universität
und Konventhaus ein. Seine Folge war schließlich eine Erstarkung
der akademischen Freiheit und die Begründung neuer Gegensätze
innerhalb der Kirche. —

Nicht ohne ein gewisses Recht nehmen die Bettelmönche den
Kampf gegen die Weltgeistlichkeit und die Regulären auf, als sie
zuerst den englischen Boden betraten. Hier wie überall hatte im Laufe
der Zeit der wachsende Reichtum und in seinem Gefolge eine tiefe
sittliche Verwilderung die Ideale des klösterlichen Lebens im Be=
wußtsein der Zeitgenossen verwirrt. Den religiösen Aufgaben, die den
Regulären von ihren Stiftern befohlen waren, standen sie faul und
ratlos, zuletzt auch unfähig gegenüber. Die Fühlung mit dem
Volke, das über die „fetten Bäuche' der „faulen Mönche" sein
Urteil gesprochen, war ihnen längst verloren gegangen. Ihre feiste
Behäbigkeit machte sie in den Augen des armen, arbeitsharten
und nach geistlicher Speise verlangenden Mannes verächtlich, ihr
knechtischer Sinn, der sie an die Interessen des Papstes, ihres
Herrn band, machte sie bei der angelsächsischen Bevölkerung
verhaßt.

Das war die Lage der Dinge, als im Jahre 1221 zwölf
Dominikaner unter Führung des Gilbert von Fresnay in einem

englischen Hafen landeten. Ihr Erscheinen verursachte ein unge=
heures Aufsehen im Reiche. Die geistliche Versorgung des Landes
wurde binnen weniger Jahre eine ganz neue. Auch in die sozialen
Verhältnisse reichte ihr wohlthätiger Einfluß. Der sichere Instinkt
der Hierarchie erhob und hielt diese Männer. Sie standen unter
der unmittelbaren Aufsicht des päpstlichen Stuhles; um die Kon=
trolle des nahen Bischofs brauchten sie sich nicht zu kümmern:
eine ungeheuere Armee ergebener und dienstfertiger Soldaten, die
sich den unmittelbaren Interessen der Kurie widmeten und in ihrem
Namen sich über Europa ergossen. Feurige und schlagfertige Red=
ner begeisterten sie das Volk entweder für die Kreuzzüge, die der
jeweilige Papst gegen seine Feinde unternahm, oder predigten päpst=
liche Ablässe: in beiden Fällen zugleich geschickte Sammler von
päpstlichen Geldern. Rasch wurden sie als Prediger und Beichtiger
populär; ihr christlicher Eifer gewann die Bewunderung und Ver=
ehrung des Volkes wie im Sturme: so wuchsen sie in große
Zahlen. In Stadt und Land, in den Hafengassen und Wald=
hütten, überall machte sich ihr Einfluß geltend. Die alten For=
men des kirchlichen Seelsorgertums schienen aus den Fugen zu
gehen [1]).

Mit dem strengen Gehorsam gegen das kirchliche Haupt ver=
banden diese Männer ferner das Geschick, dem Volke unmittelbar
zu dienen. Sobald ihnen die Teilnahme der niederen Stände
zugefallen war, in deren Augen die besitzlosen Männer von der
Glorie besonderer Heiligkeit umgeben erschienen, traten sie gegen die
Weltförmigkeit, die Unsittlichkeit und den Luxus der Dorfpfarrer
und gegen den Reichtum und die faule Weltflucht der Regulären
zugleich auf. Durch ihre eigene Besitzlosigkeit erhoben sie einen
schweigenden, aber nicht weniger mächtigen Protest. Noch mehr
gewann das Feuer der ersten Liebe ihnen das Herz des Volkes,
und der Einfluß dieser „religiösen Freiwilligen" wuchs von Jahr
zu Jahr.

Sofort nach ihrer Ankunft auf englischem Boden stellten sie
sich in dem Kampfe des Lebens auf die Seite der Armen. Sie
teilten ihre Leiden und Freuden. Begnügten sich die Pfarrer da=

---

1) Creighton, History of Papacy (London 1883) I, 21.

mit, das geistliche Verlangen ihrer Gemeinden mit den trockenen Formeln des Meßkults zu befriedigen, anstatt Predigt und Jugend= unterricht zu üben, so traten die Dominikaner und Franziskaner mit Einsetzung ihrer ganzen Kraft und einer bewundernswerten Selbstlosigkeit in die Lücke ein. Sie stellten sich auf den öffentlichen Markt des Lebens und richteten an ihre Umgebung furchtlos Warnung und Mahnung über alles böse Thun. Sie stiegen in die Höhlen des Lasters, des Verbrechens und der Schande hinab, und mit flammenden Augen und donnernder Stimme machten sie ihrem Abscheu über Gewaltthat und Unzucht Luft. „Es kommt die Zeit, im Himmel oder in der Hölle, wo eure Thaten offenbar werden." In das Krankengemach brachten sie geistlichen Trost und, so weit das Almosen reichte, auch leibliche Hilfe.

Ohne mit der Wimper zu zucken drangen sie hinein in die Pesthäuser und versöhnten die Schrecken des Todes durch die Ehre eines christlichen Begräbnisses. Den von der Gesellschaft Aus= gestoßenen hielten sie die rettende Hand hin, um sie dem Unter= gange zu entreißen. Wo einer einsam starb, da war ein Bettel= bruder zur Hand, um ihm das Kruzifix an die sterbenden Lippen zu halten. Traten sie unter die Massen, hagere Gestalten, auf deren bleichen, knochigen Gesichtern die Fasten, die Entbehrungen und die Ertötung des Fleisches ihre Spuren zurückgelassen, dann hing das Auge der Hörer gebannt an den Lippen des begeisterten Redners, dessen mächtiger Redestrom die Herzen wie mit Zauber= macht ergriff. Die Propheten Jehovas aus den Zeiten des alten Israel sind auferstanden und zu uns gekommen, sagten viele.

Von allen Seiten strömten die Leute herbei, die begeisterten Propheten der „neuen Religionen" zu hören. Unter freiem Himmel, von einer zerfallenen Mauer herab, aus dem Fenster eines ländlichen Wirtshauses, am Kreuz im Moore, unter dem Schutze des rauschenden Waldes warfen sie die Glut ihrer ergreifenden Reden den Hörern ins bewegte Gewissen. So hatte noch nie= mand in der Kirche predigen gehört. Wie ein Zauber ergriff die begeisterte Rede des Volkes Gemüt, „mochten sie das arme Leben und Erdenwallen des Heilandes", sein Predigen, seine göttlichen Wunderthaten, seine Erniedrigung zu den Armen, seine Heilung der Kranken, „die milde Hoheit seiner Triumphe oder die Schrecken

seiner Todesnacht", den schmählichen Verrat, die Geißelung, Ver=
spottung und all die anderen Todesmartern, endlich seine Ver=
klärung, seine herrliche Auferstehung und Himmelfahrt in das himm=
lische Vaterland schildern oder in rührenden und begeisterten Weisen
die wundersame Hoheit preisen, mit welcher das Leben der höchsten
Erbarmerin in allen Nöten, der Gottesmutter Maria, umkleidet
war, die fromme Andacht der Jungfrau, ihre selige Mutterfreude
über das welterlösende Kind oder die Qualen des Mutterherzens
unter dem Kreuze bis zu ihrer frohen Wiedervereinigung oben in
den Himmelssitzen [1]).

Oder es kamen die Donner der Bußrede wie ein Sturm über
die Hörer.   Dann hörte man wohl, wenn der Prediger sein Amen
oder Miserere gesprochen, Seufzer und Bußlieder, Reuige um=
schlangen die Kniee des armen Bruders, und Würfel und Brett=
spiel, Franzen und Schnabelschuh, Haarzopf, Brusttuch und Blei=
ring flogen aus der Menge an den Füßen des Predigers zu Haufen
zusammen.   Dann begann ein großes allgemeines Beichten.   Der
Trost himmlischer Verheißung und die Drohungen höllischer Strafe
vollendeten die Erschütterung der Herzen.

Als die Kurie die Kraft und Schärfe der ihr über Nacht zu=
gefallenen Waffe erkannt hatte, wandte sich ihre Gunst diesen neuen
Helfern zu.   Mit dem zunehmenden Einfluß und der Wirksamkeit
der Brüder wuchs die päpstliche Freigebigkeit.   Dankbar für die
Hilfe der selbstlosen Prediger und Seelsorger vermehrte sie auf
Kosten der alternden Hilfstruppen die Privilegien der neuen.   Der
bischöflichen Aufsicht entrückt und mit den Rechten des Parochie=
geistlichen ausgestattet, entfalteten diese eine von keiner Schranke
gehemmte Thätigkeit.   Sie predigten, hörten Beichte, teilten die
Sakramente aus, tauften und begruben.   Wohin sie kamen, nahm
man sie freudig auf und wurde froh, dem wachsamen Auge und
dem Mahnwort des Dorfgeistlichen entrückt zu sein.   An seine
Sünde will der Mensch nicht gemahnt sein.   Strafe und Tadel
haßt er immer und überall.

Es war aber naturgemäß, daß Bischof und Klerus in diesen
Kampf um ihre Existenz mit Einsetzung aller Kräfte eintraten.

---

1) Pauli, Bilder, S. 37 ff.

Um die fernere Verstörung des Weinbergs, in dem sie arbeiteten, zu verhüten, brachten es die Prälaten unter Bonifacius' VIII. Einfluß zu einem gegenseitigen Abkommen (1300), dem zufolge die Mendikanten ohne die Erlaubnis des Pfarrers in der Parochie nicht predigen durften, die Bischöfe ihnen das Beichtehören in ihrem Sprengel für gewisse Fälle verweigern konnten, und ein Viertteil der Begräbniskosten und sonstiger Gebühren an die Parochialkirche abzuführen war [1]. Das bindende Abkommen wurde indessen der Grund zu neuen Kompetenzfragen und Verwickelungen, aus denen die Bettelmönche gestärkt hervorgingen. Der Dominikaner Richard Knapwel, dessen ketzerische Abendmahlsansichten Knighton uns mitteilt, verweigerte mit Erfolg, sich vor dem erzbischöflichen Gerichte zu verantworten und sich dem geistlichen Spruche zu fügen. Da ist es für die Beurteilung der Sachlage bemerkenswert, daß sein Ordensprovinzial Hugo von Manchester diesen Widerstand unterstützte und dem Primas von England erklärte, daß er niemandem die Einsprache in seine Ordensangelegenheiten zugestehen könne, und er keinen andern Richter als den Papst anerkenne [2].

In nicht minder scharfen Gegensatz waren die Orden zu den Universitäten des Landes getreten. Die Ziele ihres ehrgeizigen Strebens gingen auf geistliche Macht, auf Beherrschung des geistigen Lebens der Nation. Als Vorkämpfer der kirchlichen Einheit hatten sie mit richtigem Instinkte in den Schulen den gefährlichen Gegner jener gewittert. Vom Spott und der Verachtung ihrer Feinde nicht zurückgeschreckt, durch Vergewaltigungen nicht entmutigt und in ihren Ansprüchen immer kühner, hatten sie mit glücklichem Geschick die Blößen des Gegners benutzt, im Laufe der Jahre festen Fuß gefaßt und ihrer Herrschaft über den Beichtstuhl diejenige über den Lehrstuhl hinzugefügt. In die geschlossene Ordnung des Studium generale eingedrungen, erhoben sie steigende Forderungen. Erst Widerspruch, dann heimliche Befehdung, zuletzt offenen Kampf.

Um 1250 stand Wilhelm von St. Amour zuerst gegen sie auf. Aber mit den ruhmvollen Namen eines Bonaventura und Thomas von Aquino auf ihrer Seite und von dem Papsttum

---

1) Creighton I, 230.
2) Wood, Hist. univ. Ox. ad annum 1360, S. 130.

rückhaltslos unterstützt, behaupteten die Bettelbrüder ihre Stellung, welche sie durch Verdienst oder Anmaßung gewonnen hatten.

Siebzig Jahre später setzten sie beim Papste Johann XXII. die Verdammung Jean de Poillys, eines Doktors an der Sorbonne, durch, der den Satz aufgestellt hatte, daß, wer den Mendikanten seine Sünden gebeichtet, auch seinem rechtmäßigen Pfarrer Konfeß leisten müsse, und daß kein Papst von dieser Verpflichtung entbinden könne [1]). In der Pariser Fakultät waren sie so mächtig geworden, daß Poilly widerrufen mußte. Erst mit dem Ende des Jahrhunderts, im Verfolg der Gorelschen Streitfrage [2]), nachdem Gerson das Gewicht seines Namens mit in die Wagschale geworfen und die Mithilfe des französischen Königs gewonnen, wurde ihr Einfluß beschränkt.

Dieselben Vorgänge wiederholen sich auf englischem Boden. Hier war ihnen zunächst eine große und glückliche Aufgabe zugefallen. Der Vernachlässigung der Predigt und der Seelsorge traten sie mit wachsendem Erfolge entgegen. Indem sie dem verführerischen Reize des Reichtums und des faulen Wohllebens die Befriedigung selbstloser Pflichterfüllung entgegensetzten, schienen sie das Heilmittel für die geistlichen Nöte der Zeit zu bringen. „Adlergleich verjüngt sich die Kirche, da Gott der alternden Welt die beiden neuen Religionen gesandt hat", rief damals Konrad von Lichtenau aus [3]), und der Bischof Robert Grosseteste von Lincoln begrüßte zuerst ihre seelsorgerische Thätigkeit mit enthusiastischen Worten [4]). Er selbst zog sie als Koadjutoren in der Seelsorge an sich heran [5]). Im Kampfe gegen seine entartete und unthätige

---

1) Creighton, I, 231.

2) Der Franziskaner Jean de Gorel hatte behauptet, als die echten Glieder der apostolischen Kirchen hätten die Bettelmönche ein größeres Recht zu predigen und Beichte zu hören als der Weltgeistliche, der jüngeren Ursprungs sei. Die Bulle Alexanders V., Regnans in ecclesia, wies alle Einwände, welche die Universität gegen diese Sätze erhoben hatte, zurück; das Nähere vgl. bei Creighton I, 231.

3) Conradi a Lichtenaw Chronicon, Argentorati 1609, fol. 243: „Eo tempore mundo iam senescente exortae sunt duae religiones in ecclesia, cuius ut aquilae renovatur iuventus."

4) Robert Grosseteste, Epistolae (London 1862), Nr. 58, S. 180.

5) Epist. 40. u. 41, S. 131 ff. u. 133 ff.

Geistlichkeit schützte und beförderte er ihre Wirksamkeit in seinem Sprengel und sprach es offen aus, daß sie durch ihren frommen Wandel und Gebet im Beicht= und Predigtstuhle die Schäden und Mängel der Geistlichkeit wieder gut machten [1]). Seine Pfarr= geistlichkeit suchte er geradezu dahin zu beeinflussen, daß sie die Mithilfe der Bettelbrüder annahm und ihre Gemeinden zu einem fleißigen Gebrauche der Predigten ermahnte [2]). „Wenn Ew. Heiligkeit wüßte", schrieb er an den Papst Gregor IX., „wie andächtig und demütig das Volk herzuströmt, um von den Bettel= brüdern das Wort des Lebens zu hören, und wie viel Gewinn die Religion und die Geistlichkeit aus ihrer Nachahmung gezogen hat, sie würde gewiß sagen: das Volk, so im Finstern wandelt, siehet ein großes Licht [3])."

Aber noch vor seinem Ende war auch Grossetestes Begeisterung für die „neuen Religionen" in Enttäuschung und bittern Haß umgeschlagen.

Hatten sie durch eine bewundernswerte Opferfreudigkeit, durch eine selbstlose Hingabe an die Pflichten des geistlichen Amtes sich die Herzen der niederen Stände im Sturme erobert, sich zu Freun= den und Beratern der Männer in allen Lebenslagen, zu Vertrauten der Weiber in leiblichen und geistlichen Nöten gemacht und so den Wettkampf, den sie mit dem faulen Weltpriestertum aufgenommen, zu einem siegreichen Ende geführt, — jetzt war das Verderben wie über Nacht in ihre Reihen eingebrochen. Als sie gegen das Grundgebot ihrer Stifter die Annahme irdischer Schätze nicht verweigerten und ihre freiwillige Armut zum Deckmantel der Lüge machten, die ihnen den Genuß weltlichen Reichtums, eines behag= lichen und üppigen Lebens und glänzender Konventhäuser unter fremdem Titel und Namen gestattete, gerieten die Orden auf allen Gebieten in schnellen Verfall.

Ihre hochherzige Selbstlosigkeit war dahin; sie hatten den Ver= lockungen des Reichtums nicht widerstehen können, welchen das er= bettelte Gut der Armen ihnen rasch zuführte. An dieser Klippe

---

1) Epist. 34, S. 121.
2) Epist. 107, S. 317.
3) Epist. 58, S. 180.

litt der Orden Schiffbruch. Ist der dem menschlichen Herzen auf=
erlegte Zwang ein unnatürlicher, so bricht er sich, die Fesseln
sprengend, an der Stelle die Bahn, wo die Schranken am schwächsten
sind. Reißend schnell griff das Verderben um sich. Innerhalb
von 24 Jahren, sagt Matthew Paris [1]), nachdem sie nach Eng=
land gekommen, hatten die Bettelmönche ihre armseligen Hütten in
Königspaläste umgewandelt. Immer wieder begegnen wir bei den
Zeitgenossen der Klage über den Prunk und Aufwand ihrer Ordens=
häuser, mit dem sich des Königs Schlösser nicht messen konnten [2]).
Damit schwand die Lust zur Arbeit dahin; an die Stelle der Be=
dürfnislosigkeit traten Lebensansprüche, die der Absicht des Grün=
ders der Orden und ihrem eigenen Gelübde widersprachen. Dem
Könige und Bischof gehorchen sie nicht, klagt ein Zeitgenosse [3]),
sie säen und arbeiten nicht. Die Gewalt im Himmel und in der
Hölle, sagen sie, sei ihnen von Gott übertragen, und Himmel und

---

1) S. 541.
2) Vgl. Wright, Political Songs II, 20:

    „Why make yee so costly houses
To dwell in, sith Christ did not so,
And dede men shuld have but graves
As falleth it to dede men?
And yet ye have more courts.
Than many lords of England;
For ye now wenden throgh the realme,
And each night wil lig
In your own courts,
And so now but right few lords doe."

3) Wright, Political Songs II, 22.

    „And all men knowne well that
They bee not obedient to bishops
Ne leege men to kings.
Neither they tillen ne sowen,
Weeden ne reapen,
Wood, corn, ne grasse,
Neither nothing that man should helpe,
But onely themselves,
Their lives to susteine.
And these men have all power
Of God, as they seyn,
In heaven and in yearth,
To sell heaven and hell
To whom that them liketh;
And these wretches weet never
Where to been themselves."

Hölle können sie verkaufen, an wen sie wollen. Die „ersten Geist=
lichen der Kirche" nennen sie sich, „in ihrem Leben die treuesten
Nachfolger Christi", aber legt man ihnen Fragen vor und fordert
Vernunft= und Schriftgründe für ihr Thun, dann verstummen sie,
oder ihre Antwort ist nichts wert ¹). Nur der Meßpfennig löst
ihnen die Zunge ²). —

Auch ihr Dienst an den Armen, der sie lange in der Volks=
gunst gehalten, war auf schlimme Abwege geraten. Aus den
frommen Hospitaldienern, sagt Pauli, und mildherzigen Verbreitern
von allerhand nützlichen Dingen sind jetzt freche Hausierer und Quack=
salber geworden, die mit lumpigen Geschenken von Kurzwaren,
falscher Medizin, gefälschten Reliquien und dem verruchten Miß=
brauche des Beichtgeheimnisses darauf ausgehen, den Frieden in

---

1) Pol. Songs II, 18:

> „ For that freers challenge
> To be greatest clerkes of the church,
> And next following Christ in living,
> Men should for charitie
> Ask them some questions
> And pray them to ground their answeres
> In reason and in holy writ;
> For else their answer would nought be woorth,
> Be it flourished never so faire,
> And, as me thinke, men might skilfully
> Aske thus of a freer: Freere, how many etc."

2) Pol. Songs II, 23:

> „ Why hate ye the gospell to be preached,
> Sith ye be so much hold therto?
> For ye win more by yeare
> With in principio
> Than with all the rules
> That ever your patrones made . . .
> Freer, when thon receivest a penie
> For to say a masse,
> Whether sellest thou God's body for that penie
> Or thy praier, or els thy travell?
> If thon saiest thou wolt not travell
> For to say the masse but for the penie,
> Then thou lovest too little meed for thy soule,
> And if thou sellest God's bodie, or thy prayer,
> Then it is very simonie,
> And art become a chapman worse than Judas
> That sold it for thirtie pence."

den Familien zu stören, die Männer betrügen oder in der Schenke trunken machen, und den Weibern nach ihrer Tugend stellen. In einem der von Wright veröffentlichten Lieder[1]) heißt es, sie handeln mit Börsen, Nadeln, Messern und Gürteln, gewinnen damit in Abwesenheit des Mannes die Weiber und treiben schlechte Dinge mit ihnen.

Diese niederen Dienste machten sie zu Zielscheiben des Spottes, der früher den behäbigen Figuren der Benediktiner= und Cister= ziensermönche gegolten. In ein tölpelhaftes Possenreißertum, in plumpe Inurbanität, Gemeinheit und Schmutz herabgesunken und einem frechen und gaunerhaften Hausirertum verfallen, werden sie die komischen Figuren der Zeitsatire. Eine der köstlichsten Schil= derungen verdanken wir Chaucer, der uns in seinen Canterbury Erzählungen als Gegenbild zu der stattlichen Figur eines vor= nehmen Benediktinermönchs in treffender Zeichnung den jungen Bettelbruder seines Jahrhunderts vor die Augen führt:

„Dann war ein Bettelmönch, ein lust'ger Fant,
Noch da; man sah ihm nicht die Schalkheit an.
In den vier Orden wüßt' ich keinen Mann
Geübt wie er in der Schönredekunst.
Bei jungen Weibern stand er sehr in Gunst.
Er hörte freundlich stets die Beichte an
Und absolvierte höchst gefällig dann,
Und wo er gute Spenden nur empfing,
Da war auch seine Pönitenz gering.
Sein Kragen war stets voll von hübschen Dingen,
Messern und Nadeln, schönen Frau'n zu bringen.
Auch seine Stimme war von gutem Klang;
Er war geübt im Spiel und im Gesang.
Die Schenken jeder Stadt konnt' er auch melden.

---

1) Pol. Songs I, 263:

„Thai dele with purses, pynnes, and knyves,
With gyrdles, gloves, for wenches and wyves,
Bot ever bacward the husband thryves.
For when the gode man is fro hame,
And the frere comes to our dame,
He spares nauther for synne, ne shame,
That he ne dos his wille,
Gif thai no help of housewyves had,
When husbands are not inne,
The freres welfare were ful bad,
For thai shuld brewe ful thinne."

Kellner und Küfer sind im ganzen Rund
Mehr als die Bettler ihm und Krüppel kund.
Und wie ein Domherr, wie der Papst selbst, trat
Er auf im dicken, wolligen Ornat.
Steif wie 'ne Glocke stand um ihn das Kleid,
Auch lispelt er etwas aus Lüsternheit,
So daß besonders süß sein Englisch klang.
Wenn er die Harfe griff nach dem Gesang,
So pflegt er mit den Augen so zu zwinkern
Wie in der Winternacht die Sterne blinkern.
Und Hubert ward der würb'ge Mönch genannt.

Auch ihre Wissenschaft litt unter schweren Schäden. Während
die große Masse der Brüder sich durch ein Maß von Unbildung
auszeichnete, an welchem selbst der heilige Franziskus sich kaum
erfreut haben würde, hatten sich die wissenschaftlichen Bestrebungen
ihrer geistigen Führer, die sich an der Universität breit machten,
in scholastische Spitzfindigkeiten und unfruchtbare Theorien verloren.
Ihre Proselytenmacherei unter den vornehmen Studenten, die un=
ehrliche Art, wie sie junge Knaben in ihre Ordenshäuser lockten
und dort festhielten, begegnete wachsendem Unwillen [1]). Nament=
lich aber riefen ihre unablässigen Versuche, die alten Ordnungen
der Universität zu durchbrechen, sich in die einflußreichen Ämter
und Würden zu drängen, den freiheitlichen Geist der Hochschule
in die Fesseln ihres beschränkten Dogmatismus zu schlagen, bei
jeder Gelegenheit Verwickelungen anzuzetteln und unter deren
Gunst neue Rechte zu erkämpfen, heftige Erbitterung hervor. Die
ärgerlichen Händel endeten 1320 in einem Scheinfrieden. Aber
1333, als Fitzralph Kanzler der Universität wurde, kam es in=
folge neuer Anmaßungen der Eindringlinge abermals zu Kämpfen,
die, von Wiclif später aufgenommen, zu bedeutsamen Konsequenzen

---

1) Pol. Songs II, 22:

„Why steal ye mens children
For to make hem of your sect,
Sith that theft is against God's hests
And sith your sect is not perfect?
Yee know not whether the rule that yee bind him to
Be best for him or worst.‟

Vgl. auch Wiclifs Streitschriften, S. 711: „Tertio ex isto principio furantur
pueros, spoliant egenos et mille meandris lacerant ecclesiam Cristi.‟

in dessen Reformationswerk führen und seinem Auftreten eine nationale
Folie geben.   Denn diese Kämpfe, welche sich um die Beseitigung
aller akademischen Rechte durch eine aus der Fremde gekommene
Macht drehten, mußten naturgemäß dazu dienen, einen Gegensatz
zwischen freier und tendenziöser Wissenschaft hervorzurufen, in
welchem die Universität sich ihrer Selbständigkeit sowohl als ihres
nationalen Charakters bewußt werden mußte [1]).

In diesem allgemeinen Widerstreit feindlicher Interessen, den
wir auf englischem Boden um die Mitte des Jahrhunderts ge=
wahren, lag für die Bestrebungen einer fremden Macht, war sie
festgefügt, willensstark und einheitlich geleitet, die Gewähr sicheren
Erfolges.   Diese Macht hätte das Papsttum sein können. Aber
nach einem glänzenden Aufstieg, der sie bis zu den Höhen aller
irdischen Macht gebracht, war beim Beginn unserer Periode die
päpstliche Gewalt in Abhängigkeit geraten und macht=
los geworden.   Ratlos stand sie den Aufgaben gegenüber, welche
das anders gewordene Leben und Empfinden der großen christ=
lichen Nationen Europas an sie stellte.

Gregor VII., Innocenz III. und Bonifacius VIII. hatten in
dem Kampfe um die weltbeherrschende Gewalt das Papsttum von
einem Siege zum andern geführt und es aus früherer Schwäche
zu monarchischer Straffheit herausgearbeitet.   Sie hatten den
mittelalterlichen Traum ihrer Weltherrschaft seiner Verwirklichung
am nächsten gebracht. Dem Anspruch, das Kaisertum und die
reichsten Kronen der Christenheit als Lehen des heiligen Petrus
zu vergeben, hatten sie siegreiche Geltung verschafft.   Unter den
Wirren nationaler Gegenströmungen hatten sie, Meister in der
Kunst des diplomatischen Spiels, es verstanden, den einzelnen
Königreichen ihre geistlich=weltliche Obergewalt aufzuzwingen.   Erst

---

1) Wood, Hist. univ. Ox. ad annum 1360, S. 159; ibid. ad annum
1325. Die Universitätsvorstände lehnen hier die Behandlung ihrer Angelegen=
heiten vor einem auswärtigen Gerichte ab, verlangen ein englisches Schieds=
gericht und wollen nicht ad exteros citiert sein; vgl. Jäger, S. 7.

die Stürme des römisch=französischen Konflikts zwischen Boni=
facius VIII. und Philipp dem Schönen, in deren Verlauf das
Papsttum in den ausschließlichen Dienst französischer Interessen
geriet, brachten Schwanken in die geschlossene Haltung und machten
dem glänzenden Vorwärtsstreben ein rasches Ende. Das mittel=
alterliche Papsttum war mit Bonifacius gestürzt. Sein Streben,
die Idee der päpstlichen Monarchie im Leben der Völker durch=
zuführen, war mißlungen. Als Schiedsrichter der Nationen war
er von dem erstarkten Königtum abgelehnt worden, und anstatt
seinem Stuhle den thatsächlichen Besitz — nicht das ideale Recht —
aller irdischen Oberhoheit, welche nach mittelalterlicher Anschauung
dem Kaiser beiwohnte, zu sichern und von dieser Errungenschaft
aus die Oberhoheit über das europäische Staatensystem zu be=
haupten, sah sich der Papst in die Fesseln französischer Bevor=
mundung geschlagen.

Krieg seine Macht auch dahin, im Glanze des glorreichen
Namens fuhr er fort, seine Ansprüche zu erheben. Aber der deutsche
Kaiser, im Bewußtsein der Zeit Haupt der abendländischen Christen=
heit, war seit Friedrichs II. Tagen nicht nur ein Name der Ver=
gangenheit, sondern auch ein Traum der Zukunft. Dem Triumphe
eines Innocenz war plötzlich, fast unvorbereitet und unabwendbar,
der Sturz Bonifacius und des Systems, dessen Verkörperung er war,
gefolgt. Mit einem sinnenberückenden Schaustücke hatte der Auf=
stieg begonnen, tragisch ging Bonifacius unter: Rom zu Weih=
nachten 800, Kanossa 1077 und Anagni 1308 bezeichnen die drei
Akte des welterschütternden Dramas.

Vor der Macht der neuen Ideen, welche um die Wende des
14. Jahrhunderts in das Bewußtsein der Völker traten, war das
Papsttum gefallen. Seit Nikolaus I. hatte es seinen Machtauf=
schwung begonnen; kuriale Schriftauslegung und Tradition auf
der einen, die Geschichte auf der andern Seite waren seine Kampf=
mittel gewesen. Diese beiden Grundlagen mußten ihm, sollte es
fallen, entzogen werden. Das war die Aufgabe des aus=
gehenden Mittelalters, an deren Lösung Wiclif sein
ganzes kampfreiches Leben setzte. Im 13. Jahrhundert begann
der politische Prozeß, im 14. Jahrhundert der religiöse.

Dunkel und scholastisch in seiner Form, aber ein Vorkämpfer

eines neuen politischen Prinzips hatte Dante in seinem Buche „Von der Monarchie" sich gegen das Staatsideal des Thomas von Aquino gewendet und unter Beseitigung der Dekretalien und einer spitzfindigen Bibelerklärung sein politisches System auf Vernunft und Geschichte aufgebaut.   Ägidius von Colonna, Erzbischof von Brügge, hatte gezeigt, daß weltliche und geistliche Macht unabhängig von einander bestehen, weil beide gleicherweise von Gott kommen, und jede für sich ihren Wirkungskreis hat, daß in vielen Punkten der Priesterstand der weltlichen Macht unterstehe, und daß der Papst über die königliche Herrschaft eine richterliche Gewalt nicht habe [1]).   Johann von Paris [2]), ein Dominikaner, den seine religionspolitischen Spekulationen über die Traditionen seines Ordens erhoben, war einen Schritt weiter gegangen, nämlich zurück auf den Gründer der Kirche selbst: hatte Christus allen Anspruch auf die Reiche dieser Welt abgelehnt, so konnte kein Priester, am allerwenigsten der Statthalter eben dieses Christus eine Macht in Anspruch nehmen, die sein Meister von sich gewiesen.

Von ausgezeichneten Männern seiner Zeit unterstützt, vollendete nun Philipp von Frankreich die Prüfung der geschichtlichen Fundamente und machte in dem Kampfe, welchen der eben aus den Fesseln des Feudalismus sich lösende Staat gegen die Kurie unternommen das politische Prinzip geltend.   In England folgten, wie wir oben gesehen [3]), mit angelsächsischer Energie ihm König und Parlament auf diesen politischen Bahnen.   Zu der früheren Kraftanspannung kam es in diesem Ringen der beiden größten Gewalten auf Erden nicht mehr.   Vollzog sich ihre Scheidung auch nicht ohne tiefe Erregung der Geister, so waren die Schwierigkeiten viel geringere, weil auf beiden Seiten nicht mehr die alte Energie vorhanden war.   Dem Papsttum fehlten jetzt die geistes- und willensstarken Männer früherer Jahrhunderte.

---

1) Vgl. Golbast, Monarchia S. Rom. Imp., vol III.   Egidius de Colonna, Quaestio disputata in utramque partem, pro et contra Potestatem Pontificiam, S. 95.

2) Ibid., F. Joh. de Parisiis, Tractatus de Potestate regia et papali, S. 108.

3) Vgl. oben, S. 35—45.

In Frankreich mußte es die Bevormundung des Königs, in Eng=
land den Widerspruch der vom Könige geführten Barone schwei=
gend ertragen. Seine politischen Stützen waren mit dem Beginn
des 14. Jahrhunderts zusammengebrochen.

Nun begann Wiclif, indem er auf biblische Grundlagen zu=
rückging, jenen großen Wandlungsprozeß des religiösen Bewußt=
seins, der in der deutschen Reformation des 16. Jahrhunderts
seinen Höhepunkt erreichte und dem mittelalterlichen Papsttum auch
seine religiöse Grundlage entzog,

Der erste Scheidungsprozeß der beiden Gewalten war mit der
Verlegung der päpstlichen Kurie nach Avignon zum Abschluß ge=
kommen. In Gregors und Innocenz' stolzen Bau hatte die Welt=
macht die erste Bresche gelegt. Auch die Kampfesart war jetzt
eine andere geworden. Der Papst hatte zu erfolgreichen Angriffen
auf England, Deutschland und Frankreich nicht mehr die Kraft.
Die bloße Erhaltung der gewonnenen Machtstellung begegnete er=
heblichen Schwierigkeiten. Die diplomatische Verhandlung be=
schränkte sich jetzt auf die Verteidigung alter Rechtsansprüche und
gab die Angriffspolitik auf. – Thatsächlich veränderte das Exil
die ganze politische Lage in Europa. Hatte in den fortgesetzten
Kämpfen zwischen Kaiser und Papst der allerchristlichste König in
päpstlichen Diensten gestanden, so war jetzt der Papst in franzö=
sische geraten. Hatte die Kurie bisher Frankreich gegen den Kaiser
ausgespielt, so brauchten jetzt die französischen Könige den Papst
als Werkzeug in ihrem politischen Spiele gegen den Kaiser. So
machte die Lage der Dinge Eduard von England und Ludwig von
Deutschland zu natürlichen Verbündeten.

Diese Verbindung war begleitet von den tiefgehendsten Folgen.
In Deutschland und England führte sie zu einer wachsenden Ent=
fremdung vom Papsttum, welches sich zum Werkzeuge des natio=
nalen Feindes beider Völker erniedrigt hatte. Der deutsche Reichs=
tag erklärte, daß der Kaiser seine Gewalt von Gott habe und daß
seine Wahl einer päpstlichen Bestätigung nicht bedürfe; und das
englische Parlament nahm bereitwillig den Kampf auf, in welchen
die antipäpstlichen Strömungen des nationalen Lebens drängten.

Seit dem Beginne des 14. Jahrhunderts schwindet der Ein=
fluß, den die Kurie in England ausgeübt, immer sichtbarer dahin.

Schon in den politischen Kampf, den Eduard III. an der Seite Ludwigs (1337) unternommen, mischten sich religiöse Momente. Als Benedikt XII. gegen Ludwig den Bann geschleudert, blieb der englische König, von kirchlichen Bedenken unbelästigt, in dem Bündnisse mit der exkommunizierten Macht. Auch die englische Kirche weigerte sich, dem Interdikte, das drüben in Flandern alle Glocken verstummen machte, Folge zu geben. Die Furcht, welche der über den deutschen Kaiser triumphierende Papst ausgeübt, wurde dem zu einem französischen Agenten erniedrigten verweigert. Der alte Unmut über die sittliche Entartung und die frechen Erpressungen der Kurie lebte mit um so größerer Bitterkeit auf, als die Begehrlichkeit der Avignonenser Päpste unter dem Drucke der politischen Verwickelungen wuchs. In einer Umgebung, welche in der Politik kein anderes Ziel als den Vorteil, keine Tugend als spitzfindige Schlauheit kannte, in welcher Vorwärtskommen, Schätzesammeln und Lebensgenuß letztes Ziel war, und wo jedes heilige und unheilige Mittel „als recht angesehen wurde, wenn es nur zum Ziele führte", „das Verbrechen nur verachtet wurde, wenn es ungeschickt oder zaghaft ausgeführt war", wurde die sittliche Entartung des Papsttums ins maßlose gesteigert. Die verworfenen Mittel, welche die Päpste in ihrer Umgebung mit entscheidendem Erfolge arbeiten sahen, lernten sie zu den ihrigen machen, und so sank ihr persönliches Wollen und Empfinden auf die niedrige Sittlichkeitsstufe ihres verderbten Hofes herab. — Die Ansprüche eines verfeinerten Lebensgenusses, Wollust und Schwelgerei, Kunst und Prachtliebe, die Bedürfnisse nie endender Kriege und die Versuche, Deutschland einen päpstlich=französischen Kaiser zu geben, erschöpften die Kassen der Kurie vollständig. Dazu erforderte der tägliche Lebensbedarf des neuen Hofes an der Rhone ungeheure Geldopfer, zu deren Bestreitung neue Geldquellen geöffnet werden mußten. Ein mächtiges Gebäude, halb Festung, halb Königsburg, dessen gewaltige Maße noch jetzt den Beschauer in Staunen setzen, wurde der Avignonenser Palast für die religiöse Erhebung in England dasselbe, was der Bau der Peterskirche in Rom nachher für die deutsche Reformation. Ungeheure Summen verschlang Jahr für Jahr die Herstellung des festen Kastells, in dem der Papst nicht nur kriegerischen Zufälligkeiten entgegenzutreten hoffte, sondern wo er sich auch wie ein anderer Kosru mit ausgesuchter Pracht umgab [1]). Die massiven, aus mächtigen Quadern gefügten Umfassungsmauern, die Pracht der Kapelle, die wundersamen Gärten auf dem Dache, die Farbenpracht der Fresken, die von Simone Mennis Meisterhand die Wände der kostbaren Staats= gemächer zierten, — für alle diese Dinge mußten die Beutel der gläubigen Christenheit aufkommen. — Größere Summen ver= schlangen die Unternehmungen der päpstlichen Politik, die in einem ohnmächtigen Kampfe an den europäischen Höfen den Traditionen einer glorreichen Vergangenheit Geltung zu verschaffen suchte. In natürlicher Folge mußte die Schraube der Kurialsteuer schärfer an= gezogen werden. So wurde der Druck auf die nationalen Kirchen von Jahr zu Jahr härter. Die schlechtesten Ansprüche wurden geltend gemacht und zu den verderblichsten Mitteln die Zuflucht genommen.

In Scharen entsandte der von steten Geldverlegenheiten ver= folgte Papst seine Agenten, mit den weitgehendsten Vollmachten ausgerüstet, über den Kanal. Diese brachten in Stadt und Dorf, Ritterburg und Stapelplatz, Kloster und Pfarrei, die Ansprüche und den Druck der kurialen Habsucht. Denn jetzt war alles käuf= lich geworden: Sünde und Schuld, das offene und das geheime Thun, Unthaten wider Gott und den Menschen. „Es giebt nichts", so klagt am Schlusse unserer Periode ein Kardinal, der später selbst Papst wurde, „was die römische Kurie ohne Geld verliehe. Selbst die Handauflegungen und die Gaben des heiligen Geistes werden verkauft. Vergebung der Sünde wird nur gegen klingende Münze zu teil" [2]). Von Bistum und Pfründe, Abtei und Kom= mende wurden die Konfirmationen gefordert, Zahlungen für die päpstliche Amtsbestätigung, welche oft den Jahreseinkünften

---

1) Vgl. Wiclif, Streitschriften, S. 683 ff.: „ nam quoad suam personam propriam vel residet in sumptuoso castro, edificato furtive de bonis pau- perum, vel fugit latenter ut latro de loco in locum. — Quidam papa residet tamquam alter Cozdre in castro Avinonie, et quidam in castro Rome vel alibi, evangelizacione ubilibet pretermissa. Bona ergo, que capit de pauperibus ad edificandum castra talia et ad faciendum genus suum inclytum, furatur de pauperibus tamquam latro."

2) Vgl. bei Lenz, M. Luther, S. 18.

gleich) kamen [1]). Aus einem deutschen Sprengel zog der Papst im 15. Jahrhundert 27000 Gulden, die in einem Menschenalter siebenmal nach Rom zu liefern waren. Jenen schmalen, weißen Wollstreifen, welcher von den kunstfertigen Händen der Nonnen der heiligen Anna mit schwarzen Kreuzen benäht und durch die Be=rührung mit dem Grabe der heiligen Apostel Petrus und Paulus geweiht wurde, und der nur in Rom zu haben war, waren die Erzbischöfe mit tausenden zu erkaufen gezwungen [2]). Erst dieses mit schweren Opfern errungene Pallium gab ihnen ihre erzbischöflichen Rechte. Hätten sie die Ehre abweisen wollen, so wäre Absetzung und Bann die Folge gewesen [3]). — Während so die höheren Ämter Blut lassen mußten, wurde der niedere Klerus durch die A n n a t e n, die „Früchte des ersten Jahres" [4]), und in häufigen Fällen selbst durch V e r z e h n t u n g des Kirchenvermögens in Zins genommen.

Für die geistlichen Bedürfnisse des armen Mannes aber war Kleinverkauf der kirchlichen Gnaden da. Für alle Untiefen der menschlichen Natur, für große und kleine, offene und geheime Sünden „lag hier der Goldanker der Rettung." Für alles, sagt der Chronist, verlangt der Priester sein Geld: für Taufe, Hoch=

---

1) Von 10000 Gulden bei dem Erzbistum stieg diese Summe im 15. Jahr=hundert auf 20000; sie mußte in der Regel mit dem Palliumpreise zugleich entrichtet werden. D ö l l i n g e r, Beiträge zur Geschichte der letzten 6 Jhdte, vgl. die Taxrolle II, 1— 276.

2) Je nach der Ergiebigkeit der Bistümer schwankten die Preise. Magde=burg z. B. zahlte 1304 5000 Goldgulden; Mainz, nach Luthers Angabe, 20000 Gulden. E m s e r (Wider das vnchristenliche buch Martini Luters Augustiners, Leipzig 1520, Bl. G. IV) setzt nur den dritten Teil an, dazu komme aber, „was man mit gepreng vnd schweren Bodschafften auff ein so fernen weg mutwillig vortzeret." Im Jahre 1190 verkaufte ein Erzbischof von Trier, um die Reisekosten seines in der Palliumangelegenheit Beauf=tragten bestreiten zu können, aus seinem Domschatz goldene Kunstwerke.

3) So wurde Heinrich II., Erzbischof von Trier, thatsächlich im Jahre 1265 abgesetzt, weil er sich geweigert hatte, jenen Wollstreifen hunderte von von Malen mit seinem Gelde aufzuwiegen. Um so mehr mußte er bei seiner Wiedereinsetzung bluten, die ihm 165000 Goldgulden kostete; vgl. B e y e r, Mittelrhein. Urkundenbuch II, 140; W o k e r, Finanzwesen der Päpste (1878), S. 23.

4) Das Erzbistum Mainz hatte einmal zusammen 175000 Gulden zu zu liefern.

zeit, Begräbnis, für Bilder, Brüderschaften, Bußen, Messen, Glocken, Orgeln, Kelche, Taufkannen, Rauchfässer, Kerzen, Chorrock und alle sonstigen Zierden. Ihr armen Schafe! Der Rektor schneidet Euch, der Hilfsgeistliche schert Euch, der Pfarrer zieht Euch aus, der Mönch schindet Euch, der Gnadenverkäufer benagt Euch — nur der Schlächter fehlt, der Euch erwürgt und die Haut abzieht. Warum kleiden sich Eure Prälaten in rot? Weil sie bereit sind, das Blut jedes zu vergießen, der nach der heiligen Schrift fragt. Geißel der Staaten, Verwüster der Königreiche, nehmen sie diesen nicht nur das Wort Gottes, sondern auch ihr Gedeihen und den Frieden [1]).

Ein Taxenbuch, das im 14. und 15. Jahrhundert in päpstlichen Offizinen gedruckt und aufgelegt wurde, enthielt ein vollständiges Preisverzeichnis für die ganze Sünden- und Schuldenreihe. Ungehorsam gegen das kirchliche Gesetz, die kleinen Pflichtversäumnisse des täglichen Lebens, Diebstahl, Wucher, Betrug, Eid- und Ehebruch, Mord, Brandstiftung, Verrat und Verleumdung Unglaube, Umgang mit Ketzern, unterlassene Bußübungen, vernachlässigte Gelübde — alles hatte seine Taxe. Der ganze Apparat der kirchlichen Gnaden: Licenzen, Privilegien und Dispense, Kommutationen, Remissionen, Abläße und Indulgenzen wurde für Bürger und Bauer, Ritter und Leibeigenen, Geistlichen und Laien in Bewegung gesetzt. Der Höhe der Unthat und der Schuld entsprach die Höhe der geistlichen Gabe und — der Geldsumme. Alles war allen käuflich; nur der Arme konnte von der Sündenschuld nicht loskommen, weil er kein Geld hatte. In einem der obengenannten kirchlichen Taxenbücher werden in dem Kapitel der Ehedispense auch für die von der Bibel verbotenen Grade Erlasse gegen gewisse Geldleistungen angeboten, dann heißt es wörtlich weiter: „Merke wohl, daß derartige Gnaden und Dispensationen den Armen nicht verliehen werden, weil sie nicht mitzahlen; daher können sie nicht getröstet werden [2].“

Nur für die Armen hatte der Himmel keine Barmherzigkeit. Selbst den sittlichen Anteil der Schuld übernahm die Kurie für

---

1) Foxe, Acts & Monuments V, 269 ff.
2) Vgl. Lenz, S. 18.

entsprechende Geldentschädigungen: „den Dieben, Schmugglern und Wucheren erließ der Papst das erschlichene Gut und sprach sie der Sünde ledig, wenn sie ihm nur einen Teil ihres unehrlichen Erwerbes abgaben. Die höchste Schuld aber blieb das Majestäts= verbrechen gegen die Kirche selbst: ein Geistlicher, der einen Ex= kommunizierten zum Gottesdienst zuließ, hatte so viel zu zahlen wie derjenige, der seinen Vater ermordete, oder wie ein Mönch, der heimlich aus seinem Kloster floh und Schnabelschuhe trug, mehr als ein Meineidiger, aber nicht ganz so viel wie derjenige, der, während das Interdikt auf dem Lande lag, einem Gestorbenen den letzten Liebesdienst erwies, indem er ihn in ein ehrliches Grab legte [1]).

Auf allen Plätzen, wo Menschen zusammenkamen, spann sich ein sehr einträglicher Handel mit päpstlichen Dispensationen, Sün= den= und Straferlässen ab; die Appellationen vom Königs= und Grafengericht an die päpstliche Rotula wurden ermutigt, Pro= visionsbullen ausgeteilt für erledigte, Exspektanzen für die noch unbesetzten Stellen. Die reichen englischen Pfründen insonder= heit erfreuten sich starker Nachfrage und standen gut im Preise. Um sie dem Bewerber „wegzukapern“, umlagerten Scharen von Stellenjägern die päpstlichen Gemächer, und diese zu öffnen kostete wiederum Geld. Aber „in alle Thüren bis zu den allerheiligsten Gemächern paßte der goldene Schlüssel“. Es kam oft vor, daß auf diesem französischen Jahrmarkt in Avignon eine Pfründe an mehrere Bittsteller zugleich verhandelt wurde, und man es dann den Käufern überließ, sich selbst in der Heimat durch Schlauheit oder Gewalt in den zweifelhaften Besitz zu setzen. —

Zu den unzähligen zufälligen Abgaben kam die regelmäßige direkte Steuer des Peterspfennigs und immer wiederholte Kreuzzugsgelder, die durch Vermittlung redefertiger und ge= schäftskundiger Bettelmönche im Lande erhoben wurden.

So flossen stetig wachsende Summen in die bodenlosen Kassen des französischen Thronagenten in Avignon. Am tiefsten ging die Erbitterung über den Mißbrauch der Appellationen. Sie ver= wundeten das nationale und sittliche Gefühl zugleich. Den un=

---

1) a. a. D., S. 18.

bedeutendsten Dingen legte die Geldspekulation der päpstlichen Send=
boten eine Wichtigkeit bei, die ihnen nicht inne wohnte, lediglich
zu dem Zwecke, daß dem fremden Tribunal die Sporteln nicht
entzogen würden. Von Instanz zu Instanz mit schadenfroher
Spitzfindigkeit und sprichwörtlicher Langsamkeit geschleppt, verur=
sachten diese Prozesse unerschwingliche Kosten. Als der Ver=
treter eines Colleges an der Oxforder Universität nach Avignon
ging, um die rein formale Umwandlung einer Nebenpfarre in eine
Hauptpfarre zu betreiben, hatte der Beauftragte die Beschwerden
einer 18tägigen Reise, das College die Kosten derselben und die
Erhaltung seines Abgesandten für 23 Wochen zu bestreiten [1]).

Zu welcher enormen Höhe diese vexatorischen, zeit= und geld=
raubenden Erpressungen stiegen, vernehmen wir aus den Klagen
eines Parlamentes, in denen sich die nationale Erbitterung endlich
Ausdruck verschafft. Die Steuern, wurde gesagt, die der Papst
aus dem Lande erhebt, übersteigen diejenigen des Königs um das
Fünffache. Vermittelst des Reservationsrechtes verfüge der Papst
noch bei Lebzeiten des jeweiligen Inhabers vier=, auch fünfmal über
dasselbe Bistum, vermöge des Annatenrechtes nehme er ebenso oft
die erste Jahreseinnahme für sich in Beschlag. Ungelehrte und
unwürdige Pfaffen setze er auf Pfründen mit mehr als 1000
Mark [2]) Einkünften, während arme und gelehrte Leute kaum eine
Stelle von 20 Pfd. erlangten. So gehe gesundes wissenschaftliches
Streben und geistliches Leben zugrunde. Denn die reichen Pfrün=
den verleihe man an Fremde, welche ihre Parochianen weder sähen,
noch sich um dieselben kümmerten, welche die Gottesdienste verachteten,
den Reichtum des Landes wegschleppten und schlechter als Juden
und Sarazenen seien. Das Einkommen, das der Papst allein aus
England ziehe, sei größer als das irgendeines andern Fürsten in
der Christenheit. „Zum Weiden, nicht zum Scheren und Be=
schneiden hat Gott dem Nachfolger Petri seine Herde gegeben [3]).“

Aber unbeachtet verhallten Proteste dieser Art. „Der die

---

1) Green, S. 408.
2) Eine Mark nach damaligem Werte ca. 13 sh. 4 d. = 14 (deutsche) Mark.
3) Vgl. Foxe, Acts (Ausg. von Townsend 1843) II, 689 ff. Green,
S. 408. Lechler, S. 210.

Herde weidet", wurde spöttisch geantwortet, „soll denn der nicht von ihrer Milch genießen können?" Einer andern Nachricht zufolge befanden sich um die Mitte des Jahrhunderts außer einer sehr großen Anzahl kleinerer Pfründen und Pfarren die Dechaneien von Lich=field, Salisbury und York, die Erzdechanei von Canterbury, welche als die reichste Sinekure Englands galt, in den Händen italieni=scher Kardinäle und Priester. In den siebziger Jahren war ein italienischer Kardinal Dechant von York, ein anderer von Salis=bury, ein dritter von Lincoln, drei andere Erzdechanten von Canter=bury, Durham und Suffolk, wieder andere Präbendarien von Tham, Nassingdon und von York [1]), während der Agent in Lon=don, der die Geschäfte des Papstes betrieb, jährlich die Summe von 20 000 Mark an die päpstliche Kasse abführte [2]). Einem Par=lamentsberichte zufolge besaß die Geistlichkeit ein Drittel des ganzen Landes [3]). Daß die Erpressungen als göttliches Recht in Anspruch genommen und verteidigt wurden, mehrte die Erbitterung; mußte man sich doch damit begnügen, den Statthalter Christi entscheiden zu lassen, welches dieses göttliche Recht sei.

Politische Motive gaben dem Unmute des Volkes über der=artige Erpressungen neue Impulse.

Schon ehe die Unterwerfung der Kurie unter französischen Ein=fluß vollzogen war, hatten die schottischen Verwickelungen den Papst auf Balliols Seite gestellt. Als Eduard I. die angebotene Vermittelung durch einen feierlichen Protest seines Parlamentes zurückwies, handelte er im Einverständnis mit seinem Volke, wel=ches von der Einmischung der Kurie nichts wissen wollte.

Viel erbitterter wurde die Stimmung, als die Übersiedlung des Papstes nach Avignon ihn zu einem willenlosen Werkzeuge in der Hand des französischen Königs gemacht hatte, den das englische Volk als seinen natürlichen Feind ansah. Fast ununterbrochen und überall, in den Debatten des Parlaments ebenso sehr wie in den rohen Gewaltthaten der Plebs kam dieser Groll zum Ausbruch.

---

1) Höfler, Anna von Luxemburg, S. 17.
2) Green, S. 408.
3) Rot. Parl. III. 90: „La clergie, qui occupie la tierce partie del Roialme, feust mys a 50 M. marz."

Während das Stadtvolk von Dover dem päpstlichen Legaten die Landung verweigerte, und als er diese erzwungen, seinen Wagen mit Steinen zertrümmerte, beklagten sich im Jahre 1343 die Gemeinen über die wiederholten päpstlichen Provisionen und baten mit einer Deutlichkeit, welche nichts zu wünschen übrig ließ, den König, darauf hinzuwirken, daß die Ernennungen der Kurie für vakante Stellen, die immer noch ohne Rücksicht auf die Rechte des Patronats oder der Krone erfolgten, abgestellt wurden. Weder könnten sie, erklärten sie am Schlusse, noch wollten sie derartige Dinge weiter ertragen. Eduard selbst übermittelte dem Papste seine Klage, daß er Ausländer, „unter ihnen höchst verdächtige Subjekte, auf englische Stellen ernenne, die ihre Pfarre nicht bezögen, die ihnen anvertraute Gemeinde niemals gesehen, ihre Sprache nicht verständen, die Seelsorge vernachlässigten und wie Mietlinge nur den Mietlohn suchten". An Seitenhieben auf die Habsucht des Papstes fehlte es auch in diesem Briefe nicht.

Aber die wachsende politische Not der Kurie und ihre täglichen Bedürfnisse machten es dem Papste unmöglich, diesen Protesten Gehör zu schenken. Noch einmal, fast am Vorabend des großen Tages von Crecy, verbot Eduard nachdrücklich die Einführung fremder Bullen oder anderer Dokumente des Papstes nach England, welche das Vorschlagsrecht der Privatpatrone zu geistlichen Stellen in irgendwelcher Weise präjudizierten [1]).

Der Papst konnte indessen aus politischen und ökonomischen Gründen die Hand, die er auf den englischen Geldbeutel gelegt, nicht mehr lockern. Nun trat auch, nachdem infolge der siegreichen Schlacht von Crecy der englische Einfluß in Frankreich seinen Höhepunkt erreicht hatte, das Parlament in dem berühmten Provisorenstatut [2]) auf die Seite des Königs, hielt den Übergriffen des Papstes die alten Rechte der englischen Kirche entgegen und setzte für diejenigen, welche diese Rechte durch Einführung päpstlicher Provisoren verletzten und die großen englischen Stellen (seignories) auf Fremde zu übertragen suchten, Kerkerstrafe fest [3]). —

---

1) Green, S. 443.

2) Vom Februar 1351. Näheres vgl. bei Green, S. 443—444. Statutes of the Realm I, 316; Rot. Parl. II, 228.

3) Burrows, S. 43. Stubbs II, 410.

Die Folgen des streng durchgeführten Gesetzes waren neue Irrungen. Widerstand ein Patron auf Grund seiner Rechte und von den Landesgesetzen geschützt einem päpstlichen Kandidaten, oder versuchte ein Engländer ohne Rücksicht auf etwaige päpstliche Reservatrechte den Besitz einer Pfründe anzutreten: jedesmal forderte ihn die Kurie vor ihr Gericht ins Ausland.

So spitzten die Verhältnisse sich zu der wichtigen Frage zu, ob auf englischem Boden englisches oder päpstliches Recht maßgebend sei, eine Frage, vor deren Bedeutung diejenige der Provisionen fast zurücktrat. Diese Angelegenheit suchte im Jahre 1353 das Statut Praemunire [1]) zu entscheiden, welches unter der Strafe lebenslänglichen Kerkers und der Verbannung jede Appellation vom englischen Königsgericht an die päpstliche Kurie verbot. — Das war der Grundstein der englischen Freiheit [2]), auf dem fortan die kirchliche Politik der englischen Könige weiterbaute; eine schneidige Waffe, welche im 16. Jahrhundert der Politik der Tudors in ihrem Kampfe mit Rom die großen Erfolge sicherte.

Werfen wir nun einen zusammenfassenden Blick auf den kirchlichen, politischen und sozialen Hintergrund, auf welchem die gewaltige Gestalt Johann Wiclifs sich erhebt, auf die Strömungen, welche das geistige und nationale Leben Englands um die Mitte des Jahrhunderts beherrschen, — so gewahren wir in dem Drange einander widerstreitender Interessen, in dem Hin- und Wiederfluten feindlicher Bestrebungen auf fast allen Lebensgebieten vor allen den nationalen Geist in jugendfrischem Aufschwunge begriffen. Es ist ein Zeitraum, reich an schöpferischen Keimen und glänzenden Erfolgen. Alle geistigen und sittlichen Kräfte der Nation regen sich und nehmen keck, lebendig, um den Ausgang noch unbekümmert, den Kampf gegen die feindlichen Gewalten, wo immer sie sich erheben, auf. Auf allen Gebieten, dem materiellen wie geistigen, regt sich

----

1) Diesen Namen erhielt es erst später von seinem korrumpierten Anfangsworte praemonere.

2) Montagu Burrows, S. 43.

gewaltig und vielfach segensreich die strotzende Volkskraft und sucht
sich jenseits der alten Grenzen neue Bahnen.

Um die Mitte des Jahrhunderts waren am Himmel der Nation
die Sturmwolken noch nicht aufgestiegen, welche den vorzeitigen
Lenz zu vernichten drohten. Nach siegreichen Feldzügen war der
Nationalfeind niedergeworfen, der Staat zu innerer Erstarkung, zu
glücklicher Organisation seiner politischen Kräfte, und auch äußerlich
auf die Höhe seiner auswärtigen kriegerischen Macht gelangt.

An der Spitze der Nation ein ritterlicher, heldenhafter König,
der sich im Ruhme seiner kriegerischen Erfolge sonnte. Eine
Aristokratie, selbstbewußt und stolz auf die in schweren Kämpfen
errungenen politischen Rechte, welche einen Teil der Regierungs=
gewalt in ihre Hände legten. Ein Bürgertum, das durch den
Fleiß seiner Hände, durch arbeitsfrohe Betriebsamkeit und mit
schaffensfreudiger Thatkraft Haus und Hof mit dem Behagen des
Wohlstandes erfüllte; ein Handelsstand, mächtig und reich
genug, die Herrschaft des Meeres und den Besitz fremder Reiche
zu beanspruchen; ein Parlament, das im Kampfe um politische
Rechte von Sieg zu Siege schritt und die politischen Kräfte des
Landes in einheitlichem Streben nach vaterländischen Zielen zu=
sammenschloß; dazu in den breiten Massen ein frischer Auf=
schwung des Volksgeistes, der das germanische Stratum emporhob
und mit dem normannisch=romanischen zu einer festgefügten Einheit
verband: — eine Mannigfaltigkeit nationaler Bestrebungen und
Interessen, welche uns die Kraft des Volkes in voller Spannung zeigen.

Die furchtbaren Folgen des französischen Krieges im ersten
Drittel des Jahrhunderts überwindet die Nation erfolgreich. Auch
die Verheerungen der vernichtenden Pest, welche um die Mitte
des Jahrhunderts auf der Insel erscheint, vermögen ihre Kräfte
nicht ganz zu brechen. Immer wieder erhebt sich der erstarkende eng=
lische Volksgeist in einem Kampfe, der nicht enden zu sollen
scheint, gegen „das römische Verderben", gegen den unerträglichen
Druck der geistlichen Gewalt. Das Papsttum auf dem
Gipfel seiner Entartung zugleich in den Händen des nationalen
Erbfeindes, die Kirche eine politische Macht, keine geistliche mehr,
der Klerus vom Prälaten bis zum Mönch herab in Weltförmig=
keit und Sittenlosigkeit versunken, ohne Kraft und inneren Beruf,

seine geistlichen Pflichten an den Seelen der Gläubigen zu erfüllen und an den Schäden der Kirche zu arbeiten; die Bettelmönche, den Idealen ihrer Stifter untreu geworden, zu verächtlichen und komischen Figuren des Volkslebens herabgesunken; die Predigt zum Schweigen gebracht, das Pfarramt verwüstet und das religiöse Glaubensleben in unfruchtbaren Formeldienst verkehrt. — Darum auf allen Seiten Erbitterung, Widerspruch und Klage über die greulichen Schäden der Kirche und ihrer Diener, mit denen nun einmal gerechnet werden muß. Gegen die Habgier und die Ver= gewaltigungen der Kurie richten der König, die Herren und die Gemeinen ihren Widerstand; gegen die Bettelmönche eifert Fitzralph von Armagh; über die Sünden der Priester schilt und seufzt der Unbekannte in dem Letzten Zeitalter der Kirche, und in die untersten Volksschichten trägt der „Lange Will" in den ergreifenden und wehmütigen Weisen seines unvergänglichen Liedes den grollenden Unmut über die schweren Zeiten, nicht ohne die Verheißung einer hoffnungsfreudigeren Zukunft. —

Diesem mächtigen Vorwärtsstreben aller volkstümlichen Kräfte fehlte nur der einigende Punkt. Konnte ein Mann von Geist und Kraft gefunden werden, in welchem wie in einem Mittelpunkte alle diese Bestrebungen sich begegneten und vereinigten, so lag darin nicht nur für die englische Nation die Gewähr einer glück= licheren Zukunft, sondern es war auch die Möglichkeit gegeben, die größte geistige Gewalt, welche die Zeit beeinflußte, mit einem neuen Inhalt zu erfüllen und damit das abendländische Geistes= leben während der folgenden Jahrhunderte in andere Bahnen zu lenken. Es kam nur darauf an, den gesunden Bestrebungen, welche dem eingerissenen Verderben zu steuern suchten, Richtung und Einheit und damit die Gewähr der Zukunft zu geben.

Der allgemeine Aufschwung der nationalen Idee auf eng= lischem Boden ist nur eine der Strömungen, in denen das innere Leben der abendländischen Völker am Ausgange des Mittelalters verläuft. Hier gewinnt der Gedanke vom Staate, der unab= hängig von der Kirche ist, Leben und führt in natürlicher Folge zum Kampfe gegen den Absolutismus des Papsttums, das die Erde zu besitzen und den Himmel zu vergeben beansprucht. Als aber die Avignonenser Verderbtheit der abendländischen Christenheit

zum Bewußtsein kam, verband sich mit dem Grolle über die un=
haltbaren Ansprüche der Kurie die Kritik über das eigentümliche
Bild, welches sie den religiös gerichteten Zeitgenossen vor Augen
stellte. Auch dem treuesten Sohne Roms blieb der Gegensatz nicht
verborgen, in dem die Papstkirche zu dem ihr von ihrem göttlichen
Stifter vorgehaltenen Ideale stand. „Die Zeiten der letzten
Trübsal" schienen vorhanden zu sein [3]).

---

1) Für die vorstehende Zeitschilderung sind je nach den einzelnen Partieen
G r e e n, Hist. of Engl. People; S t u b b s, Constitutional History; L e ch l e r,
Johann v. Wiclif I. 168 ff; M a t t h e w, Engl. Works of Wyclif, hitherto
unprinted, Introduction; L e n z, M. Luther, S. 10 ff. und meine Ein=
leitung zu Wiclifs Streitschriften S. VII—XVI benutzt worden.

II. Wiclifs Leben.

Auf dem Hintergrunde von Eduards III. glorreicher Regierung erhebt sich Wiclifs geistesmächtige Gestalt, ohne bestimmte individuelle Ausprägung, nebelhaft, einsam. Über seinen Anfängen zumal liegt Dunkel und Ungewißheit. In seinen Schriften, soweit sie bis jetzt bekannt sind, findet sich nicht eine einzige Andeutung über Geburtsort und -jahr, über die Knabenzeit und den ersten Jugendunterricht, und die Notizen, die uns über seine Gelehrtenlaufbahn bis zu seinem öffentlichen Auftreten hinterlassen sind, sind äußerst spärlich und unbestimmt. Von Jugendeindrücken, von den Freundschaften und Feindschaften des Knaben, von seinen Eltern, seinen ersten Studien, von der besonderen Art der Menschen, die ihn umgaben und auf die bildsame Seele des Knaben einwirken mochten, — alle diese Züge, denen die geschichtliche und biographische Darstellung ihren eigenartigen Reiz verdankt, fehlen uns. Dieser Mangel aber verhindert eine individualisierende Betrachtung seines Personenlebens. Erst von jenem Augenblicke an, wo er die Sache seines Volkes als Vorkämpfer einer nationalen Angelegenheit·in die Hand nimmt, verlieren die Chronisten ihn nicht mehr aus den Augen.

Für die Art und Weise, wie er diese Angelegenheit vertrat, für das Urteil seiner Zeitgenossen über ihn und für die Bedeutung seiner öffentlichen Wirksamkeit überhaupt ist nichts bezeichnender als der Gegensatz zwischen der nebelhaften Dunkelheit, die über seinen

Anfängen, und der Fülle und Klarheit von Nachrichten, die über
den letzten zwanzig Jahren seines Lebens liegt.

Er gehört einem alten angelsächsischen Adelsgeschlechte an, das
schon seit den Zeiten Wilhelm des Eroberers auf seinem Burghofe
an dem nordwestlichen Rande von Yorkshire, in dem North Riding,
saß. Diese Grafschaft Nordenglands, ausgezeichnet durch die Reize
landschaftlicher Schönheit, war von einem kräftigen und charakter=
vollen Menschenschlage bevölkert, der durch die beständigen Grenz=
kämpfe gegen die kriegerischen Schotten gestählt, sich seine ger=
manisch=angelsächsische Art reiner erhalten hatte als die Bewohner
der südlichen Striche, wo die normannische Begehrlichkeit einer
minder zähen Verteidigung des erbeingesessenen Besitzes begegnete [1]).
Nicht ohne Interesse erkennen wir in ihm selbst die charaktervollen
Züge jenes altsächsischen Volksstammes wieder, dessen Söhne noch
jetzt in England als „ kräftige und ehrliche Kernmenschen " gerühmt
werden: zähe Kraft, Unerschrockenheit und ein scharf ausgeprägtes
Verstandesleben.

Diese angelsächsische Herkunft ist für die Erkenntnis und
das Verständnis vieler Seiten seines Wesens von Bedeutung.
Er denkt und fühlt, schreibt und redet, er zürnt und kämpft wie
eine ehrliche deutsche Natur. Auf den uns erhaltenen Bildern
zeigt sein scharfes, fein geschnittenes Gesicht die Linien eines edlen
Stammes, der kräftige Bau des Oberkörpers den Germanen. Ein
geistvoller Kopf mit klugen Augen schaut uns bedeutungsvoll, nicht

---

1) Es sollen dort Familien leben, welche noch jetzt auf der väterlichen
Scholle seit der normannischen Eroberung, ja seit der angelsächsischen Ein=
wanderung in der Mitte des 5. Jahrhunderts sitzen. Auch der Dialekt trägt
noch jetzt mehr als das abgeschliffene Englisch sein deutsches Gepräge; vgl.
Kohl, Reisen in England und Wales, 1844, II, 50 ff. 165. 178; auch
Lechler I, 265. In dieser Beziehung ist die in der Academy vom 28. Juni
1884, S. 460 mitgeteilte Thatsache interessant, daß gerade in Yorkshire die alte
Sprache Wiclifs in zahlreichen Spuren noch vorhanden sei. Als einer alten
ungebildeten Frau im Kirchspiele Wycliffe, so wird dort berichtet, Teile von
Wiclifs Neuem Testamente vorgelesen wurden, verstand sie nicht nur jedes
Wort des Lesenden, sondern sprach auch ihre herzliche Freude aus, eine
Sprache wiederzuhören, mit der sie in ihrer Jugend, „ before folks became
so fine", vertraut gewesen wäre. She said, this idiom was universal in
her younger days.

ohne den Anflug neckischen Humors entgegen.　Hell blickt das Auge unter der hohen Stirn und den starkgeschwungenen Brauen hervor; auf den feingebogenen Lippen wohnt die Beredsamkeit, und eine große, in scharfen Linien verlaufende Nase giebt dem Ganzen ein charakteristisches Gepräge.　Ein langer Bart bedeckt Oberlippe und Kinn und fällt in schönen Wellen auf die breite Brust herab. Schärfe und Kühnheit des Denkens spricht aus den Augen, ein entschlossener Wille aus den festen Zügen [1]).　Das Ganze ein sprechender Ausdruck der geistigen Individualität, wie sie uns durch die Lektüre seiner Schriften vermittelt wird.

Die eingehendsten Studien, die über seinen Geburtsort ange= stellt worden sind, haben zu einem sicheren Ergebnis nicht geführt. Die einzige Notiz über seine Herkunft verdanken wir dem alten Leland, einem gelehrten Sammler, der um 1540 gelegentlich einer Reise durch Yorkshire den Geburtsort wenigstens andeutet.　Da= nach „stammt" er aus Wycliffe, ist aber geboren in dem Dörf=

---

1) So stellt ihn uns jenes authentische Bild dar, das noch jetzt als Erbstück in der Pfarrei des Dorfes Wycliffe bewahrt wird, in nicht unwesent= licher Abweichung von der etwas idealisierten Gestalt, die wir der Meister= hand Rietschels am Wormser Lutherdenkmale verdanken.　Überliefert sind uns drei Bilder; im wesentlichen geben sie die Züge Wiclifs übereinstimmend wieder, ohne doch auf dasselbe Original zurückzugehen.　Von den beiden be= kannten befindet sich dasjenige, welches Lewis seinem Buche über Wiclif vor= angestellt hat, im Besitze des Grafen Denbigh, das zweite, mit welchem Vaughan seine Monographie Wiclifs geschmückt hat, ist das oben genannte und befindet sich, wie mir der jetzige Rektor, Revd. John Erskine, sagt, noch jetzt in der Pfarrei Wycliffe.　Es ist gut erhalten, die Farben sind stark nachgedunkelt, lassen aber den charakteristischen Kopf um so schärfer hervor= treten.　Seit 1851 wird ein drittes Bild Wiclifs gezeigt, das einer Familie Payne in Leicester gehört.　Noch vor der Reformation ist auf diesem das ursprüngliche Porträt, das aus dem 15. Jahrhundert zu stammen scheint, übermalt und der darunter befindliche Name Wiclifs durch einen andern (Robert Langton) verdeckt worden.　Unter dieser Verhüllung wurde es einem treuen Anhänger Wiclifs vielleicht möglich, das geliebte Angesicht des Meisters, dessen Gebeine von erbitterten Feinden aus dem Grabe gerissen und ver= brannt worden waren, durch die schweren Lollardenverfolgungen hindurchzu= retten.　Unter der Übermalung ist in diesem Jahrhundert das Original wieder entdeckt worden, dessen vollere und festere Züge Wiclif in einem jüngeren Lebensalter darstellen; vgl. British Quart. Review, 1858, Oct. S. 40 Anm.

chen Spreswell (Speswell), das „eine gute englische Meile von
Richmond" entfernt war [1]). Diese Angaben enthalten für die geo=
graphische Bestimmung des Geburtsortes nicht unerhebliche Schwierig=
keiten. Einen Ort Spreswell, der von Richmond eine gute Meile
entfernt war, gab es und giebt es nicht. Richmond selbst liegt
10 Meilen von dem Dorfe Wycliffe entfernt. Als Dr. Vaughan
zur Entscheidung der Frage sich an Ort und Stelle begeben, meinte
er eine Lösung der Schwierigkeit gefunden zu haben: ursprünglich
lag, sagt er [2]), (Alt=)Richmond an einer andern Stelle, „drei
Meilen unterhalb Wycliffe", und in der That fanden sich „hart
am Flüßchen Tees, eine halbe Meile von Wycliffe", die Ruinen
eines „Dörfchens Spreswell". Aber Vaughans Mitteilungen
beruhen auf ungenügenden Informationen. Sie widersprechen sich
nicht nur selbst [3]), sondern thatsächlich sind die Ruinen, die er für
diejenigen Richmonds nahm, diejenigen von Barford, das nicht
drei, sondern fünf Meilen von Wycliffe entfernt ist [4]). Dazu
kommt, daß es eine Stadt Alt=Richmond überhaupt niemals in
Yorkshire gegeben. Zuzugeben ist nur, daß allerdings eine halbe
Meile von Wycliffe entfernt sich die Ruinenspuren eines unter=
gegangenen Dörfchens befinden; wahrscheinlich hieß es Ipswell
(Hipswell), und auf dieses bezieht sich Lelands Notiz [5]). Also

1) In Wycliffe war die Familie von der normannischen Eroberung bis
zu Anfang des 17. Jahrhunderts ansässig. Zum Dorfe Wiglclif bemerkt
Leland (Collectanea I. 2, S. 329): „unde Wiglclif haereticus origine m
duxit", während die Notiz in seinem Itinerary ([Oxf. 1729] V, 112, Note 1)
lautet: „[They] sey that John Wiclif Haereticus [was borne at Spres-
wel]l a poore Vil[lage a good myle from Richmont]"; die Klammern sind
von Stow, der 20 Jahre nach Leland (1565) dessen Forschungen fortsetzte.

2) Athenaeum, Ap. 20, 1861, S. 529.

3) Liegt (Alt=)Richmond drei Meilen von Wycliffe, Spreswell eine halbe
Meile von Wycliffe, so sind Spreswell und Richmond nicht „eine gute Meile",
sondern zwei und eine halbe, bez. drei und eine halbe Meile von einander
entfernt.

4) Pennington, S. 4—5.

5) Über die mancherlei Irrtümer Lelands, seine Mißverständnisse gelegent=
lich seiner Reise vgl. Vaughan, S. 5—6. In Lelands Itinerary ist gerade
die fragliche Stelle nach einer Mitteilung im Athen. v. 19. Juli 1884 lädiert.
Indessen hatte Stow eine frühere Abschrift gemacht (MS. Tanner 464,
Bodl. Libr. Oxford) und S. 45 geschrieben „Ipreswel"; dies wurde von

nur soviel wird sich mit Sicherheit sagen lassen, daß Wiclif in oder bei dem Dorfe Wycliffe [1]) das Licht der Welt erblicke.

———

dem Herausgeber des Itinerary verlesen für Spreswell. Dieselbe Form Ipreswell erscheint in einem andern „alten MS.", das Auszüge aus Leland enthält, Harleian 842, Bl. 76. Danach war Wiclif also geboren in Hipswell. So auch Shirley, Fascic. XI.

1) So ist die gegenwärtige Schreibung des Dorfnamens (spr. Weiklif). Was die Rechtschreibung des Personennamens betrifft, so giebt es nicht, wie Vaughan meint, einige zwanzig, sondern etwa sechzig verschiedene Formen. Es hat sich eben die Willkürlichkeit der mittelalterlichen Schreiber des Namens in hohem Grade bemächtigt. Gegenwärtig sind zwei oder drei Formen im Gebrauch; nach Lechler, Ranke und Pauli schreiben wir Deutsche Wiclif, während in England noch die traditionelle Form Wycliffe (Wicliffe) mit der von der Wyclif Society adoptierten Wyclif um den Vorrang streiten. Wiclif sowohl wie Wyclif sind historisch begründet: das erstere findet sich in dem zweifels= ohne besten, einem allerdings späteren, aber autoritativen Schriftstücke, dem Königl. Mandate, welches am 26. Juli 1374 den Magister Johannes de Wiclif zum Mitglied der Brüggeschen Gesandtschaft ernennt (Rymer, Foed. VII, 41); dieselbe Form habe ich 11 Jahre früher in einem andern Dokumente, dem wenigstens ein gewisser offizieller Charakter beiwohnt, gefunden, in den Universitätsregistern von Oxford: „duobus operariis circa Cameram Wiclif III^d (Compotus W. de Wilton zwischen Oft. 8, 1363 bis Oft. 9, 1364, bei Shirley, Fascic. Ziz. 515). Abgesehen von ihrer Provenienz aus der Königlichen Kanzlei empfiehlt sich diese Form (die außer den oben Genannten von Montagu Burrows, Pennington, Lebas, K. Pearson, Hessels und Hefele gebraucht wird) durch ihre Kürze und natürliche Einfachheit. — Für Wyclif, welches jetzt Wycliffe ersetzen zu sollen scheint, macht Matthew das älteste bis= her aufgefundene Dokument, ein Collegeregister von Balliol vom Jahre 1360 geltend und fügt (cf. Acad., Juni 7, 1884, S. 404) andere Einträge in bischöfliche und ähnliche Register an: danach erscheint dort die Silbe Wy— 16mal gegen das 4malige Wi—. Indessen wird man gegenüber der wilden und willkürlichen Orthographie des 14. Jahrhunderts kaum geneigt sein, einer Form, die 16mal vorkommt, den Vorzug vor einer 4mal erscheinenden zu geben, so lange sie nicht durch eine gewisse Autorität geschützt ist. Das politische Kabinett des englischen Königs dürfte in diesem Falle die höchste sein. Die Formen der Academy lauten Wyclif 5mal, Wycliff 4mal, Wykcliff, Wyclyff, Wyclefe, Wyclive, Wyclyf, — man fragt sich also, ist Wyclif oder Wycliff die berechtigtere, oder die i=Form, die konsequent in der Fassung Wiclif 4mal, das heißt ebenso oft wie Wycliff vorkommt? — Die uns überkommenen orthographischen Varianten des Namens sind in zwei Klassen, die i= und y= Formen zu teilen. Von der i=Klasse erscheinen folgende: Viclif (Hus, Ep. 62); Vicleff (bei Palacz. Ep. 65); Viglef; Viklef; Vikleff; Wicclyf (Fasc. Ziz. 4); Wicklef, Wickliffe (Wicket 1612); Wiclef (Capgrave, Chron. 231); Wic-

Der vornehmen und alten Familie der Wiclifs, die hier saßen, gehörte er an [1]). Die auffallende Erscheinung, daß der Name des Reformators sich kein einziges Mal in den späteren Familien=registern findet, ist nicht unschwer daraus zu erklären, daß die Familie bis in unsere Zeit hinein dem alten Glauben treu blieb und ein natürliches Interesse daran haben mußte, ihre Verbindung mit dem verfluchten Abtrünnigen zu verdecken. Nur protestantische Wiclifs konnten Freude darüber empfinden, mit dem Feinde Roms gleichen Blutes und Namens zu sein. Denn jenen Zeiten genügte die Schande eines Verräters, die Reinheit einer ganzen Ahnen=reihe zu beflecken — wie leicht erklärlich wird dann das Schweigen einer katholischen Familie über den Namen eines Mannes, der bei seinen Lebzeiten seine geistliche Mutter den erbittertsten Angriffen unterzog und noch im Tode ihrem richtenden Arme und der Schande der Zeitgenossen verfiel. —

Der letzte Sproß der Familie starb Anfang vorigen Jahr=hunderts, ohne männliche Nachkommen zu hinterlassen, im katho=lischen Glauben [2]). — Aus den einzelnen, sehr eingehenden Testa=

---

leff (Hus, Ep., S. 58. 86); Wiclif (oft bei Rymer und Walsingham); Wic-liff (Wals. II, 52 ff.); Wiclyf (Knighton 2655; Peeock, Repr. [1860] II, 501); Wigcliff (Leland, Itin.); Wigcleff (oft bei Hus); Wikleff (Hus, Ep. S. 62); Wikleff (Palacz. Doc. 154); Witclef (bei Walden). Von der y=Klasse sind folgende zu verzeichnen: Wyccliff (Fasc. Ziz. 2. 14); Wycclyff (ibid. 1. 3. 73. 283. 296); Wyckliffe (Prolog., gebr. 1550); Wycklyffe (Wicket 1564); Wyclif (Knighton; vgl. Matthews Stellen in Acad. a. a. O.); Wycliff (Wilkins, Conc. III, 171. 302; Fasc. Ziz. 43); Wycliffe (Lewis, Life XXIII); Wyclyf (Knighton 2647. 2649); Wyclyfe (Lewis XXVIII); Wyklef; Wykleff; Wycklyff; Wyccly ffe; Wyckliff. Außer diesen erscheinen als wildere Vaganten: Vicoclifus; Vycoclifus (—vus); Vyccoclivus; Guico-clifus; Guycoclyvus u. m. a.

1) Birkbeck, The protest. Evidence (London 1849), Supplem. III, 180. Dibdin, Observations on a tour through almost the whole of England (London 1801) I, 261 ff.

2) Nach den mir vom jetzigen Pfarrer von Wycliffe, Reverend J. Erskine, schriftlich gemachten genealogischen Mitteilungen wurde ein Francis W. 1737 auf Bernard Castle geboren; dieser hinterließ drei inzwischen (unverheiratet) gestorbene Kinder, Ambrose, Mary und eine andere, nicht mit Namen ge=nannte Tochter. Sein Bruder, William W. (von Hexham) hatte mehrere Söhne, von denen nur Francis dem Namen nach bekannt ist. Dieser war

mentsbestimmungen eines Robert Wyclyf, der kurz nach dem Vor=
reformator starb, ersehen wir nicht ohne Interesse, wie ängstlich
besorgt dieser Mann gewesen, die Anforderungen des kirchlichen
Gehorsams bis ins kleinste zu erfüllen: der Jungfrau Maria und
allen Heiligen empfiehlt der Testator seine Seele, macht ausführ=
liche Bestimmungen über Seelenmessen, auch für die Seelen seines
Vaters, seiner Mutter und seiner Wohlthäter, setzt eine Reihe von
Legaten für Nonnen und Bettelmönche aus, für die Armen und
die Kirche von Wyclyf je 40 Schilling, woraus wir wohl schließen
dürfen, daß der Testator aus Wycliffe stammte, also mit unserm
Wiclifs gleichen Geschlechts war [1]). —

Daß Männer von dieser Geistesrichtung den Feind der Kirche
in pietätvoller Erinnerung pflegen würden, durfte nicht erwartet
werden. „Sie verfluchen ihn, wenn er fromm lebt und die andern
Gottes Gesetz lehrt, um viele Seelen zu retten. Denn durch
solches Thun macht das Kind seinen Eltern viele Feinde und sie
sagen, daß er ihr ganzes edles Geschlecht, das immer fromm und
treu war, mit einem Makel behaftet [2]).“ —

Wunderliches Spiel der Geschichte — Wiclif der Ketzer ist es
gewesen, der den Namen des untergegangenen Geschlechts der Nach=
welt erhalten und mit strahlendem Glanze umgeben hat. —

Seit Lewis ist, ohne urkundlich bezeugt zu sein, 1324 als
Geburtsjahr Tradition geworden. Neuerdings pflegt man „um
einige Jahre höher hinaufzugehen“ und die Geburt um 1320 zu
legen. Lechler, dem die Engländer, so weit sie über die Tradition

---

1806 noch am Leben. Eine ältere Schwester jenes älteren Francis heiratete
einen Mr. W. Basey; die Enkel dieser Ehe reichen in ziemlich großer Zahl
noch in unser Jahrhundert hinein; die (elf) Geschwister Basey sind 1801,
1802, 1804, 1805, 1807, 1809, 1811, 1813, 1815, 1817 und 1819 geboren; mehrere starben indessen schon in ihrer Jugend.

1) Das Schriftstück ist aus dem Durham Register abgedruckt von Vaughan (Monogr. 545), als Testamentum Dom. Rob. Wyclyf, quondam rectoris
de Rudby, wo die Einzelbestimmungen zu vergleichen sind.

2) On Weddid Men and Wifes bei Arnold, Sel. Engl. Works III,
199: „And cursen hem gif he lyve wel and teche othere men Goddis lawe
to save mennis soulis. For bi this doynge the child getith many ennemyes
to his eldris and thei seyn that he sclaundrith alle here noble kyn that
evere weren helde trewe men and worshipful.“

hinausgehen, alle folgen, macht geltend [1]), daß für den Schlag=
anfall, der Wiclif 1382 traf, 58 Jahre „ein verhältnismäßig
zu frühes Alter" sei und daß „dieser Umstand es wahrscheinlich
mache, daß Wiclif, als er starb, höher in Jahren, als man ge=
wöhnlich annimmt, gestanden und mindestens ein hoher Sech=
ziger gewesen sei". Einzuwenden wäre, daß er „um 1320
geboren", bei seinem Tode 1384 noch nicht einmal die Mitte
der sechziger Jahre erreicht hätte. Im Gegenteil, die geradezu in
Staunen setzende Arbeitskraft und Schaffenslust, der wir aus den
Jahren 1381—1384 eine Unzahl nicht nur wichtiger und umfang=
reicher, sondern von seltener Lebensfrische und froher Kampflust
zeugender Werke verdanken, weisen darauf hin, daß eine noch frische
und kräftige Natur die übeln Wirkungen des Schlaganfalls auf=
gehoben oder gemildert habe. Keine einzige seiner letzten Schriften
macht den Eindruck des Greisenhaften, soweit es sich nicht um
unmittelbare Anspielungen auf seine Krankheit handelt [2]).

Noch auf einen andern Punkt möchte ich aufmerksam machen.
Wiclifs Gegner, der Karmelitermönch Johann Cunningham, war
nicht nur vor Wiclif Doktor der Theologie, sondern überhaupt
älter als Wiclif. In den beiden ersten Streitschriften Cunning=
hams gegen Wiclif, die wir der Mitteilung Shirleys [3]) verdanken,
erscheint Wiclif regelmäßig als Magister, im Eingange der dritten
dagegen als Doctor meus reverendus et dominus. Das theo=
logische Doktorat Wiclifs fiel also zwischen die Veröffentlichung
des zweiten und dritten Traktats. Dagegen nennt Wiclif seinen
Gegner gleich in dem ersten Schriftstücke, durch welches die Ant=
wort Cunninghams überhaupt erst hervorgerufen wurde, Doktor [4]).
Cunningham war also früher Dr. theol. als Wiclif. Er war
überhaupt der ältere Mann. Die interessant und lebhaft geführte
Fehde hat Cunningham, als er ein alter Mann in grauen Haaren
war, aufgenommen und ist in väterlich milder Weise gegen den

---

1) S. 269—270.

2) Vgl. Streitschriften, S. 556: et sic dicit etc.

3) Fascic. Ziz., S. 4 ff. 14 ff. 43 ff.

4) „Doctor meus reverendus frater J. Kylyngham cum valde sagaci
modestia inmittit contra quemlibet etc." Fascic. Ziz., S. 453 ff.

„bissigen Ketzer vorgegangen; zwar ein strenuus lollii persecutor
hat er corrosivum verbum haeretici et sermonem eius sine
Christi pietate mordacem bekämpft in spiritu Eliae, sui ordinis
patriarchae, mitis sicut erat animi, omni reverentia scribens
blando sermone canitiem reverendam subiciens pro
cunctis, quod cunctis acceptabile fuit placaturus saevum
haereticum ¹). Nun ist uns das Todesjahr dieses Mannes be=
kannt; er starb im Mai 1399, nachdem er noch im Jahre vorher,
also 1398, in einer Orforder Universitätskommission thätig war,
die die Rechtsansprüche Urbans VI. und Klemens' VII. auf den
päpstlichen Thron zu prüfen hatte ²). Wäre also das Geburtsjahr
Wiclifs, „der 1384 ein höherer Sechziger war", wirklich vor 1320,
sagen wir 1316, zu setzen, Cunningham, der ältere Mann, also 1315
oder 1314 geboren, so ist man genötigt, einem 83jährigen Greise die
Fähigkeit und Frische zuzusprechen, in einer hochbedeutenden Unter=
suchungskommission mitzusitzen. Ist dies auch nicht unmöglich, so
doch in einem hohen Grade unwahrscheinlich. — Ich bin deshalb
geneigt, das Geburtsjahr Wiclifs um einige Jahre herunter=
zurücken, es näher am 4. Jahrzehnt des 14. Jahrhunderts, um
das Jahr 1330, zu finden, und damit auch seinen Übergang auf
die Universität später zu legen, so daß die ersten Daten, wie dies
im Zusammenhang hier vorauszusagen ist, etwa die folgenden sind:
um 1330 geboren, geht Wiclif 1344 als Scholar nach Orford,
absolviert Trivium und Quadrivium um 1350 und wird in der
Blüte seiner körperlichen und geistigen Kraft 1360 Vorstand des
Balliol College. Er wurde 55 Jahre alt und konnte 53jährig,
nachdem ihn der Schlaganfall getroffen, und er so unter den Vor=
ahnungen des Todes stand, nicht ohne Grund von sich sagen, er
schreibe in fine vite ³), besaß aber im übrigen die Geistesfrische
eines Mannes, der die Mitte der fünfzig noch nicht erreicht hatte
und deshalb noch litterarisch fruchtbar sein konnte.

Von seiner frühesten Entwickelung, den ersten Unterrichtsjahren,

---

1) Fascic. Ziz. 3. Vgl. auch S. 445 und XVI.

2) Vgl. Wood, Hist. of Univ. Oxf. (by Gutch) I, 534.

3) Als der Herzog von Lancaster im 59. Jahre starb, nannten die Chronisten ihn time-honoured.

wissen wir nichts. Phantasien, welche von den Eindrücken schwär=
men, welche die durch landschaftliche Reize ausgezeichnete Landschaft,
das liebliche Flußthal, die rauschenden Wälder, der plätschernde Tees,
das auf schroffem Felsen ragende Schloß der Wiclifs, Bergschlucht
Ruine, auf die bildsame Knabenseele gemacht, gehören nicht in die
und geschichtliche Betrachtung.

In der Nähe seines Geburtsortes lag eine Abtei, Egglestone,
deren pittoreske Ruinen noch jetzt den Reisenden anziehen. Vielleicht
empfing er dort in der Klosterschule seinen ersten Jugendunterricht.
Jedenfalls setzt sein Übergang auf die Universität eine gewisse
höhere Bildung voraus, mag sie ihm vom Pfarrer des Orts oder
in der Klosterschule zuteil geworden sein. Um die Mitte der vier=
ziger Jahre ging er nach Oxford. Vielleicht war die nahe Ver=
bindung der Wiclifs mit dem einflußreichen und mächtigen Ge=
schlechte der Balliols [1]) auf dem benachbarten Bernard Castle ein
Grund, weshalb Oxford von der Familie als Universität gewählt
wurde. Hier lag für den heranwachsenden Jüngling die Möglichkeit,
in einem der Colleges, vielleicht in Balliol selbst, eine Unterkunft
zu finden, näher als in Cambridge. Begabung des Knaben und
die Sitte der Zeit waren entscheidend für den Zeitpunkt, in dem
der junge Scholar in die Hochschule eintrat, deren Mitglieder da=
mals im Alter von 10 bis über 40 Jahre hinaus standen [2]).
Dort sollte er etwas lernen, um dann seinen Platz im Leben, sei
es in der Kirche, sei es im Staate, auszufüllen: das war der
Wunsch des Vaters, den die Entfaltung der schönen Gaben seines
John mit Zukunftshoffnungen erfüllte.

Oxford stand um diese Zeit auf der Höhe seines akademischen
Ruhmes. Hier hatten eine Reihe berühmter Gelehrter, durch Tiefe
des Wissens, Gelehrsamkeit und Kühnheit der Spekulation ausge=
zeichnet, gewirkt und dem Namen der alternden Scholastik auf
englischem Boden einen Nachglanz verliehen. Roger Bacon und
Robert Grosseteste, Thomas Bradwardine, Wilhelm Occam und

---

1) Vgl. Carta in pyxide Abbotesley, No. 9 im Balliol College; Jos.
Pratt, Append. zu Foxe's Acts and Mon. II, 939; auch Vaughan,
Brit. Quart. Rev., Okt. 1858, S. 26 ff.

2) Meiners, Geschichte der hohen Schulen I, 245—257; A. Wood,
Antiq. Oxon. in den Annalen des 14. Jahrhunderts, I, 271 ff.

Richard Armagh sind die glänzenden Gestirne dieser Epoche. Zahl= lose Scharen von Studenten, von dem Ruhm der Schule ange= lockt und von dem Bildungsdrange der Zeit getrieben, strömten nach Oxford. Die Klöster sandten ihre jungen Mönche, Studenten aus England, Schottland, Irland, sogar vom Kontinente kamen herbei [1]). Wiclifs Eintritt in die Hochschule fiel in die Zeit eines reich bewegten, frisch und kräftig pulsierenden Lebens. An dieser Stelle fand sich der geistige Hochwuchs der Nation, ihre begab= testen und kühnsten Denker, zusammen zu edlem Wettstreit auf den Bahnen der Wissenschaft. Hier begann der Aufstieg zu den Höhen des Lebens, zu theologischen und philosophischen, und nicht zum mindesten zu den politischen Ehren. Die höchsten Ämter des Staates befanden sich gerade damals in den Händen der Geistlich= keit und lockten durch den Glanz, welchen sie dem Namen ihrer Träger bei der Mit= und Nachwelt verliehen, manchen strebsamen Geist in die Hörsäle der Schule. So werden die Zahlen einiger= maßen erklärlich, die uns über den Besuch der Universität aus dem Anfange des Jahrhunderts überliefert sind [2]). Es werden in ihnen wohl jene Scharen von Studentendienern, den Varlets, mit eingerechnet sein, welche vorgaben, Studenten zu sein, ohne dem Studium als solchem anzugehören. Sie machten der Universität keine Ehre. Von ihnen heißt es, daß sie durch Diebstahl und Streitsucht Unfrieden in die Schulen brachten, ohne Aufsicht lebten und nur um die Mode mitzumachen, sich zuweilen zu den regel= mäßigen Vorlesungen in den Schulen einfanden [3]). Nur wenn sie in Räubereien und Unordnungen verwickelt waren, schützten sie ihr Studententum vor und nahmen gern den Schutz, den ihnen

---

1) Erst mit der Bildung, welche die Universität verlieh, war die Möglich= keit gegeben, auf den Gebieten des kirchlichen, staatlichen oder wissenschaft= lichen Lebens einen Ehrenplatz zu erreichen. Unter Eduard III. wandten sich die Söhne der vornehmen Familien wegen der glänzenden Aussichten, welche die unausgesetzten Kriege boten, der Armee zu. Der Nachwuchs, den die Kirche und die Klöster, Jurisprudenz und Medizin forderten, mußte sich aus den Reihen der Mittelstände, die auf der Universität die Vorbildung suchten und fanden, rekrutieren.

2) Vgl. oben, S. 57 ff.

3) Hallam, Middle Ages III, 423.

das akademische Recht gewährte, in Anspruch, um durch diese Deckung dem Arme der städtischen Behörden zu entgehen [1]. Von diesen „Wilden“ kamen nach Hallam je 3 auf einen Scholaren; auch dann, meint er, wies die Universität eine ungeheure Frequenz auf [2].

In diese große Gemeinschaft trat Wiclif als Knabe ein. Aus der „Beschwerlichkeit und den Gefahren des Reisens im ersten Drittel des 14. Jahrhunderts“ kann man nicht, wie geschehen, auf sein Alter schließen. Er mag 14 oder 15 Jahre gewesen sein — immer wird er die Reise aus dem entfernten Norden in Begleitung Erwachsener gemacht haben. Viele Scholaren standen noch in den Kinderjahren. Der Kanzler Fitzralph beklagt sich einmal über die Zulassung von noch nicht 14jährigen Knaben nach Oxford. Ein Prinz von Wales (der spätere Eduard V.) und sein Bruder, der Herzog von York, begannen ihre Studien in Oxford, als sie 10 Jahre waren. — Ob der junge Scholar gleich bei seinem Eintritt einem der in Oxford bestehenden Colleges [3] angehört habe, ist nicht bekannt. Universitätsmitglieder brauchten damals wenigstens nicht auch Mitglieder von Colleges zu sein; die große Anzahl der Studenten beweist, daß das Universitätsleben sich in freieren Formen bewegte. In den 300 Hallen, Gasthöfen, Unterkunftshäusern waren die größeren Zahlen untergebracht. Hier fristeten die meisten ein an Entbehrungen reiches Leben. Manche Studenten hatten überhaupt keine Unterkunft und „begnügten sich mit den Winkeln der Stadtmauer [4]“.

Welche Energie des Ertragens und Entbehrens spricht sich in dieser Notiz aus! An das Leben stellte diese Jugend keine oder geringe, an die Bildung die höchsten Ansprüche. Nur die Hoffnung der Zukunft half manchem strebsamen Geist die Mängel der Gegenwart verklären. Viel schwerer als die äußeren Mühseligkeiten des Lebens mochte für begabte Jünglinge die Prüfung

---

1) Wood, Antiqu. I, 206. Pennington, S. 10.

2) Middle Ages III, 424 (Note).

3) Oxford war damals noch eine kleine Stadt; als Colleges bestanden Merton, gegründet 1274; Balliol, 1260—1282; Exeter, 1314; Oriel, 1324; University, 1332.

4) Church Quart. Rev. 1877, S. 128.

des langsamen, an zahllose Formalitäten geknüpften Fortschreitens auf der Bahn des scholastischen Wissens werden. Denn mit der Zeit geizte man damals nicht; zehn Studienjahre waren nicht Ausnahme, sondern Regel [1]). In allmählichem Aufstieg vom Leichteren zum Schweren mußte das ganze mittelalterliche Lehr= system, wie es auf der Grundlage pseudo=aristotelischer Sätze sich seit Boëthius zu immer krauserer Phantastik ausgebildet hatte, in seinen Grundzügen angeeignet werden; denn auf die richtige Dressur für die Fachwissenschaft kam es den Lernenden vor allem an. Drei Jahre für die formalen Studien des Triviums, Logik, Grammatik, Dialektik, drei weitere dem Quadrivium, das die „eigentlichen Wissenschaften", Arithmetik, Musik, Geometrie und Astronomie umfaßte [2]). Dem Abschluß des Triviums folgte das Baccalaureat, dem Quadrivium der magister artium [3]). Hatte sich so der Jüngling durch eine fast siebenjährige Arbeit „die Lea der freien Künste" verdient, um die „Rahel der Theologie" mußte er wieder sieben Jahre dienen; dann wurde er baccalau= reus theol. mit dem Recht, über die Sentenzen zu lesen; die Lizentiatur — nach weiteren drei Jahren — berechtigte ihn da= zu, ein kanonisches Buch seinen Vorlesungen zugrunde zu legen, und erst der Dr. theol. gab den Studien im weiteren Sinne den glänzenden Abschluß.

So banden die Fesseln eines oft mehr als 17jährigen Stu= diums den aufstrebenden Geist. Auch der junge Wiclif hat sich auf diesen vorgeschriebenen Bahnen der mittelalterlichen Geistes= dressur bewegt. Wir haben die bestimmten Zeugnisse der zeitge= nössischen Chronisten, seiner nachherigen Gegner, daß er mit Aus= zeichnung arbeitete, und daß, als er auftrat, er auf dem formalen Wissensgebiete bald die Führung übernommen hatte. Unbestritten und allgemein bewundert war die dialektische Virtuosität, die in jener an der Wissensform sich freuenden Zeit seinen Namen mit hellstem Glanze umkleidete [4]). „Ein Mann tiefen Wissens, in der

---

1) Munimenta Academica (Rolls Series), S. 385.

2) „Lingua, tropus, ratio; numerus, tonus, angulus, astra", in diesem Verse wurden die Aufgaben der beiden Kurse zusammengefaßt.

3) Munimenta Academ., S. 410. 416.

4) Der Kanonikus Henry Knighton aus Leicester, der Wiclifs Zeitgenosse

Disputation ſtark und mächtig und von der großen Maſſe der
Theologe einem Gott faſt gleichgeachtet" [1]).

Wir erſehen aus dieſen Zeugniſſen, daß die formale Schulung
und die dialektiſche Gewandtheit ſeines Geiſtes der Bewunderung
ſeiner Zeitgenoſſen begegnet. Anderſeits hat ſich Wiclif an dieſen
Abſolutismus der Form nicht verloren. Seine Schriften in bei=
den Sprachen liefern zahlreiche Beiſpiele für ſeine Vertrautheit
mit den Geſetzen der Optik und Akuſtik, und das Geſchick, mit
welchem er religiöſe und ethiſche Sätze durch mathematiſche, geo=
metriſche und arithmetiſche Parallelen erläutert, wie er häufig
Ethik einerſeits mit Phyſik und Chemie anderſeits verbindet [2]),
iſt nur durch eingehendere Beſchäftigung mit dem Gegenſtande zu
erklären. Einmal ſpricht er es geradezu aus, daß er ſich in
jüngeren Jahren mit Optik beſchäftigt habe, dieſe praktiſchen Stu=
dien alſo in den Lernjahren wohl mit eingeſchloſſen waren [3]). Auch
bei ihm machten ſich wohl die Einflüſſe der von dem genialen
Roger Bacon, dem Begründer der Experimentalphyſik, ausge=
henden Anregungen für gründliche, naturwiſſenſchaftliche Studien
geltend. Noch in der erſten Hälfte des Jahrhunderts beherrſchten
ſie die Univerſität, die ſich im Glanze ſeines Namens ſonnte [4]).

(und entſchiedenſter Gegner) war und ſich an einem Zentralpunkte der
Wicliſſchen Thätigkeit befand, ſagt von ihm (Twysden, Dec. Script. Brit.,
London 1652, col. 2644): „In philosophia nulli reputabatur secundus,
in scholasticis disciplinis incomparabilis ... doctor in theologia emi-
nentissimus in illis diebus. Hic maxime nitebatur aliorum ingenia subti-
litate scientiae et profunditate ingenii sui transcendere."

1) Knighton, ibid.

2) Vgl. Arnold, Sel. Engl. W. I, 266—268. Dazu eine von mir
früher gemachte Zuſammenſtellung in Studien zu Wiclif, Zeitſchr. f. hiſtor.
Theol., III. Heft, Jahrg. 1874, S. 308, Anm. 25.

3) „Cum fui iunior et in delectacione vaga magis sollicitus, collegi
diffuse proprietates lucis ex codicibus perspective, Cod. 3928 (K. K. Hof=
bibl. Wien), fol. 106, col. 1.

4) Lewis, Life of Wiclif, S. 2. In prophetiſcher Vorahnung hatte
dieſer ſcharf= und tiefſinnige Doktor eine ganze Reihe der wichtigen Erfin=
dungen ſpäterer Jahrhunderte vorauserkannt. Er hatte den Irrtum in der
Julianiſchen Zeitrechnung aufgedeckt und die Verbeſſerung des Kalenders
durch päpſtliche Autorität vorgeſchlagen, drei Jahrhunderte früher als die
thatſächliche Änderung eintrat. Die Prinzipien des Fernrohrs und der

Die andere charakteristische Seite seiner wissenschaftlichen Arbeit, die in den Vordergrund tritt, ist seine Beschäftigung mit der Theologie und zwar in ihrer biblischen Form. Grade aus diesen Studien aber dürfen wir einen Schluß auf die Festigkeit und Selbständigkeit seines Willens machen. Die biblischen Studien lagen gerade damals an den Universitäten darnieder; sie waren verachtet und ruhten in den Händen der untersten Baccalaureen. Über sie war die Wissenschaft jener Zeit zur Tagesordnung übergegangen [1]). Nicht nur als Philosophen wurden die bilischen Theologen verworfen, sondern auch als Geistliche ertrug man sie unwillig, ja man erkannte sie überhaupt nicht als Männer an; sie wurden Gegenstand des Spottes und als „die Stiere Abrahams und die Esel Balaams" [2]) verlacht. Die Theologie war Philosophie ge-

---

Strahlenbrechung, die Ursachen des Regenbogens hatte er zuerst seinen staunenden Zeitgenossen erklärt. Nach dem Steine der Weisen suchend hatte er unter den Versuchen, geringwertige Metalle in Gold zu verwandeln, eine explosive Mischung erfunden, die Berthold Schwarz(?) fast seine berühmte Erfindung streitig gemacht hätte. Von seiner Mitwelt unverstanden hatte er auf die Möglichkeit hingedeutet, die Gesetze der Schwere zu überwinden und ohne die Hilfe von Flügeln in die Luft aufzusteigen; von Fahrzeugen, die ohne Stier und Pferd und Menschenkraft sich fortbewegen, hatte er geredet. Aber von seinen Zeitgenossen lächelten die einen ungläubig über den Grübler, die anderen dachten Schlimmes von ihm. — Doch gab sein Vorgang dem wissenschaftlichen Forschen über die Natur, ihr Entstehen, Vergehen und ihre Harmonie, neue und kräftige Impulse. Als Träger dieser naturwissenschaftlichen Bestrebungen, welche an der Universität Oxford lange Jahre blühten, nenne ich ferner Th. Brabwarbine, † 1349; Joh. Eastwood (um 1360), William Rede, um 1370; Simon Beodunus, Nic. Linensis und J. Aeshenden; vgl. Pennington, S. 24 ff.

1) „Der Grabuierte, der über Schrifttexte liest, muß dem Sententiarier den Vorgang lassen, der überall Ehre und Ansehen genießt. Der Sententiarier darf sich seine Stunden wählen und wird von den Orden gefeiert. Auf alle diese Annehmlichkeiten muß der biblische Lektor verzichten. Wie ein Bettler muß er seinem glücklichen Kollegen in den Ohren liegen, um eine Stunde zur Vorlesung, so wie sie jenem gefällt, zu erlangen. Wer über die Summen liest, darf, wo er will, Thesen stellen und durchdisputieren; aber dem biblischen Theologen ist die Disputation überhaupt verboten, und das ist absurd", vgl. Roger Bacon bei Mosheim, Kirch. Gesch., Cent. XII, Teil II, c. 3, N. 9.

2) Vgl. oben, S. 51, N. 1.

worden. An die Stelle von Petrus und Paulus waren Thomas und Duns Scotus getreten, und über den Syllogismen des Lombarden und den Kategorieen des großen Griechen wurden die von Geist und Leben erfüllten Worte eines größeren Meisters vergessen.

Diesem antibiblischen Zuge entgegenzutreten, dazu gehörte ein klarer, willensstarker Charakter. Wiclif war ein solcher. Sein Versuch, das Ganze der natürlichen und sittlichen Weltord- nung denkend zu umfassen, führte ihn auf den Mittelpunkt aller religiösen und wissenschaftlichen Spekulation, auf Gott selbst, zu- rück und in natürlicher Folge zu seiner Offenbarung in der heiligen Schrift. Noch ruhten Schultradition und die von der Kirche ge- pflegte Weltanschauung einheitlich zusammengeschlossen in seinem Geiste. Indem die kirchliche Lehre Gott und die Welt, Theologie und Wissenschaft, alles persönliche und allgemeine Leben, Himmel und Erde, ineinanderschlang und vermittelst scholastischer Denk- formen in ihrer höheren Einheit zu versöhnen trachtete, suchte Wiclif für die Harmonie seiner religiösen und wissenschaftlichen Welt- betrachtung den Halt in dem Zurückgehen auf die Quellen des re- ligiösen Erkennens zu gewinnen. Wir sind nicht darüber unter- richtet, ob Zweifel an der Vereinbarkeit der kirchlichen Dogmen mit seinem vernunftgemäßen Denken schon seine jugendliche Seele bewegten. Aber das wissen wir, daß er, unbekümmert um Schul- meinung und Spott, früh schon sein Interesse der schlechthin zwingenden Realität des göttlichen Wortes zuwandte. Er wurde ein Doctor evangelicus, noch ehe er der geschraubten Gravität der scholastischen Denk- und Redeweise in aller Form Valet ge- sagt. Schon jetzt regte sich etwas von der Begeisterung in ihm, aus der zwei Jahrzehnte später jene große Apologie der heiligen Schrift (De veritate scripturae sacrae) herausgeboren werden sollte, mit welcher er die Fesseln des Scholasticismus abstreifte.

Was von einer biblischen Anregung durch böhmische Studenten, „deren allerdings nicht wenige in Oxford gewesen sein sollen", gesagt wird, ist bloße Behauptung. In diesen fünfziger oder sechsziger Jahren kann von ihnen nicht die Rede sein. Diese Böhmen hätten, so wird gesagt, als Angehörige der Genossenschaft des Petrus Waldus die biblischen Traditionen der Armen von Lyon geteilt und für diese Neigungen Propaganda gemacht. —

Zwar bestanden alte Verbindungen zwischen den Universitäten von Prag und Oxford. Schon im Jahre 1367 bestimmte ein Gesetz der philosophischen Fakultät von Prag (vom 20. April), daß „die Baccalaureen bei ihren Vorlesungen sich der Hefte bekannter Mitglieder der (Pariser, Prager oder) Oxforder Universität bedienen mußten" [1]). So beruft sich der Mag. Adalbert Ranconis darauf, in seinen Ansichten den großen Doktoren von (Paris und) Oxford gefolgt zu sein. Er hatte an beiden Orten studiert und scheint auch, ehe er nach Prag überging, in Oxford Lehrer gewesen zu sein [2]).

Mit diesem Prager Fakultätsgesetze ist aber eine Handhabe für die Behauptung, daß Wiclif durch Prager Studenten in die biblischen Richtungen hineingelenkt worden sei, natürlich nicht gegeben. Der Ideenaustausch zwischen beiden Universitäten und der wechselseitige Besuch beginnt erst, seitdem Anna von Luxemburg, die Schwester des Königs Wenzel von Böhmen, sich 1382 mit Richard II. von England vermählte. Da die Mitglieder ihres Prager Hofstaates, gelehrte und ungelehrte Männer, sie nach London begleiteten, so machen sich seit der Zeit in England gewisse böhmische Einflüsse geltend, wie wir denn auch in den Häusern vornehmer Engländer in diesen Jahren böhmische Dienstleute finden, die um ihrer Anstelligkeit willen begehrt waren [3]). —

Zu diesen biblischen kamen für Wiclif die damals unerläßlichen Studien des kanonischen Rechts. Auch das römische Zivilrecht nahm er in den Kreis seiner wissenschaftlichen Arbeit auf. Die hochmütige Geringschätzung aber, mit der an der vornehmen Stätte romanistischer Bildung die Dekretisten und Kanonisten auf den zweifelhaften wissenschaftlichen Wert des gemeinen sächsischen Rechtes herabblickten, zog sein angelsächsisches Empfinden gerade zu diesen verachteten Studien hin. So erlangte er einen doppelten geistigen Besitz, der für die nachfolgenden Kämpfe seines Lebens von maß=

---

1) M. M. univ. Prag. I, 41. 50 bei Loserth, Wicl. u. Hus, S. 78.

2) Archiv für Österr. Gesch. LVII, 11. 71: „Te demum", ruft ihm der Erzbischof Johann von Jenzenstein zu, „in Oxoniensi pariter et Parisiensi studiis nullum tibi errorem impositum ad revocandum astruis."

3) Höfler, Anna von Lux. S. 83. 93. Lindner, Gesch. des Deutschen Reichs unter Wenzel I, 118 ff.

gebender Bedeutung wurde: eine gründliche Kenntnis des Gesetzes
Gottes, in welchem er die ewige Grundlage für das Einzelleben und
das Gesamtleben der Menschheit erblickte, und eine warme Vorliebe für
das vaterländische Rechtsprinzip, welches in den Zeiten der parlamen=
tarischen Kämpfe die öffentlichen Verhältnisse mehr und mehr zu
beherrschen und den Einfluß des feudalistisch normannischen und
des römischen Rechts zu beschränken begann. Beide Momente
sind, sagt Pauli, für sein Leben und Wirken wichtig geworden, in=
dem sie ihm zuerst die Augen darüber öffneten, daß das Christen=
tum und die Völker ganz anderer und höherer Bestimmung harrten,
als der starre, römische Wille ihnen vorzuzeichnen strebte. —

Der älteren Tradition zufolge trat der junge Wiclif zuerst
in Queen's, dann in Merton College ein, wurde später Mitglied
von Balliol, 1360 dessen Vorstand und trat schließlich 1365 als
Warden an die Spitze der neugegründeten Canterbury Hall.
Seine Verbindung mit zweien dieser Colleges ist jedoch geschicht=
lich nicht nachweisbar. Kam er wirklich schon 1335 nach Oxford,
so konnte er überhaupt nicht in Queen's, das erst 1340 gegründet
wurde, eintreten. In den Registern des College befindet sich sein
Name erst vom Jahre 1363 an. Von diesem Zeitpunkte an mie=
tete er wiederholt (1363, 1365, 1374 (?), 1380) Zimmer im
College [1]), während seines jeweiligen Aufenthaltes in Oxford. Auch
seine Zugehörigkeit zu Merton ist neuerdings angefochten worden [2]),
und es darf mit hoher Wahrscheinlichkeit angenommen werden,
daß von seinem ersten Eintritt in die Universität an Wiclif Mit=
glied der Balliol Halle war. Nach allem, was wir aus zeitge=
nössischen Berichten erfahren, dürfen wir schließen, daß zwischen
den Balliols auf Bernard Castle und den Wiclifs auf Wycliffe
enge Familienbeziehungen bestanden, die von vornherein die Auf=

---

1) Vgl. Shirley, Fascic. Ziz., 515.

2) Von Lorimer in der Übersetzung der Lechlerschen Monographie John
Wiclif and his English Precursors, London, K. Paul & Comp., 1878,
I, Note S. 185.

nahme des Jünglings unter die Mitglieder der Halle wahrscheinlich machen. Die gelehrten Untersuchungen Rileys [1]) haben dargethan, daß Wiclif nicht 1361, sondern bereits 1360 Master of the Halle called the Baillo halle in Oxford war [2]). Aus der Stiftungsurkunde ergiebt sich aber unzweifelhaft, daß der Anspruch auf die Vorsteherschaft die Angehörigkeit zum College zur Voraussetzung hatte: die Fellows, heißt es in dem Statut, sollten aus ihrer eigenen Mitte sich ihren Vorstand wählen [3]). Diese Bestimmung, welche bei Gründung der Halle Aufnahme in die Statuten fand, hat in keinem Nachtrag eine Änderung erfahren. Als Sir Philipp de Somerville 1340 bezüglich der Schenkungen, die er dem College machte, neue Bestimmungen erließ, wurden die bestehenden erst ausdrücklich bestätigt [4]), und in den Revisionsakten sowohl 1364 als 1423 wird die Anweisung, quod scholares de se ipsis habeant unum principalem ausdrücklich wiederholt. Es kann also keinem Zweifel unterliegen, daß, soweit die Konstitution des Colleges in Frage kommt [5]), Wiclif Fellow von Balliol war, ehe er Master wurde. — Andere Gründe unterstützen diese Annahme. Ein John Wiclif wird urkundlich als seneschalc (Rentmeister) des Merton College für

---

1) Report to the Royal Commission on Historical Mss., 1874.

2) Das lateinische Memorandum, dem die Notiz entnommen ist, stammt aus dem 34. Jahre des Königs Eduard III., d. h. 1360. Wiclif konnte seine Würde erst kurze Zeit inne haben, denn im November 1356 war Robert de Derby (nicht Serby) Vorstand, vgl. Carta in pyxide Mickle Berton No. 34; Wilhelm von Kingston war Wiclifs unmittelbarer Vorgänger, vgl. Carta in pyxide Abbotesley No. 12 Ball. Coll. Oxford. Es fand also damals ein häufiger Wechsel des Vorstandes statt aus Gründen, die sich unserer Erkenntnis entziehen.

3) „Volumus, quod scholares nostri ex semet ipsis eligant unum principalem, cui ceteri omnes humiliter obediant in his, quae officium principalis contingunt, secundum statuta et consuetudines inter ipsos usitatas et approbatas“, heißt es in den Statutes of Devorguilla (1282) bei Lorimer I, 186.

4) Lorimer I, 186: „that nothing was to be done under the former contrary to the provisions of the latter (Devorguilla's Statutes).“

5) Ob diese in jenen stürmischen Tagen thatsächlich immer zu ihrem Rechte gekommen ist, wissen wir nicht; vgl. z. B. Pennington, S. 41; Wood, Antiq. of Coll. & Halls in Oxf., S. 81—84.

1356 erwähnt [1]). Indem man diesen mit dem Vorreformator identifizierte, wurde man zu der auffälligen Annahme gezwungen, daß unser Wiclif erst Balliol angehörte, um 1356 nach Merton übertrat und nach drei bis vier Jahren als Master nach Balliol zurückkehrte. Nachdem schon Shirley die Identität des Seneschalls mit einem andern J. Wiclif, dem Vicar von Mayfield, nachge- wiesen [2]), hat nun auch Lorimer in einer eingehenden Untersuchung dargelegt [3]), daß eine derartige rege Verbindung, die für den Fellow des einen Colleges den Übergang auf das andere möglich gemacht hätte, nicht nur nicht vorhanden, sondern daß im Gegenteil grade diese beiden Hallen in entschiedenster Feindschaft lebten. Sie waren die Führer der die Studentenschaft beherrschenden Parteien, der Nord- und Südländer. Der Gegensatz der beiden Nationen bestand das ganze Jahrhundert hindurch und ging auf geschicht- liche und wissenschaftliche Motive zurück. Die Nordländer, Bore- ales, als Vorkämpfer des germanischen Sachsentums, hatten in den politischen Kämpfen unter den Plantagenets die Rechte der Volkspartei gegen den König verteidigt, die Südländer, Australes dagegen sich unter dem königlichen Banner gesammelt [4]). Die nordische Ghibellinenpartei verfolgte, von den Schotten z. T. unterstützt, eine antipäpstliche Politik und hatte den Widerstand der Barone und Gemeinen gegen die päpstlichen Bedrückungen ge- stärkt, während die südlichen Nationen mit Irländern und Wallisern gemischt das Kurialsystem stützten. Um den Anfang des Jahr- hunderts hatten die Borealen sich mit derjenigen Partei identi- fiziert [5]), welche den Todesstoß erlitt, als Simon von Montfort, Englands Ritter, Heiliger und Patriot, auf dem Felde von Eves- ham gefallen war. —

Zu diesen politischen kamen wissenschaftliche Gegensätze. In der ersten Hälfte des Jahrhunderts waren die Kämpfe zwischen den Nominalisten und Realisten auf ihren Höhepunkt gekommen.

---

1) Compotus Ricardi Billingham, bursarii, 30. Celer. III rotul. in Mes. Coll. Mert. bei Forshall & Madden, Einleitung, VII.

2) Fascic. Ziz., S. 513 ff.

3) Lorimer, S. 187 ff.

4) Huber, Engl. Univ. I, 87. 99. 102.

5) Pennington, S. 52.

Unter Occams Fahnen hatten sich, mit Merton an der Spitze, die Südländer, unter Scotus die Borealen gestellt. Auf der Kanzel und dem Katheder gerieten die Geister, in den Hallen und auf den Straßen die Fäuste der feindlichen Parteien an einander. Wiederholt kam es zu Mord und Blutvergießen. Ihre Zänkereien, sagt Wood, wurden so heftig, daß der Friede der Universität da= runter litt.

Das Jahr 1334, also kurz, ehe Wiclif in Oxford erschien, hatte die beiden Hallen im offenen Parteikampfe gesehen. In= folge von Reibungen unter den Studenten hatten im Mai, Juni und Juli die Borealen — Magister, Baccalaureen und Scholaren — nachdem sie in Oxford unterlegen waren, ihren Gegnern das Feld überlassen und waren nach Stamford ausgewandert. Hier trotzten sie, nachdem sie ein neues Studium eingerichtet, allen Mahnungen zur Rückkehr. Zwei Jahre lang hielt die Secession an; dann mischte sich der König selbst in die Angelegenheit und forderte dro= hend die Rückkehr. Dem königlichen Befehle mußten die Aufrührer sich fügen und zurückkehren. Laut triumphirte Merton über die Demüti= gung der Feinde, lauter über den eigenen Sieg. Die stolzen und starren Nordländer konnten die schmähliche Niederlage nicht ver= gessen, viel weniger verzeihen. Immer haßt der Mensch die An= erkennung des eigenen Verschuldens. —

Auf Jahre hinaus verbitterte diese Angelegenheit die Stim= mung der Parteien, über deren Haß keine Gemeinsamkeit der Interessen hinwegzutäuschen vermochte. Wood bemerkt ausdrücklich, daß in dieser Zeit die Mertonians sich weigerten, Scholaren aus dem Norden in ihren Kreis aufzunehmen, wie denn auch das reiche Kloster Durham, im Norden Englands, Grund hatte, sich über das faktiöse Verhalten Mer= tons zu beklagen [1]). Bald darauf, 1343, brachen neue Zwiste

---

1) W o o d I, 425 und Registr. div. epistol. de officio Canc. Mon. Eccl. Dunelmensis fol. 18 u. 48; Wood sagt: „That such controversies bet= ween the northern and southern men have often happened is evidently apparent from what is before delivered; and that also they were now (1334) on foot, I doubt it not, forasmuch as the members of Merton Col= lege refused, at this time and before, to elect northern scholars into their society, because they and the University should be at peace, as from several complaints of the church of Durham against the Mertonians is apparent.“

aus, und im Jahre 1349 versuchte die Partei der Südländer in roher und gewaltthätiger Weise den letzten entscheidenden Schlag gegen Balliol und seine Partei zu führen. Gelegentlich der Kanzler= wahl, welche beide Nationen in verschiedene Lager führte, fielen die Südländer über die Borealen her und ließen sich die ärger= lichsten Ausschreitungen zuschulden kommen: Einbruch in die Kirchen, Diebstahl, blutige Schlägereien. Auch hier hatte Merton die Führung gegen das unterliegende Balliol. — Wir werden nicht zweifeln dürfen, daß Wiclif als Mitglied von Balliol an der heftigen Parteifehde in der einen oder anderen Weise beteiligt war. In diesen erbitterten Kämpfen hatte die nördliche Partei eine große Einbuße an Kraft erlitten. Sie galt als die schwächere, und man nannte sie auch so. —

Das alles waren Vorgänge, nicht geeignet, den Starrsinn angelsächsischer Köpfe zur Sanftmut und streitende Fäuste zur Ruhe zu bringen. Die wechselseitige Erregung wurde bitterer, der Haß tiefer, der Gegensatz schärfer.

Es scheint mir damit die Möglichkeit ausgeschlossen zu sein, daß für denselben Wiclif, der eine Reihe von Jahren bereits als Mitglied von Balliol die Rivalitäten beider Häuser mit innerer Anteilnahme begleitet, der Eintritt in das feindliche Merton Col= lege (1356) ein Gegenstand des Ehrgeizes hätte werden können. Daß andrerseits dieselben Mertonianer, die sich geweigert hatten, Borealen überhaupt in ihre Gemeinschaft zuzulassen, sich für das Ehrenamt ihres Seneschalls den Kandidaten im Kreise ihrer er= bittertsten Gegner hätten suchen sollen, ist innerlich ganz unwahr= scheinlich. Endlich würde es die ganze Auffassung, die wir uns von dem kernhaften, gradsinnigen Menschenschlage der Nordländer überhaupt und Wiclifs insbesondere gemacht haben, verschieben, wollte man annehmen, daß dieselben Männer, die 1356 ihren Lands= und Kampfesgenossen aus ihrer Mitte scheiden und wie einen Verräter an der eigenen Sache ins feindliche Lager über= gehen sahen, zwei oder drei Jahren später den Wunsch hätten haben können, den höchsten Ehrenposten, den sie zu vergeben hatten — sie hatten die freie Wahl, eligant —, diesem Abtrünnigen zu über= tragen [1]). —

___

1) Was Pennington S. 41—42 anführt, spricht nicht gegen diese An=

Wir werden also, nachdem Lorimer die frühere Annahme, als hätten die Mitglieder von Balliol ihr College mit der Erwerbung des Magistratsgrades verlassen müssen, durch den Hinweis auf die Schenkungen von Sir William Fenton und Sir Philipp de Somerville [1]) entkräftet hat, nicht zweifeln dürfen, daß Wiclif unter dem gastlichen Collegiatdache der Balliols seine langen Studien machte, bis er von dem Vertrauen seiner Freunde an den Ehrenplatz des Colleges gerufen wurde. —

———

Das war, wie wir gesehen haben, im Jahre 1360. Von nun an verlieren wir ihn nicht mehr aus den Augen. Er hatte damals die meisten, wenn nicht sämtliche logische und metaphysische Stücke geschrieben, deren Titel uns überliefert sind [2]). Seine scharfsinnigen Untersuchungen hatten ihn in den Vordergrund des wissenschaftlichen Lebens in Oxford gebracht und zweifellos zu der Berufung des verhältnismäßig jungen Mannes an den Ehrenposten in Balliol beigetragen. Aber nicht lange durften die Fellows den gelehrten Master an ihrer Spitze sehen: 1361 präsentierte ihn das College für die Pfarre Fylingham in Lincolnshire [3]), mit deren Annahme Wiclif seine Stellung als Collegialvorstand aufgab [4]).

Aber noch ruhten die Wurzeln seiner Kraft im wissenschaftlichen Boden Oxfords. Die Hochschule blieb die Heim- und Pflegstätte seiner Studien. Wie die Rechnungen von Queen's College ausweisen, war er 1363 längere Zeit in Oxford, vom Dezember 1365 bis zum Frühjahr 1367 stand er einem anderen

───────────

nahme. Im Laufe der Jahre konnten die Gegensätze sich abmildern und zu gegenseitigen Wahlen wohl führen.

1) Vgl. das Nähere bei Lorimer I, 190.

2) Matthew, Introd. III.

3) Reg. Gynwell. f. 123: „Mag. Ioann. Wycliff presbyter present. per Magi. et Scholares Aulae de Ball. Oxon. ad eccles. de Fylingham, vac. per mortem Joh. Reyner, 11. d. Maj. 1361.

4) Am 3. Februar 1362 erscheint in den Collegeregistern Stephen von Cornwall als Master, Hist. Mss. Commission Report IV, 450.

wissenschaftlichen Institute der Universität vor, und im Jahre 1368 erlangte er von seinem Ordinarius die Erlaubnis, zwei Jahre von seiner Pfarrei abwesend sein zu dürfen, behufs Fortsetzung seiner Studien in Oxford [1]). In der frischen Luft wissenschaftlichen Strebens befand er sich wohl. Hier zogen gleichstrebende Freunde ihn an: so mochte dem jungen Landpfarrer die Berufung an die Spitze einer neugegründeten Halle in Oxford nicht unwill= kommen sein. —

Simon von Islep, ein wohlgesinnter, im übrigen nicht eben bedeutender Erzbischof von Canterbury, hatte 1361 eine „Halle" gegründet und ihr von seinem Erzbistum den Namen gegeben. Sein Zweck war eine gewissenhafte Vorbildung junger Männer zum kirchlichen Amt. Es war auf eine Heilung der Schäden, an denen damals das Pfarramt litt, abgesehen. Die Stiftung sollte 12 (Welt=) geistlichen Unterkunft und Unterricht gewähren, „Männern, welche, wie der Gründer selbst, auf Abschaffung der kirchlichen Miß= bräuche hinarbeiteten". Mit dem Geiste dieser Bestimmung trat die im März 1364 erfolgte Ernennung von drei Benediktiner= mönchen zur Warden= (Vorstand) und Fellowship der Halle in Widerspruch. Es war Heinrich Woodhall, der dem Erzbischof auf eine dahin gehende Bitte von dem Prior des reichen Benediktiner= klosters in Canterbury mit drei anderen Mönchen empfehlend in Vorschlag gebracht worden war. Mit dieser Ernennung war, wie die Dinge in Oxford einmal lagen, der Grund zu dauernden Ver= wickelungen gelegt. Die Ziele der Stiftung wurden aussichtslose. Geheime Eifersüchteleien zwischen den vier Regulären und den acht Weltlichen traten ein, brachen 1365 in offenen Kampf aus und veranlaßten den Gründer, die Mönche wieder zu entfernen. An ihre Stelle wurden von Islep Weltliche gesetzt: Johann von Wiclif als Warden, Middleworth, Benger und Selby als Fellows (Dezember 1365). Wiclif und der Erzbischof waren Studien=

---

1) Reg. Bokyngham, Memor., fol. LVI b (bei Forshall & Madden I, vii, Anm. 9): „Idibus Aprilis anno doi. millesimo CCC^mo LXVIII apud parcum Stowe concessa fuit licencia Magistro Joh. de Wyclefe, rectori ecclesiae de Fylingham, quod posset se absentare ab ecclesia sua in= sistendo literarum studio in univ. Oxon. per biennium."

genossen gewesen und einander persönlich bekannt. Hervorragende
Eigenschaften des Geistes und Charakters [1]) hatten die Augen des
Erzbischofs auf den jungen Gelehrten zurückgelenkt.

Wiclif blieb nur kurze Zeit im Besitze des neuen Amtes. Bald
nach seiner Ernennung zum Warden starb [2]) Islep, und nach
längeren Verhandlungen mit der Kurie wurde, am 25. März 1367,
Simon Langham, früher selbst Mönch und in mönchischem Geiste
erzogen, an die Spitze der englischen Kirche gestellt. Sofort [3])
wurde ein Wechsel des Personals vorgenommen, Wiclif mit seinen
Genossen entfernt und zuerst John Redingate, einer der drei Bene=
diktiner aus Canterbury, schließlich Woodhall selbst wieder als
Warden eingesetzt [4]). Nicht ohne die Zuhilfenahme „von falschen
und lügenhaften Auslegungen und simonistischen Kniffen" [5]) war
die Sache abgegangen. Die Mönchspartei hatte einen voll=
ständigen Sieg errungen, nicht nur in der Personenfrage, sondern
auch in der Sache. Als Wiclif mit seinen Genossen sich in einer
Appellation an den Papst wandte und im Sinne der Bestimmungen
des Stifters auf Wiedereinsetzung drang, hintertrieb ein Mönch
bei dem andern, der inzwischen nach Avignon als Kardinal ab=
gegangene Langham bei Urban V., die Sache und setzte nicht nur
die schroffe Zurückweisung der Kläger, sondern auch die Bestimmung
durch, daß von da an grundsätzlich und ausschließlich nur Mönche
(von Christ Church in Canterbury) Aufnahme fänden [6]). Eversum
est tam pii patroni propositum, so kommentiert Wiclif [7]) nicht

---

1) W o o d, Hist & Ant. I, 184: „Ad vitae tuae et conversationis
laudabilis honestatem, literarumque scientiam, quibus personam tuam
in artibus magistratam Altissimus insignivit, mentis nostrae oculos diri-
gentes, ac de tuis fidelitate, circumspectione et industria plurimum con-
fidentes, in custodem Aulae nostrae Cantuariensis . . . te praeficimus."

2) Am 26. April 1366.

3) Am 31. März 1367.

4) L e w i s, S. 292, No. 6.

5) Commenta mendacii, fucus, factum sophisticum, symoniace, irregu-
lariter introducti, vgl. Lechler II, 574.

6) „Decrevit et declaravit, solos m o n a c h o s praedictae ecclesiae
Cantuar. secularibus exclusis debere in dicto Collegio perpetuo
remanere", bei L e w i s, S. 298, No. 7.

7) Vgl. S h i r l e y, Fascic. Ziz., S. 526.

ohne Bitterkeit die Vergewaltigung. Es war ein Sieg des Un=
rechts. Die Universität und auch die Krone empfand ihn mit Un=
willen. Die ursprüngliche Absicht des Gründers war in ihr Gegen=
teil verkehrt. Die höchste kirchliche Gewalt aber hatte die als
Unrecht empfundene Maßregel gutgeheißen. Hatten ursprünglich
die Weltgeistlichen zwei Drittel der Stellen, wenn nicht die sämt=
lichen, innegehabt, so triumphierten jetzt zwölf Benediktiner als
beate possidentes in dem behaglichen Genusse, den kein feindlicher
Einspruch mehr störte.

Wiclif selbst äußert sich einmal über die ihn so nah angehende
Sache. Von einem höheren Gesichtspunkte aus, der Rechtsver=
letzung, unter der die Universität leide, beklagt er die Entscheidung.
Die Kollegien von Oxford und Paris, sagt er, seien arm, und
vermöchten den Ansprüchen, die von Magistern und Scholaren an
sie gestellt würden, kaum zu genügen. Warum schneide man ihnen
die Möglichkeit ab, durch äußere Wohlthaten den Jüngern der
Wissenschaft beizustehen, und warum wende man Leuten Benefizien
zu, welche der Wohlthat solcher Stiftungen keineswegs bedürftig
und an sich schon durch ihre Verbindung mit dem reichausgestatteten
Benediktinerkloster in Canterbury reichlich ausgestattet seien [1]?

Für die Stellung Wiclifs innerhalb der Universität blieb dieser
Kampf nicht ohne Bedeutung. Er hatte den entschiedenen Willen
gezeigt, die Fahne der akademischen Freiheit gegen die mönchischen
Eingriffe hochzuhalten. Vor dem Widerspruche auch gegen die
höchsten kirchlichen Gewalten war er nicht zurückgeschreckt. Sein
Name bedeutete ein Prinzip: Verteidigung der akademischen Rechte.

Sein Gegensatz gegen die Mönche, die in jener Zeit, als Ox=
ford an die Stelle von Paris getreten war, für das nationale
Institut und so für das Land eine mittelbare Gefahr waren,
brachte ihm die allgemeine Gunst. Denn seinem persönlichen
Streite kam eine allgemeine, eine nationale Bedeutung zu, und
insofern ist er als Anfang der englischen Reformation zu bezeichnen.
Sein unerschrockener Widerstand, erfolglos zwar, aber mit der sitt=
lichen Entrüstung eines überzeugten Mannes geführt und von sitt=

---

1) Lechler I, 312: „illis expulsis pauci alii, non egentes, sed divitiis
affluentes etc." Shirley, Fascic. Ziz., S. 526.

lichen Impulsen beherrscht, hatte ihn zum Anwalt der nationalen
Freiheit gemacht und ihn in den Vordergrund des Kampfes ge-
schoben gegen eine fremde Macht, welche einem freiheitsliebenden
Volke das Recht der Selbstbestimmung traditionell zu verweigern
strebte. So wurde er ein öffentlicher Charakter [1]).

War er in der Verteidigung der akademischen Rechte unterlegen — ein anderer Kampf von weiter= und tiefergehender Bedeutung, der, an die Beziehungen zwischen Staat und Kirche anknüpfend, nur von großen politischen Gesichtspunkten aus zu
entscheiden war, sollte ihn vor die Augen der ganzen Nation
bringen und aus dem Widerstreite der nationalen und kirchlichen
Gewalten als Sieger hervorgehen sehen. —

Ehe wir auf diesen Kampf eingehen, verfolgen wir in aller
Kürze Wiclifs äußeren Lebensgang bis an sein Ende. Die patriotische
Angelegenheit, von der eben die Rede war, gehört dem Jahre 1366,
in dem der Canterbury Hall=Prozeß noch schwebte, an. Wiclifs
entschiedenes Auftreten gegen die Ansprüche des Papstes (im Parlament von 1366) hat zweifellos die ungünstige Entscheidung in
der Wardenangelegenheit beeinflußt. — Um diese Zeit fällt sein
theologisches Doktorat.

Ende 1365, in dem Berufungsschreiben nach Canterbury Hall,
nennt ihn Islep noch magister artium [2]); in der Königlichen Verordnung dagegen vom 26. Juli 1374, welche die Ernennung der
Brüggeschen Gesandtschaftsmitglieder enthält, erscheint er als Sacrae
Theologiae Professor, d. h. nach damaligem Sprachgebrauch als
Dr. theol. Die Versuche Shirleys, das Jahr genauer zu bestimmen,
haben zu einem sicheren Resultate nicht geführt [3]). Es mag das

1) Vgl. meine englische Festschrift John Wiclif: Patriot and Reformer,
London, Fisher Unwin, 1884, S. 20.

2) Vgl. oben, S. 112, Note 1.

3) Ich bin an einer andern Stelle auf Shirleys Versuche, das Jahr 1363 für
dieses Doktorat festzuhalten, eingegangen und habe sie zurückzuweisen versucht.
Da sie zu Spezialuntersuchungen nötigen, vermeide ich hier besser die Wieder-

Doktorat zwischen den Jahren 1366 und 1374, oder wenn Bales Notiz[1] zuverlässig ist, dem Jahre 1372 liegen.

1368 gab Wiclif die kleine Pfarrei Fylingham auf und übernahm die Rektorei von Ludgershall[2] in Buckinghamshire, das durch seine Lage (20 engl. Meilen von Oxford) ihn in den Stand setzte, seine Verbindung mit der Universität aufrecht zu erhalten. Nach sechs Jahren, am 7. April 1374, erhielt er durch Königliches Dekret[3] die Kronpfarre Lutterworth in Leicestershire, die er bis zu seinem zehn Jahre später erfolgten Tode innebehielt.

Ein und ein halb Jahr nach seiner Beförderung auf die Lutterworther Pfarrei wurde ihm, gleichfalls von der Krone, die Pfründe Auft an der Kollegiatkirche von Westbury übertragen (6. November 1375). Es war eine Sinekure, mit der keine Seelsorge verbunden war, sodaß er mit ihrer Innebehaltung sich einer Inkonsequenz nicht schuldig gemacht hätte; dennoch muß er sie, vielleicht um den Schein zu meiden, entweder überhaupt nicht angenommen oder unmittelbar nach der Königlichen Bestätigung[4] wieder aufgegeben haben, da schon am 18. November als neuer Inhaber Robert de Faryngtone erscheint[5].

Zwei kirchliche Pfründen hat also der Mann, der später seiner Entrüstung über die Vereinigung mehrerer Ämter auf eine Person oft Ausdruck gab[6], gleichzeitig nie inne gehabt.

Während dieser ganzen Zeit, von seinen Anfängen auf der

---

holung und verweise auf das Gesagte: Zeitschr. für histor. Theol. a. a. O., S. 338 ff.

1) S h i r l e y, Fascic. Ziz., S. 2: „donec inspirante patre familias Christo in tempore messis, cum c a t h e d r a m d o c t o r i s a u d a x a r r i - p e r e t", zu dieser Bemerkung Walbens hat der Bischof Bale die Jahres- zahl 1372 an den Rand geschrieben.

2) Reg. Bokingham, Memor. fol. LVI b, bei Forshall & Madden I, III, Anm. 9.

3) Rot. Parl., 48. Edw. III., S. 1, m. 23.

4) 6. Nov. 1375; Rot. Parl., 49. Edw. III., S. 2, m. 8.

5) Rot. Parl., ibid. m. 11. Forshall & Madden, Introd. VII.

6) Vgl. z. B. Cod. 1338, f. 110b: „sunt plures sophisticaciones per dyabolum introducte, ut unus rector habet copiam decimarum et obla- cionum." M a t t h e w 432: „prestis shulden not gedere to hem dymes & offeringis of many chirchis, that weren over her fode & hillinge."

Universität an, blieb Oxford der Schauplatz seines persönlichen
Wirkens. Hier, in dem wissenschaftlichen Boden der Hochschule,
ruhten noch die Wurzeln seiner Kraft. Eine ganze Reihe umfang=
reicher Werke ist von ihm geschrieben worden, dum stetit in
scholis; in vielen seiner Werke begegnen wir verstreuten An=
spielungen auf Disputationen „in den Schulen", und namentlich die
von ihm vor der Universität gehaltenen Predigten bezeugen seinen
über eine lange Reihe von Jahren sich erstreckenden Aufenthalt in
Oxford.

Hier pulsierte das geistige Leben der Nation in frischen
Schlägen. Patriotisches Hochgefühl über die großen Erfolge der
von einem bewunderten Könige vertretenen englischen Politik und
ein freieres Denken über Kirche und Welt, das den Widerspruch
und die Zensur der obersten kirchlichen Macht nicht scheute, hatte
sich hier unter stetem Kampfe gegen die unfreie, aber geschlossene
und mächtige Mönchspartei eine Heimstätte gegründet. —

In einer großen vaterländischen Angelegenheit trat jetzt Wiclif,
in dem beide Geistesströmungen sich einten, vor sein Volk. Diese
parlamentarische Angelegenheit des Jahres 1366 bezeichnet einen
neuen Abschnitt in seinem Leben, den wir den politischen nennen
dürfen, und der die nächsten zwölf Jahre seines Lebens bis 1378
umfaßt. Hinter ihm liegt die Periode seiner wissenschaftlichen
Vorbereitung; die zweite umfaßt also die kirchenpolitische
bis zur Papstspaltung, und die dritte, fruchtbarste, die kirchlich
reformatorische, die letzten sechs Jahre seines Lebens.

Schon Shirley [1]) hat darauf aufmerksam gemacht, daß der
Übergang von der akademischen Periode zur politischen keineswegs
an das theologische Doktorat geknüpft ist. Viel deutlicher spiegelt er
sich in seiner großen Schrift über das Besitzrecht wieder. Er wolle,
sagt Wiclif in der Vorrede zu diesem Werke, seine Muße fortan
ausschließlich der Theologie, freilich im weitesten Sinne des Wortes,
widmen. In dieser Periode ist, während die vorige die lange
Reihe seiner philosophischen und logischen Werke umfaßt, das theo=
logische Element noch mit dem politischen geeint. Von einem
religiösen Interesse aus unterstützt er schlagfertig und den Gegen=

---

1) Fascic. Ziz. XXXIX.

stand immer in seiner Tiefe erfassend durch Rat, Wort und Schrift
die staatlichen Gewalten gegen die römische Praxis, nicht gegen die
Lehre. Die reformatorische Aufgabe, die ihm jetzt schon zufällt,
ist mehr praktischer als theoretischer Natur, kirchenpolitisch, nicht
theologisch. Der Begriff des Staates und seine Befreiung aus
fremder Bevormundung erfüllt seinen Geist. Erst der dritten
Periode, in welcher er sich der Lehre zuwandte, gehört die Begründung seiner reformatorischen Gedanken an.

––––––––––

Wie einst Wilhelm Occam sein schlagfertiges Wort und seine
scharfe Feder in den Dienst der kaiserlichen Gewalt gestellt, so
schließt auch Wiclif in dem nationalen Kampfe seine publizistische
Thätigkeit eng an die Beschlüsse des Parlaments an, das, mit dem
Könige verbunden, gegen die Ansprüche der Kurie sich erhob. Ihm
lieferte er die Waffen gegen das über seine eigene Machtfülle sich
täuschende Papsttum in die Hand und stellte die Kraft seines
Wissens und eines durch das Evangelium freigewordenen Gewissens
den vaterländischen Gewalten zur Verfügung. Indem er aber in
diesem politischen Kampfe auf sittliche und allgemein religiöse
Gründe zurückging, gewann er diejenige Grundlage, von der aus
allein eine Reformation an Haupt und Gliedern begonnen werden konnte.

Das 50. Jahr des großen Königs, Eduards III., das durch
ganz England als Jubeljahr begangen wurde, bezeichnet den
Gipfel der englischen Vormacht im westlichen Europa während
des 14. Jahrhunderts. Die Kriege mit Frankreich waren zu einem
glorreichen Abschluß gekommen. Die Franzosen lagen in den harten
Banden des Friedens von Bretigny (Mai 1360), und an den
Stufen des englischen Königsthrones in Westminster trugen der
französische König Johann, der schottische, David, die Bande der
Gefangenschaft, während der König von Cypern um Eduards
helfende Hand gegen die Sarazenen flehte. — Nach etwa zehn
Jahren war das alles dahin. Ein entehrtes Alter hatte dem Könige
das Auge zugedrückt, ein hochherziger, tapferer Prinz, der Stolz
und die Hoffnung des Landes, war langsam ins Grab gesiegt, das

überwundene Frankreich war bis auf Calais wieder sein eigen ge=
worden, die furchtbarsten Flotten waren zerstreut und vernichtet,
Englands Küsten allen Gelüsten des Freibeutertums preisgegeben,
die Verbündeten untreu, und das Volk dezimiert durch unglückliche
Kriege, eine verheerende Krankheit und sozialen Aufruhr. —

In dieser Zeit raschen Machtverfalls drohte Frankreich, das
sich unter den Friedensbedingungen wand und seine ganze Kraft
zur Befreiung vom englischen Joche aufbot, mit dem Kriege, in
dem es alles gewinnen, nichts verlieren konnte. Da kam als erster
versteckter Angriff auf die Hilfsquellen des Landes von der durch
französischen Einfluß beherrschten Kurie die Forderung um die drei=
unddreißigjährigen Rückstände jenes schmählichen Vasallentributs von
jährlich 1000 Mark [1]), den Johann Ohneland Innocenz III. zu=
gestanden hatte. Jetzt erhob sich in England ein Widerstand, der,
wenn auch formell ungenügend begründet, durch das einmütige Zu=
sammenstehen von König und Volk die volle Macht einer Volks=
bewegung gewann. Die kurialen Diplomaten verkannten diesen
mächtigen Strom nationalen Lebens, der die Brust des Eng=
länders mit gerechtem Selbstgefühl erfüllte und bisher stetig in
die Tiefe und in die Breite gewachsen war. Insofern war die
päpstliche Forderung ein politischer Fehler. Sie mußte als franzö=
sischer Angriff gelten und erbittern. Sie war auch unzeitig, weil
das 1364 gegen die päpstlichen Erpressungen zum Gesetz erhobene
Statut Praemunire [2]) England gegenüber vorsichtig gemacht haben
sollte. —

Eduard hatte das Schmachgeld grundsätzlich nie bezahlt, weil
das ein Bekenntnis der Schwäche seines Reiches gewesen wäre.
Jetzt empfand die Nation, auf der Höhe ihrer Macht, die Forderung
als Schimpf; der König selbst aber besaß hinreichendes diplomatisches
Geschick, die politische Lage zu benutzen. Seitdem die Kurie in
Avignon ein Heim gefunden und dem französischen Herrscher sich ge=
beugt hatte, war dem Könige von England der päpstliche Rückhalt,
der seine Vorgänger oft aus schwieriger Lage befreit, entzogen.
Der Papst hatte aufgehört, der Krone gegen die parlamentarischen

----

1) 700 für England, 300 für Irland.
2) Vgl. oben, S. 84.

Gewalten seine mächtige Hilfe zu leisten. Nun fing er, gedrängt von einem Stärkeren, sogar an, die Macht anzugreifen, die er früher unterstützt. Schon 1344 hatte Eduard die Hilfe seiner „getreuen Stände" gegen schiedsrichterliche Gelüfte des Papstes in dem englisch=französischen Handel in Anspruch genommen; jetzt konnte er seines Parlamentes um so sicherer sein, als die Praemunire= Verhandlungen im Vorjahre zu sehr gehässigen Auseinandersetzungen geführt und tiefe Erbitterung zurückgelassen hatten. Für den König handelte es sich also darum, diese günstige politische Lage auszu= kaufen und gegen Rom einen entscheidenden Schlag zu führen. Er enthielt sich jedes Urteils über das Recht oder Unrecht der For= derung und legte sie seinem Parlamente von 1366 zur Ent= scheidung vor. Daß er so, ohne selbst sich eines thatsächlichen Rechtes zu begeben, dem Volke in seiner Vertretung schmeicheln konnte, erhöhte für den schlauen Mann den Reiz der Sache. Er durfte auf diesen Meisterzug seiner diplomatischen Kunst stolz sein; denn so schob er nicht nur die Folgen einer Ablehnung von der Krone weg einem Parlamente zu, das in dem zugebilligten Rechte der Ent= scheidung einen neuen Kompetenzzuwachs zu erblicken geneigt war, sondern sah sich auch in die Lage gesetzt, die Stände mit seinen das Land schwer drückenden Kriegssteuern zu versöhnen, indem er ihnen die Möglichkeit ließ, durch die Zurückweisung der französischen Forderung die Steuerkraft des Landes zu stärken.

Da die nationale Empfindlichkeit einmal geweckt war, wagten auch die Prälaten nicht zu widersprechen. Eduard III. durfte also seiner Häuser sicher sein. Im Mai 1366 rief er das Parlament zusammen und hatte die Genugthuung, seine eigene Stellung zur Sache von den Ständen mit Energie vertreten zu sehen. Weder König Johann, so erklärten gleich in der ersten Sitzung Barone und Gemeine im Geiste jener parlamentarischen Helden, welche die Magna Charta einem päpstlichen Könige entrissen, noch irgend jemand anders hat das Recht gehabt, das Reich oder die Nation ohne Zustimmung der letzteren einer andern Macht zu unterwerfen [1].

---

1) Rot. Parl. II, 289—290: „que le dit Roi Johan ne nul autre purra mettre lui ne son Roialme ne son Poeple en tiel subjection saunz assent de eux."

Johanns Einwilligung, fügten sie hinzu, sei ohne diese Zustimmung, ja gegen den ausdrücklichen Eid, den er bei seiner Krönung seinem Volke geschworen, gegeben worden [1]). Dieser geschichtlichen Begründung ihres Rechtes fügten sie die Drohung bei, daß, falls der Papst den Versuch machen sollte, seine Forderung mit Gewalt durchzusetzen, sie ihm mit aller ihnen zu Gebote stehenden Kraft entgegentreten würden. — Nur die Prälaten, die dieser Sprache gegenüber sich in einer schwierigen Lage befanden, zögerten einen Tag. Nach 24 Stunden Bedenkzeit aber schlossen sie sich „mit den anderen Herzogen, Grafen, Baronen und großen Männern" der Antwort an.

Diese entschlossene Sprache verfehlte ihres Eindrucks nicht. Urban erkannte, daß er einen politischen Fehlzug gethan. Er hatte sich im König sowohl wie in dem kräftigen Parlamente geirrt und ließ nun den Anspruch überhaupt fallen. Nach einem verunglückten Versuche im Jahre 1374 [2]) hat kein Papst mehr gewagt, die Forderung an England zu stellen. —

In dieser nationalen Angelegenheit nun hatte ein Anonymus, ein Dr. theol. und Mönch, Wiclif den Fehdehandschuh hingeworfen und in leidenschaftlicher Sprache ihn aufgefordert, die von ihm, dem Mönche, zugunsten der päpstlichen Oberlehnsherrlichkeit aufgestellten Argumente zu beantworten. Die Gründe, weshalb gerade Wiclif den Angriff auf sich gezogen, kennen wir nicht genau; aber gerade die Thatsache, daß er der beim Namen genannte Angegriffene war, beweist das große Ansehen, das er in den Oxforder Kreisen als einer der Führer, wenn nicht der Führer der Partei, genoß. Aus diesem Grunde hatte er den Zorn des Mönchs, der kecker als seine Hintermänner die Angelegenheit vor die Öffentlichkeit zog, auf sich gelenkt. Wiclifs Freimut ließ erwarten, daß er sich in den Hör-

---

1) „That it appeared, by many evidences, that John's submission was done without their assent and against the coronation oath", bei Pennington, S. 82.

2) Matthew VI, Anm. 2, sagt, Shirley irre sich, wenn er behaupte, daß die Angelegenheit damals überhaupt abgeschlossen worden sei, und fährt fort: „Gregory XI repeated the demand in 1374, and we have a curious account of the way in which it was met and refused in the continuation of the Eulogium Historiarum III, 337. We might fancy that this was

sälen der Universität, nachdem er einmal Stellung zur Sache genommen, im nationalen Sinne aussprechen werde. Daß sein Prozeß mit der Mönchspartei in Avignon noch schwebte, mochte den kampflustigen Pater noch mehr reizen. Konnte doch der neue Angriff eine Waffe werden, Wiclif zu verderben. Gelang es, ihn vor den kirchlichen Oberen zu kompromittieren, so war der Papst= entscheidung in einer den Mönchen günstigen Weise präjudiziert. Daß der Angreifer nicht ein Mendikant, sondern ein Mitglied eines (begüterten) Klosters war, macht diesen Sachverhalt noch wahr= scheinlicher.

Der Mönch war von dem Satze aus, daß die Prinzipien die Welt und das Leben tragen, und daß eine Partei machtlos wird, welche ihre Grundsätze aufgibt oder vergleichgültigt, auf die prinzipiellen Fragen von dem schlechthin unantastbaren Recht der Hierarchie auf den englischen Besitz zurückgegangen. Er hatte, unbekümmert um die in England immer kräftiger an den Tag tretenden antipäpstlichen Strömungen, drei Sätze aufgestellt, von denen jeder für sich geeignet war, den nationalen Unwillen hervorzurufen: die Person des Klerikers ist von jedem weltlichen Gericht exempt, sein Gut kann ihm vom weltlichen Herrn unter keiner Bedingung genommen werden, und das Herrscherrecht des englischen Königs, der sein Land vom Papste zu Lehen hat, ist ausschließlich an die Entrichtung des Jahreszinses geknüpft. — Nur auf diese letzte eigentliche Streitfrage, die das Parlament be= schäftigt hatte, geht Wiclif ein. Auch er nimmt dem kirchlichen Absolutismus gegenüber Stellung: zwar er sei als demütiger und gehorsamer Sohn der Heiligen Kirche fern davon, irgend etwas zu behaupten, was wie ein Unrecht gegen diese Kirche lauten oder fromme Ohren verletzen könne [1]), aber was den Kernsatz der Frage angehe, daß der König von England vermöge seines Kronrechts

---

a misplaced narrative of what took place in 1366, but for the prominent part played by the Prince of Wales who was out of England that year."

1) „Humilis et obedientialis filius Romane ecclesie protestans se nihil velle asserere, quod sonaret iniuriam dicte ecclesie vel racionabiliter offenderet pias aures, in Determinatio quedam Mag. J. Wycliff de dominio etc." bei Lewis, S. 349—356.

dem Papste den Tribut verweigern könne, so müsse er denselben
entschieden verteidigen [1]). Ehe er nun auf die Widerlegung des
Hauptpunktes eingeht, erledigt er die beiden von seinem Angreifer
angeregten Präliminarfragen. Was die Kirchengutsentziehung be=
treffe, so sei die Thatsache der Entziehung vonseiten des Königs
zuzugeben. Zu dieser Entziehung aber habe er ein Recht, wenn die
Güter von den Prälaten nicht in der rechten Weise verwendet
würden, denn zweifellos stehe es dem Könige als dem Herrn des
Lehens zu, über den rechten Gebrauch der Güter zu wachen. Was
die zweite Frage, von der Exemption, angehe, so dürfe nach Recht
und Herkommen kein englischer Kleriker sich dem englischen Gericht
entziehen, welchem alle Zivilfälle (Mord, Hochverrat, Diebstahl,
Meineid u. a.) unterständen.

Auf die dritte Frage einzugehen, fährt er fort, bedürfe es
größerer Vorsicht, da sie verfänglich gestellt sei, mit der Absicht,
daß der antwortende Gegner sich kirchenpolitisch kompromittieren
solle. Aus Gründen der Klugheit wählt Wiclif deshalb die Form
einer parlamentarischen Debatte im Hause der Lords [2]) und beruft
sich auf die in quodam concilio gehaltenen Ausführungen von
sieben Lords, die er redend einführt. Ein vornehmer und thaten=
lustiger Kriegsmann nimmt zuerst das Wort: das englische Reich
sei von altersher durch das Schwert seiner Großen erobert und
verteidigt worden. Deshalb rate er, die Ansprüche des Papstes
unbedingt zurückzuweisen, wenn er nicht imstande sei, die Sache
durch die Spitze des Schwertes zu entscheiden. Versuche er Ge=
walt, so sei es Sache des Landes, ihm ebenso zu begegnen. So
sprach der Soldat jener rauhen Zeit, dessen ultima ratio die Ge=
walt war. Ein Zoll oder ein Tribut, sagte der zweite Lord,
dürfe nur einer dazu autorisierten Person bewilligt werden; der
Papst aber sei dazu nicht befugt, also müsse man ihm die Abgabe
weigern. Denn als rechter Nachfolger Christi dürfe er wie dieser

---

1) „Quod rex potest iuste dominari regno Anglie negando tributum Ro-
mano Pontifici et quod errores regno impositi sunt falsi et sine evidencia
racionis vel legis sibi impositi". Lewis l. c.

2) Auch dies war ein feinsinniger Zug. Hier im Parlamente ruhten die
Wurzeln des nationalen Widerstandes. Auf diesem Boden mußte der letzte
Kampf zwischen König und Papst ausgefochten werden.

nicht weltliche Herrschaft besitzen und ausüben wollen. „Da wir aber den Papst zur Beobachtung seiner heiligen Pflicht anhalten sollen, so folgt daraus, daß wir schuldig sind, ihm bei seiner gegenwärtigen Forderung geradezu Widerstand zu leisten." Das war der Standpunkt des biblischen Idealismus, welcher christliche Tugend, Demut und Armut bei dem echten Christen sucht. Kühner erhob sich die Rede des dritten Lord: ihm scheine es, daß die Forderung geradezu gegen den Papst gelehrt werden müsse. Denn wenn er wirklich „Knecht der Knechte Gottes" sei, so folge, daß er Tribut nur für gewisse Gegenleistungen nehmen dürfe. „Aber wo sind denn die Dienste, die er unserem Lande erwiesen hat? Leert er nicht unsere Beutel und oft sogar zum Besten unserer Feinde? Darum — Widerstand!" Auf dem Gebiete weltlicher Herrschaft, fuhr der vierte Lord, der von dem Begriffe des Lehnsrechts ausging, fort, könnten zwei Gebieter nicht n e b e n einander sein, einer müsse der Höhere, der andere sein Vasall sein. Daraus folge, daß, da der König als Lehns- und Feudalherr angesehen werde, der Papst sein Vasall sei. Da er bisher immer seine Vasallenpflichten dem Könige gegenüber vernachlässigt habe, so müsse man ihm widerstehen. Wenn König Johann, fuhr der fünfte Lord fort, vom Papste seine Sünden erlassen erhielt, warum absolvierte ihn der Papst denn nicht nach den Worten Christi: „Umsonst habt Ihr es empfangen, umsonst gebt es auch"? Es ist nichts wie Simonie, wenn der Papst jetzt von uns Geld für seine geistlichen Gaben verlangt. Der Handel gilt also nichts. Macht der Papst unehrliche Kontrakte, so sind wir nicht verpflichtet, sie zu halten. Sah er aber den Tribut als eine Strafe an, so mußte diese vernünftigerweise doch auf den Schuldigen, nicht auf das arme, unschuldige Volk fallen. Verstehen wir uns zu der Forderung, so geben wir logischerweise damit zu, daß der Papst das Recht hat, Könige nach seinem Belieben ein- und abzusetzen. Solchen Grundsätzen aber müssen wir mit aller Macht Widerstand leisten, sprach der bibelfeste und patriotische Mann. Der folgende Redner ging wie der vierte von den Grundsätzen des Feudalrechtes aus: nicht der Papst, sondern Christus allein sei als Oberlehnsherr anzusehen, der Papst ein fehlbarer Mensch, der England als Lehnsherr nie besessen, deshalb auch nicht weggeben könnte. Falls er in Todsünde fällt, geht er nach den

Theologen seiner Herrschaft verlustig. Deshalb genügt es, wenn wir alle uns vor Todsünden hüten, unsere Güter tugendhaft den Armen mitteilen und unser Reich, wie ehedem, unmittelbar von Christo dem Oberlehnsherrn zu Lehen tragen. Endlich wies der siebente Lord auf Grund des konstitutionellen Rechtes die Forderung mit großer Entschiedenheit zurück. Keiner der vorhergehenden Sprecher, sagte er, habe zu seiner Verwunderung die Übereilung des Königs und das Recht des Landes angezogen. Das Abkommen zwischen Papst und König sei von vornherein ungiltig, denn die rechtmäßige Zustimmung der Nation fehle, und ohne diese Zustimmung habe König Johann nicht das Recht gehabt, sein Königreich dem Papste auszuliefern. Ein durch die Sündenschuld des Königs herbeigeführter Vertrag binde die Nation nicht. Zu einer derartigen Steuer gehöre nach dem Herkommen des Landes (consuetudo regni) die Einwilligung der davon Betroffenen; da ihr die Autorität des Reiches und die Vollzahl der Zustimmenden fehle, so müsse man sie kurz und bündig abweisen.

Die Redner halten also die staatsrechtliche Frage, ob die weltliche Macht im gegebenen Falle befugt sei, kirchliche Güter einzuziehen, mit Entschiedenheit aufrecht. Wiclif selbst fügt seinerseits den Argumenten nichts von Bedeutung hinzu. —

Es ist nun nicht ohne Interesse zu untersuchen, in welchem Verhältnisse Wiclif selbst zu diesem Parlamente gestanden habe. Wir wissen, daß die Entscheidung seitens der Stände mit dem Grundgedanken der vorstehenden Reden übereinstimmte [1]. Ihrem Inhalte nach werden sie der wirklichen Parlamentsverhandlung entnommen sein; aber in der Form, wie sie uns vorliegen, sind sie nicht gehalten worden. Wiclif selbst wenigstens deutet an, daß er bei den Verhandlung nicht gegenwärtig gewesen, sondern daß ihm die Entscheidung der Frage durch Hörensagen bekannt geworden sei [2].

---

1) Das Votum des siebenten Lords ist in der Sache identisch mit dem Parlamentsbeschlusse (oben, S. 119); vgl. auch die Ansichten des ersten Lords mit der Schlußerklärung des Parlamentsbeschlusses.

2) „Solutionem huius argumenti, quam audivi in quodam concilio a dominis secularibus esse datam", und weiterhin: „Primus dominus, in armis plus strenuus, fertur taliter respondisse, bei Lewis l. c.

Wir wissen, daß 10 Jahre später Wiclif einem Parlamente an=
gehört hat [1]), aber daraus dürfen wir nicht einmal auf die „Wahr=
scheinlichkeit" schließen, daß er auch 1366 Parlamentsmitglied ge=
wesen sei. Schon vor dem Jahre 1279 wurden außer den stän=
digen Mitgliedern der beiden Häuser in solchen Fällen, wo die
Krone eines oder mehrerer Sachverständiger bedurfte, Spezial=
kommissarien, welche meist von der niederen Geistlichkeit abgeordnet
waren, hinzugezogen [2]). Auch für das Parlament von 1366
waren sechs Magister der freien Künste in der Eigenschaft von
Spezialkommissaren abgeordnet worden [3]), aber weder unter diesen,
noch unter der Liste der übrigen Magistri, welche in dieser Pe=
riode überhaupt in den Sachverständigenkommissionen thätig waren,
erscheint Wiclifs Name [4]). Ich bin deshalb geneigt, den Namen
peculiaris regis clericus, den Wiclif sich im Eingang seiner Schrift
beilegt [5]), auf irgend eine geistliche Vertrauensstellung am Hofe zu
beziehen, nicht auf eine kommissarische Thätigkeit beim Parlamente,
welcher thatsächlich dieser Ausdruck nicht entspricht [6]). —

---

1) Dem Parlamente von 1376 oder 1374, da ihm in öffentlicher
Sitzung von dem Bischof Thomas Trillek von Rochester in großer Auf=
regung entgegengehalten wird, seine Sätze seien in Rom verdammt worden,
vgl. De Ecclesia, cod. 1294, fol. 178b: unde Episcopus Roffensis dixit
michi in publico parliamento stomachando spiritu, quod conclusiones
mee sunt dampnate sicut testificatum est sibi de Curia per instrumentum
notarii." Der Ausdruck dixit mihi beweist, daß Trillek nicht von Wiclif,
sondern zu Wiclif sprach, und aus in publico parliamento ergiebt sich, daß
diese Bemerkung vor großer Versammlung fiel (keine „vertrauliche Mit=
teilung war").

2) Modus tenendi Parliam., ed. Hardy, 5, wo von der Konvocation
Sachverständige erbeten werden: „quod ipsi (die geistlichen Pairs) . . . eligi
facerent duos peritos et idoneos procuratores de proprio archidiaconatu
ad veniendum et interessendum ad Parliamentum."

3) Vgl. Pennington, S. 86—87; Life & Times of W., London
R. T. S. 1884, S. 34.

4) So versichert ausdrücklich Pennington, S. 87.

5) „Ego cum sim peculiaris Regis clericus talis qualis, volo libenter
induere habitum responsalis" bei Lewis, S. 349.

6) Life & Times, S. 38: „It has been generally thought from the
expression ‚peculiaris regis clericus', that the King, attracted by his
learning and ability, had conferred on him the office of Royal Chaplain.

Welche Stellung er aber auch eingenommen haben mag, daß er den Kampf nicht abwies, zeigt seinen persönlichen Mut, die Art, wie er ihn führte, seine Klugheit und Mäßigung. Indem er das Parlament selbst in den Vordergrund der Angelegenheit zog, hob er die Streitfrage aus der Niederung der persönlichen Beziehungen empor auf die Höhe des Prinzips. Nicht mehr um ein verächtliches Schulgezänk zwischen einem unbekannten Mönche und einem Oxforder Doktor handelte es sich, sondern um eine nationale Rechtsfrage von tiefgehender Bedeutung zwischen dem Könige von England und dem Papste zu Avignon. Durch Neigung, Überzeugung und persönliche Erlebnisse in die Opposition gegen Rom gedrängt, trat er als Wortführer des nationalen Empfindens in den Kampf.

Über seine eigene Stellung zur Sache läßt er deshalb auch nicht in Zweifel. In den kurzen, aber entschiedenen Sätzen, in welchen er seine eigenen Einwendungen gegen die Ausübung des weltlichen Regimentes vonseiten des Papstes anfügt, stellt er sich rückhaltslos auf den nationalen staatsrechtlichen Boden und verteidigt mit der flammenden Entrüstung des Patrioten auf Grund des vaterländischen Rechts die grundsätzliche Unabhängigkeit des englischen Königs von jeder fremden Macht, den Papst eingeschlossen. Der Souverain, sagt er, sei in bürgerlichen und kirchlichen Angelegenheiten das oberste Haupt des Staates. Er habe in Verbindung mit dem Parlamente das Recht, nicht nur den geforderten Tribut abzulehnen, sondern auch der Kirche ihr weltliches Gut zu entziehen. Diese Lehre mag den kirchlichen Kanones nicht entsprechen; aber den Gesetzen des Landes, dem alten englischen Herkommen, den Forderungen des natürlichen Rechts und der heiligen Schrift entspricht sie. Will der Papst rechter Nachfolger Christi sein, so hat er seinen Einfluß auf geistliche Dinge zu beschränken. Weltliche Macht des Papstes und seiner Kardinäle ist den Rechten und dem religiösen Leben der Nationen nur schädlich. Darum

---

Lechler imagines that he finds here some support for his theory that Edward had summoned W. to Parliament. It is evident, from the phrase, whatever may be its exact meaning, that he sustained some special relation to the King."

hat das englische Volk die Bedingungen, unter denen König Jo=
hann sich zu dem Tribute verpflichtete, nie anerkannt. Wohl, die
Summe sei vom Könige je und je bezahlt worden; geschah dies
zum Zwecke persönlicher Absolutionen oder der Aufhebung des
Interdikts, das auf England gelegen, so habe das Haupt der
Christenheit sich der Simonie schuldig gemacht. Wenn Se. Hei=
ligkeit das Eigentum des Landes als das seinige ansehe, so könne
er über dasselbe doch nicht ohne entsprechende Entschädigung ver=
fügen. Die reichen und weiten Latifundien Englands dürften für
die winzige Summe von 700 Mark nicht aufgegeben werden.
Habe der Papst erst das Recht, die Güter des Staates einzu=
ziehen, so könne er überhaupt über sie verfügen. Das aber sei
nicht Recht, sondern Anmaßung.

Diese Sprache ließ an Deutlichkeit nichts zu wünschen übrig.
In Avignon hatte man dafür so empfindliche Ohren, daß die
Kurie von da an die Forderung nie wieder im Ernst geltend
machte. In England aber waren mit einemmale die Blicke aller
Patrioten auf den furchtlosen Mann gelenkt worden, der aus dem
Orforder Lehrsaal seine mächtige Stimme erhob und seinen Geg=
nern seine einschneidenden, aber von warmem religiösen Empfinden
getragenen Argumente entgegenwarf. Die Studentenschaft und das
Volk pries den patriotischen Namen, die Minister Eduards, die
gegen denselben Feind standen, zogen den geschickten Wortführer
an sich heran, und dadurch, daß der König selbst dem scharfsinnigen
Doktor, der auf die Beziehungen zwischen Staat und Kirche ganz
neue Lichter warf, seine Gunst zuwandte [1]), gewann er selbst wach=
senden Einfluß bei den staatlichen Gewalten, sein Angriff auf den
Papst aber eine volkstümliche Folie. Mit König, Hof und Re=
gierung verknüpften ihn immer enger die Bande gemeinsamer
Interessen.

Mit der zähen Kraft des Nordländers hatte er die nationale
Sache ergriffen. Er hatte den Gedanken und den Strebungen, welche
die Herzen vieler bewegten, das rechte Wort gegeben. Rasch trugen
die von ihm vorgetragenen Ideen Früchte: in sicherem Schritte

---

1) 1368 verlieh er ihm Ludgershall, bald darauf Lutterworth und die
Pfründe Auft; vgl. oben, S. 115.

bewegen sich die politischen Maßnahmen der nächsten Jahre auf
den Bahnen der Wiclifschen Gedanken vorwärts.

Der Friede von Bretigny (1360) war eine neue Quelle des
Kampfes geworden. Noch ehe der glänzende und grausame Feld=
zug des Schwarzen Prinzen nach dem aufrührerischen Kastilien
an diese Blume der Ritterschaft den Todeskeim gesetzt, brach in
den England unterworfenen Provinzen die Flamme des Aufstandes
aus, eine Feste nach der andern fiel, ganz Frankreich, von neuem
in Waffen, drohte, in Aquitanien kochte der Unwillen gegen den
fremden und grausamen Eroberer, der Staatssäckel war leer, das
Volk durch drückende Steuerlasten ausgesogen; dennoch verlangte
der wieder aufflammende Krieg neue, größere Opfer. Im Februar
1371 war das Parlament zusammengetreten, um Eduard die er=
betenen 50000 Mark Silber zu verschaffen. Da brach die Er=
bitterung los. Ein Antrag wurde gestellt, daß die bisher von
den Kriegssteuern eximierte Kirche angesichts der Gefahr des Vater=
landes diesmal heranzuziehen sei und einen Teil der Steuern aus
ihren eigenen Mitteln aufzubringen habe. Das waren alles Ideeen,
die mit der Determinatio Wiclifs vom Jahre 1366 in Zusammen=
hang standen: daß die Staatsgewalt berechtigt sei, die Kirche zu
Leistungen heranzuziehen, ja im gegebenen Falle sogar das Kirchen=
gut einziehen dürfe. In einem Aufsatze, in dem er eine von
einem Benediktinermönch in dieser Angelegenheit gehaltene Pre=
digt [1]) beantwortete, weist er darauf hin, daß das Wohl des
Vaterlandes das höchste Interesse sei; die Güter der Geistlichkeit
gehören dem Lande, sie seien allen gemein und in Fällen der Not
von der Regierung einzuziehen [2]).

In diesem Momente waren die Augen des ganzen Landes
auf die Kirche gerichtet. König und Parlament betrieben energisch
die Forderung. Erst sträubten sich die Prälaten mit Berufung

---

1) Shirley, Fascic. Ziz. XXI, n. 1.
2) De dominio civili II, cap. 1. Cod. 1339, fol. 153. Die Stelle bei
Shirley, Fascic. Ziz. XXI.

auf ihre Immunitäten [1]). Aber der König drohte mit Gewalt. So gaben sie nach und übernahmen einen wesentlichen Teil der Steuer [2]). —

Das war der erste Schlag, den die Volksvertretung gegen die exempte Stellung der Geistlichkeit führte. Ein zweiter folgte in demselben Parlamente kurz darauf. An die Spitze der antikleri= kalen Bewegung stellte sich Johann von Gent, Herzog von Lan= caster. Von den niederen Leidenschaften des Ehrgeizes und der Selbstsucht bewegt, suchte dieser begabte und willenskräftige Mann, der den hochmütigen Ansprüchen der Kurie ebenso feind war wie dem wachsenden politischen Übergewicht des Klerus in England, die volkstümlichen Kräfte seinen Zwecken dienstbar zu machen. Der Vorschlag, die Geistlichkeit von den hohen Staatsämtern aus= zuschließen und sie durch Laien zu ersetzen, begegnete seinen Wün= schen. Durch die Vermittelung der Alice Perrers und des Herzogs, den persönliche Erbitterung gegen William von Wykeham, das Haupt der geistlichen Partei, trieb [3]), fand die Bitte der Gemeinen die

---

1) Gegen ihren Widerspruch erhob sich ein Lord mit jenem vielgenannten Gleichnis, dessen Kenntnis wir allein Wiclif verdanken. Einst versammelten sich alle Vögel, unter ihnen eine Eule, die ohne Federn war. Matt und vor Frost zitternd bat sie die anderen um Federn. Mitleidig erfüllten ihr diese die Bitte, bis sie mit fremden Federn unschön überladen war. Da er= schien ein Habicht; um seinem Angriffe durch die Flucht zu entgehen, ver= langten die Vögel von der Eule die Federn zurück. Aber sie weigerte sich. Nun riß jeder Vogel mit Gewalt die seinigen wieder an sich, und sie entgingen der Gefahr. Die entfiederte Eule aber war jämmerlicher als zuvor. — So müssen auch wir, sagte der Lord, wenn Krieg gegen uns ausbricht, die welt= lichen Güter, die dem Reiche gehören, von den geistlichen Herren nehmen und unser Vaterland mit unsern eignen Mitteln weise verteidigen; vgl. De dom. civ a. a. O.

2) Auch von den kleinsten Pfarrstellen, die bisher nie gezählt, wurde der Zehnte erzwungen, Fasc. Ziz. XX.

3) Der Mönch von Evesham (Anglia Sacra I. 318; Archaeolog. XXII, 245) erzählt die kaum glaubliche Geschichte, daß die Königin Philippa auf ihrem Sterbebette Wykeham bekannt habe, Johann von Gent sei nicht ihr echter Sohn, sondern für ihre eigene Tochter gleich nach der Geburt aus= gewechselt worden. Dies Geheimnis habe Wykeham dem Könige in seiner letzten Krankheit mitgeteilt, und von diesem habe Lancaster es erfahren. Vgl. hierzu Shirley, Fascic. Ziz. XXV, Anm. 1.

königliche Zustimmung. Der hochbegabte Wykeham, der dem Ka=
binette als Kanzler vorstand, legte sein Amt in die Hände Sir
Robert Thorpes nieder, der Bischof von Exeter verließ das Schatz=
amt, die anderen geistlichen Herren folgten. Im Februar 1372
finden wir in der Mitgliederliste des Kabinetts keinen einzigen
geistlichen Namen [1]). Weder vonseiten des Königs, noch des Par=
laments lag diesem politischen Revirement eine persönliche Er=
bitterung zugrunde. Der Antrag des Hauses ging von sachlichen
Erwägungen aus, er richtete sich gegen das Prinzip, nicht gegen
die Personen. Das Land wollte die Ministerverantwortlichkeit
und aus der Bevormundung der Avignonenser Kurie heraus [2]).

Die Motive, welche dieser Bewegung zugrunde liegen, weisen
einen idellen Zusammenhang mit Wiclifischen Gedanken nach.
Man hat aus seiner (wahrscheinlich erst 2 Jahre später erfolgten)
Bekanntschaft mit Johann von Lancaster wohl mit Unrecht auf eine
direkte Beeinflussung des Parlamentsbeschlusses gefolgert. Die
Gedankenreihen indessen, aus denen der letztere hervorgegangen war,
finden wir wiederholt in Schriften Wiclifs aus dieser Zeit. Prä=
laten und begüterte Geistliche, sagt er in einem Traktate [3]), seien
im Herzen so sehr von weltlichen Dingen und Geschäften in An=
spruch genommen, daß sie darüber ihre seelsorgerlichen Pflichten
nicht nur an anderen, sondern auch an sich selbst vergäßen. Sie

---

1) Einen bleibenden Erfolg hatte die Maßregel nicht. Die weltlichen
Herren hatten nach kurzer Zeit „abgewirtschaftet". Schon nach 5 Jahren
war unter desselben Lancasters Einfluß, der jetzt die antiklerikale Partei
führte, der Bischof von St. Davids mit dem Amte eines Kanzlers betraut.
Erst in der Mitte des 16. Jahrhunderts wurde dem Herkommen ein Ende
gemacht, in der Person des Bischofs Williams von Lincoln, welcher der letzte
geistliche Kanzler Englands war.

2) Der Antrag der Grafen 2c. lautete nach Rot. Parl. 54. Edw. III,
m. 2. 15: „As the government of the Kingdom had long been carried
on by men of the Holy Church, who are not justiceable in all cases
from which great mischiefs and damages have come in times past and
more may happen in times to come, laymen being able and sufficient,
none others should be made Chancellors, Barons to the Exchequer, or ap-
pointed to other great offices of the State for the future."

3) „For thre skills lordis schulden constreyne clerkis to lyve in
mekenesse", Cod. Trin. Dublin C. III. 12.

würden selbst nicht nur weltlich gesinnt, sondern auch ungeschickt, die Verweltlichung an anderen zu tadeln, da sie sich, obgleich Diener der Kirche, doch zu den Würden von reichen Lords, Mit= gliedern der Chancery, der Common= und Kings= Bench and Exche= quer, zu Richtern und Beisitzern, Räten und Anwälten berufen ließen [1]). —

An einer anderen Stelle bezieht er sich geradezu auf Wilhelm von Wykeham, auf sein Amt im königlichen Haushalt und seine bauliche Thätigkeit am Schlosse von Windsor. Geistliche Ämter, sagt er, werden nicht mehr auf arme Pfarrer übertragen, sondern auf Männer, die in der Küche zu thun haben und die geschickt sind, Schlösser zu bauen und wohlbewandert in weltlichen Ge= schäften [2]). —

Von den Wirkungen des in diesen Maßregeln sich kundgeben= den nationalen Widerstandes schien das Haupt der Kirche aber unberührt zu bleiben. Von Geldnöten gedrängt und in ihren Mitteln nicht wählerisch fuhr die Kurie in Avignon fort, die Hilfs= mittel des Landes in weiteren Anspruch zu nehmen. Im Februar 1372 erschien, mit weitgehenden päpstlichen [3]) Vollmachten ver= sehen, ein Franzose, Arnold von Garnier, Domherr von Chalons, als päpstlicher Agent im südlichen England, um die Gefälle der apostolischen Kammer einzuziehen. Zweiundeinhalbes Jahr reiste der Mann mit Dienerschaft und 6 Pferden umher und legte seine begierige Hand auf die Taschen der englischen Schäflein Christi. Die Genehmigung der Krone zum Eintreiben der Abgaben hatte

---

1) Noch frappanter sind die Sätze Wiclifs, welche Purvey, einer seiner Schüler, uns aufbewahrt hat in einem noch nicht gedruckten MS. Brit. Mus. Cotton, Titus D., Blatt 1, S. 2: „neither prelatis neither nane othe dottoure and preestis neither dekenis schulden han secular officis and channcerie, tresorie, privy-seal and other siche secular officis in the checkir; neither be stiwardis of lordis, ne stiwardis of halle, ne clerkis of kitchene, ne clerkis of accountis, neithir ben ocupied in ony seculer office in lordis courtis, most whil seculer men ben sufficient to do such seculer officis. This sentence is prenid (taken) by holi writ in the XXI cap. of Luk, where crist seith thus: Take ye hede to yoursilf etc."

2) Longman, Life & Times of Edw. III., II, 183. Vaughan, Life I, 314; Hook, Lives of Archbish. IV, 231—233.

3) Seit 1370 war Gregor XI. Papst.

er erst erlangt, nachdem er am 13. Februar im Königlichen Palast zu Westminster vor sämtlichen Räten und Würdenträgern
einen förmlichen und feierlichen Eid abgelegt hatte, daß er in keiner
Weise gegen die Rechte und Interessen der Krone und des Landes
vorgehen werde [1]). Dieser Eid war mit leichtem Herzen geschworen
worden. Garnier hätte sich selbst sagen müssen, daß er nicht imstande war, seinem Schwure und den Interessen des Königreichs
gerecht zu werden, wenn er in dem von auswärtigen Feinden be-
drängten Lande große Geldsummen aufbrachte.

Auch in diesem Falle war es Wiclif, der sich gegen den thatsächlich vollzogenen Eidbruch wandte und die Schalen seines Zornes
über diesen Tetzel des 14. Jahrhunderts ausgoß. In dem politischen Flugblatt, das von ihm in dieser Sache ausging, empfinden
wir die bebende Glut seiner grollenden Seele mit, je weiter wir
lesen. Er kehrt hier Gesichtspunkte hervor, die in dem patriotischen Vertreter des vaterländischen Rechtes den kirchlichen Reformator bereits ahnen lassen. Der Papst, heißt es an einem Höhepunkt der Rede, kann allerdings sündigen [2]). Keineswegs sei das,
was er verfüge, eben darum, weil es von ihm ausgehe, recht und
gesetzlich. Er sei dazu gesetzt, ein Nachfolger des Herrn in christlichen Tugenden, Demut und Nächstenliebe zu sein, und die Gebote der heiligen Schrift, welche für alle unsere besten und ewigen
Interessen alleinige Führerin sein müsse, zu erfüllen. — Wir sehen
es, unmerklich bereitet sich der Übergang von dem politischen auf
das Lehrgebiet vor. In der tieferen Begründung seiner Klage
auf das „Gesetz Gottes", wie er nachher die Bibel so gern
nannte, werden seinem Widerspruche gegen das Oberhaupt der
Kirche neue und bleibende Kräfte zugeführt. Die unvergängliche
Grundlage alles Rechtes, der sittliche Maßstab für die Beurteilung auch der äußeren Angelegenheiten ist — in dieser Richtung
schreitet seine Erkenntnis weiter — das Evangelium Gottes. Der
nationalen Wiedergeburt muß die kirchliche folgen. Schon in
diesen Jahren [3]) bereiten sich in Oxford die Anfänge jenes großen

---

1) Vgl. Wiclifs Flugblatt über den Eid bei Lechler II, Anh., S. 575 ff.
2) „Cum dominus papa sit satis peccabilis."
3) Die Denkschrift ist wahrscheinlich aus dem Jahre 1377.

Werkes vor, das seinen Namen seiner Nation unvergeßlich ge=
macht hat.

Während er in seiner Lehrthätigkeit innerhalb der Schule sich
wachsender Erfolge erfreute, und seine Popularität infolge seiner
politischen Haltung zunahm, zogen nun auch die staatlichen Ge=
walthaber den geschickten und furchtlosen Mann näher an sich
heran. Am 26. Juli 1374 wurde Wiclif zum Mitglied einer
königlichen Gesandtschaft ernannt, welche in der flandrischen
Stadt Brügge, dem Emporium des damaligen Welthandels, mit
den Gesandten Gregors XI. über die Abstellung der Mißbräuche
unterhandeln sollte, die seit Jahrzehnten den Gegenstand immer
wiederholter Beschwerden bildeten. Diese Mission zeigt uns Wiclif
auf dem Höhepunkte seiner kirchenpolitischen Thätigkeit. Wie sie
einerseits seine politischen Bestrebungen zu einem gewissen (äußer=
lichen) Abschlusse bringt, so ist sie auch für seine innere reforma=
torische Entwicklung nicht ohne Wirkung geblieben.

Frühere, in die Länge gezogene Unterhandlungen sollten auf
des Königs Wunsch in Brügge zu Ende gebracht werden. Dort
führten der Herzog von Lancaster und der Bischof Sudbury von
London mit französischen Unterhändlern politische Friedensverhand=
lungen. Eine Spezialkommission, welche die kirchlichen Streitfragen
mit päpstlichen Kommissaren zu schlichten versuchen sollte [1]), stand unter
Führung des Bischofs Gilbert von Bangor; die zweite Stelle
nahm „Johann von Wiclif, Doktor der Theologie“ ein [2]). Am
27. Juli 1374 schiffte sich dieser im Londoner Hafen ein und
langte anfangs August in Brügge an [3]). Die Bemühungen beider
Kommissionen haben nicht zu einer Wiederherstellung des Friedens,
weder des kirchlichen noch des politischen, geführt. Die Verhand=
lungen wurden in die Länge gezogen und dann aufgegeben [4]).

---

1) Ihr Auftrag ging dahin, „die Erhaltung der englischen Königs= und
Landesrechte sicherzustellen“, vgl. Rymer, Foed. III, 141 (47. Edw. III.).

2) Die übrigen Mitglieder Rymer, Foed. III, 141 (47. Edw. III.)

3) Das Nähere vgl. Zeitschr. f. hist. Theol. a. a. O., S. 515 ff.

4) Es scheinen heftige Kämpfe in den Kommissionen stattgefunden zu

Die französischen Unterhändler, diejenigen der Krone sowohl wie der Kurie, waren den englischen überlegen. Die Engländer „hatten sich übers Ohr hauen" lassen [1]). Wie in früheren Fällen machte der Papst nur scheinbare Zugeständnisse. Geschehenes Unrecht, unrechtmäßige Eingriffe seines Vorgängers Urbans V. gab er zu, seinerseits aber ließ er sich zu keinem Versprechen herbei. Durch diplomatische Winkelzüge und zaudernde Haltung nahm er wieder, was er gegeben zu haben schien. Kaum hatten die Agenten ihre Heimat erreicht, als Gregor XI. seine alten Praktiken wieder aufnahm und mit den englischen Pfründen geradeso verfuhr, als ob seine Praxis niemals angefochten worden sei [2]). Die zweideutige Haltung, die der König selbst in der Sache annahm, und der nicht selbstlose Diensteifer des Führers der Gesandtschaft erschwerten den Widerstand der Engländer. Wiclif kehrte schon nach sechs Wochen nach England zurück.

In anderer Beziehung indessen wurde der Aufenthalt in Brügge von hoher Bedeutung für seine innere Entwickelung. Für ihn, der in seinem Leben an den Sitz des Papsttums nicht kam, weder nach Rom, noch nach Avignon, bezeichnet Brügge eine ähnliche Entwicklungsstufe wie für Luther die Reise nach Rom. Hier durfte er in das innere Gewebe der Kräfte schauen, welche die damalige Welt umspannen und regierten. In ihren Vertretern lernte er das ungeistliche Wesen, die Käuflichkeit und sittliche Verderbtheit, das hochfahrende Auftreten und die heimtückische Diplomatie der Kurie in einer Sache, die ihn fast persönlich berührte, kennen. Mit größerer Sicherheit als von seiner Oxforder Studierstube aus konnte er sich hier einen Einblick in den Charakter und die Ziele

---

haben. Schon am 14. September ging Wiclif nach England zurück, die anderen Agenten verhandelten bis tief ins nächste Jahr (1. Sept. 1375). Zwölf Tage später erhielt Bangor ein reiches Bistum vom Papste, Wiclif im November 1375 die Pfründe Auft vom Könige.

1) Walsingham I, 317—318.

2) Charakteristisch genug wurde der Führer der geistlichen Gesandtschaft, der Bischof von Bangor, auf dem Wege der eben bekämpften Provision am 12. September 1375 mit dem reichen Bistum Hereford und 1389 gleichfalls durch Provision mit St. Davids belehnt.

der Macht verschaffen, welche sich zur geistlichen Herrin der Welt aufgeworfen.

Nicht minder bedeutsam für Wiclif wurde sein Aufenthalt in Flandern durch das Verhältnis, in welches er zu Brügge zu dem Führer der Gesandtschaft, Johann von Gent, Herzog von Lancaster[1]) trat. Dieser thatkräftige Mann hatte, je mehr die Zügel der Herrschaft den kraftlosen Händen seines Vaters entfielen, und eine tödliche Krankheit den Thronfolger in die Unthätigkeit des Krankenzimmers verbannte, maßgebenden Einfluß auf die Regierung gewonnen. Seit 1374 ruhte die Leitung der Geschäfte in seiner Hand. Selbst von Flandern aus reichte sein Einfluß auf den König und in die Verwaltung des Landes[2]). Seine staatsmännischen Ziele hatten ihn auf die Seite des aufstrebenden Laientums geführt. Den Angriffen der Parlamente auf Papst und Klerus stand er nicht fern. Durch seinen Beifall ermutigte er jede gegen die Prälatur gerichtete Maßregel, um den Einfluß der Hierarchie auf die politische Verwaltung zu brechen. —

Jetzt sah der mächtige Prinz, der von andern — selbstsüchtigen — Interessen aus den Kampf Wiclifs zu dem seinigen machte, in dem gelehrten und entschiedenen Verteidiger der Volksrechte einen furchtlosen Mut und Scharfsinn auf seine Seite gestellt. Er selbst hatte die Hinzuziehung des Orforder Professors zu der Gesandtschaft veranlaßt[3]). Wir werden weiter unten sehen, in welch thatkräftiger Weise sich der Prinz bald nach dem brüggeschen Aufenthalte Wiclifs annahm.

---

1) Er war der Sohn Eduards III. und der Königin Philippa, in Gent geboren, daher sein Name. Zuerst Graf von Richmond gelangte er durch Heirat in den Besitz des Herzogtums Lancaster; seit 1372 zum zweitenmale mit Konstanze von Kastilien vermählt, nannte er sich „König von Kastilien". Er wurde der Stammvater des Hauses Lancaster (der Roten Rose) durch die Könige Heinrich IV., V. und VI., seinen Sohn, Enkel und Urenkel, die von 1399—1472 den Thron Englands inne hatten.

2) Lechler I, 350.

3) Pauli, 488.

In dem Parlamente, welches im Jahre 1376 zusammentrat, spiegelt sich die Stimmung des Landes über die mißlungenen Verhandlungen wieder. Alle Fragen der inneren Politik liefen in diesem „Guten Parlamente" wie in einem Brennpunkte zusammen. Eine endgültige Scheidung der Parteien vollzog sich. In die politische Lage kam Klarheit. Ein reformatorischer Geist durchwehte die Verhandlungen, sittliche Impulse beherrschten die Diskussion. Es traf sich schön, daß die Gemeinen durch die Verwirklichung kirchlicher Reformen das Jubeljahr Eduards III., der nun 50 Jahre lang das Land durch alle Wechselfälle des Krieges und Friedens geführt, glaubten feiern zu sollen. Mit ihrem Sprecher, Sir Peter de la Mare an der Spitze, erhoben sie eine Reihe von Beschwerden über die weltliche und geistliche Mißregierung des Landes. Im Vordergrund der Klagen standen die kirchlichen Mißstände: nach wie vor würden dem Lande durch gute und schlechte Mittel Unsummen von Geld entzogen, fremde Personen auf die reichsten Pfründen gesetzt, der Gottesdienst vernachlässigt und die Würde der Kirche herabgezogen. Nicht zum Scheren, sondern zum Weiden habe Gott die englischen Schafe dem Papste anvertraut. Der französische Agent des Papstes spioniere noch im Lande umher und sende trotz der ungeheuren Kosten, die er dem Lande durch sein prunkhaftes Auftreten verursache, immer noch 20000 Mark nach Avignon. Die (französische) Spionage werde, namentlich an den englischen Südküsten, ermutigt. Aus Gier nach der ersten Jahreseinnahme aller erledigten Pfründen lasse der Papst bei eintretender Sedisvakanz vier bis fünf Bischöfe von einem Sitze zum andern wandern [1]); einer Reihe von Klöstern habe er das Recht, ihre Vorsteher zu wählen, genommen. Dieser rechtlose Zustand sei unerträglich. Es müsse Abhilfe geschafft werden. Auch die Ehre der heiligen Kirche erfordere dies, da Ungerechtigkeit im Schwange gehe, und die Strafe des Himmels bereits in den schweren Kriegsfällen auf das Land herabfalle [2]).

Daß diese Sätze von Wiclif mittelbar oder unmittelbar beein-

---

1) Lechler I, 356 führt einen Fall an, wo 1374 infolge des Todes des englischen Primas von 4 reichen Pfründen die first fruits flüssig wurden.

2) Fox, Acts II, 786 ff. giebt einen ausführlichen Bericht.

flußt sind, kann keinem Zweifel unterliegen. Denn nicht nur, daß die Entrüstung über den päpstlichen Geldagenten [1]) in auffälliger Weise hervortritt, auch der hervorgehobene Kausalnexus zwischen den harten Unglücksschlägen und dem Niedergang der Sitten und der Zulassung der göttlichen Strafen ist ein Lieblingsgedanke Wiclifs. Welches aber auch sein Anteil an den Verhandlungen gewesen sein mag, die politischen Strömungen, welche das Gute Parlament beherrschten, mußten ihn in einen heftigen Widerstreit der Empfindungen ziehen. Grade gegen Lancaster, der nach der Regierungsgewalt strebte, richteten sich die politischen Maßnahmen der beiden Häuser. Mit ihm aber und den Gemeinen hatte Wiclif in den früheren Parlamenten Front gemacht gegen die lange Reihe der päpstlichen Übergriffe. Jetzt stand sein Gönner in schärfstem Gegensatz seinen alten Freunden gegenüber, die unter dem Einfluß des kranken, um die Thronfolge seines Sohnes besorgten Schwarzen Prinzen mit der Geistlichkeit sich zu einer Koalition gegen Lancaster verbunden hatten. Mit dem Parlament teilte er den Kampf wider den Papst, aber eben dieser Kampf trennte ihn von der wieder in die Regierungsgewalt gelangten Klerisei, auf deren Seite die Gemeinen sich jetzt (gegen Lancaster) erhoben. An die Gemeinen endlich fesselte ihn sein Wunsch nach staatlichen Reformen, an Lancaster sein kirchliches Interesse [2]).

---

1) Es ist zweifellos der oben (S. 131) genannte Garnier.

2) Auch die politischen Maßnahmen des Parlaments sind charakteristisch für die verwirrte Lage. Die Gemeinen zürnten über die Mißregierung des Landes und die Gewaltthätigkeiten des Herzogs. Der Schwarze Prinz fürchtete für seinen Sohn, Wykeham konnte seine und seiner Freunde Verdrängung aus dem Geheimen Rate (1371) nicht vergessen: jetzt standen alle gegen Lancaster zusammen, vertrieben dessen Günstlinge, die Lords Latimer, Lyons und Nevil, aus dem Staatsrat, Alice Perrers vom Hofe und brachten die staatlichen Reformen in Fluß. Da kam durch den am 8. Juni 1376 erfolgenden Tod des Prinzen von Wales eine Stockung in den günstigen Verlauf der Sache. Die Haltung der siegreichen Partei wurde schwankend, aber die begeisterte Liebe zu dem toten Thronfolger und seinem Sohne und das entschlossene Vorgehen des Erzbischofs Sudbury stellte die Lage wieder her. Lancasters gefährlicher Vorschlag, die Frage der endgültigen Thronfolge erst nach dem Tode des jungen Richard, des Sohnes des Schwarzen Prinzen, zu erledigen, wurde abgelehnt, und als Sudbury schon am 25. Juni den jungen

Bei ihm traten die niedrigen Motive der Lancasterschen Par=
tei, die auf die Beraubung der Kirche abzielten, in die höhere
Sphäre eines selbstlosen Kampfes für die Idealgestalt der Kirche.
Je tiefer die Avignonenser Schatten und Schäden vor seiner Seele
sich erhoben, um so klarer erkannte er, daß die ideale, die biblische
Kirche arm und machtlos in den Dingen dieser Welt, aber reich an
geistlichen Gütern sein müsse. In der Befreiung von den Gefahren,
welche jeder weltliche Besitz im Gefolge hat, sah er nicht nur das
Heilmittel für die kirchlichen Gebrechen, sondern auch eine wirk=
same Bekämpfung der nationalen Bedrängnisse, welche in den fort=
dauernden Kriegsnöten an die Leistungsfähigkeit des Landes immer
höhere Ansprüche stellten. Die seit Jahren von ihm entwickelte
Idee von Kirche und Staat hatte ihn dazu geführt, unter Hin=
weis auf Christi Wort und das Leben der Apostel den weltlichen
Besitz des höheren wie niederen Klerus anzufechten [1]) und seine
Verwendung für nationale Zwecke zu fordern. Als aber diese
Lehre die Schwelle des Oxforder Lehrsaals überschritt und

Prinzen mit den Worten: In diesem Knaben seht Ihr das wahre Ebenbild
und den allein berechtigten Erben des Vaters; qu' est son droit ymage ou
verroie figure . . . luy quel estoit verroi heir apparent del Roialme par
manere come son noble pere estoit, Rot. Parl. II, 330, dem Parlamente
vorstellte, jubelten die Gemeinen ihm begeistert zu und erkannten ihn als
alleinigen und rechten Thronerben „gegen Lancasters Widerstand an", vgl.
Rymer 1065, am 20. November 1377.

1) Auf diesen Gedanken kommt er in den verschiedensten Verbindungen
zurück. Ich füge hier einige noch unbekannte Belegstellen an: Cod. 1338,
fol. 109 d.: „sicut Cristus et apostoli vixerunt parce de elemosinis, quas seculares eis pro suo ministerio tribuebant, sic vixerunt clerici in ecclesia
primitiva et post — non dico sine peccato — fuerunt oblaciones et de-
cime clericis limitate." 109 c: „declaravi, quod nullus de clero Cristi
debet civiliter (seculariter) dominari." 110 a: „generaliter ex lege dei
observari debet honesta paupertas clericorum." 110 c: „clerici debent de
paucis elemosinis subductis dominiis contentari." 112 c: „possessionatis
denuncio, quod temptantur a mundo, carne vel diabolo . . . quia domi-
nante in eis humilitate perfecte expellente superbiam descrerent secularem
titulum ad mundi divicias instar Cristi, quia habicio in illis impediret
contemplacionem et induceret sollicitudinem temporalium." — Cod. 3929,
fol. 223 a: „nulli plus spoliant tenentes pauperes quam faciunt tales
prelati, qui de lege domini forent pauperrimi."

ihre rein akademische Bedeutung verlor, erhob sich die geistliche
Partei gegen den Revolutionär, der Namen, Wort und Feder
einer Partei lieh, welche wie Wiclif jene Forderung erhob, um
die Kirche zu vernichten, während er selbst in ihrer evange=
lischen Armut das Mittel erblickte, sie zu erbauen und aus den
Niederungen ihrer weltlichen Interessen auf die Höhe ihrer idealen
Aufgabe zu erheben.

An die Spitze der Prälaten trat der Bischof Wilhelm Courtenay
von London [1]), der bereits in der Wykehamschen Angelegenheit durch
sein thatkräftiges Vorgehen den milden Erzbischof Simon von Sud=
bury zur Seite gedrängt und gegen den Widerstand des Königs und
des Herzogs von Lancaster Wykehams Zurückberufung in die Konvoka=
tion durchgesetzt hatte. Auf sein Betreiben lud die am 3. Febr. zusam=
mengetretene Konvokation den Schützling Lancasters vor ihr Gericht.

Wir besitzen keine sicheren Nachrichten darüber, welche Sätze
Wiclifs den Gegenstand des Verhörs bilden sollten. Nur aus der
oben (Seite 125) erwähnten Äußerung des Bischofs von Rochester,
mag sie im Parlamente von 1376 oder 1377 gefallen sein, dürfen
wir schließen, daß die nachher — am 22. Mai 1377 — von
Gregor XI. verdammten Sätze [2]) zur Verhandlung gestellt werden
sollten. Sie wurden als Anhang der Bulle beigegeben, welche
der Papst an die gemeinsame Adresse des Erzbischofs von Canter=
bury und des Bischofs von London sandte. Schon an dieser
Stelle müssen wir kurz auf sie eingehen. Sie sind von Wic=
lifs Anklägern nicht streng geordnet. Nicht absichtslos stehen an
der Spitze die sozialpolitischen Sätze Wiclifs, welche ihren Ur=
heber bei den Staatsmännern und besitzenden Klassen als Re=
volutionär zu verdächtigen bestimmt waren. Wir sehen bei
näherer Untersuchung, daß es ihrem Hauptteile nach national=
ökonomische Fragen sind, während die kleinere Hälfte die Grenz=
gebiete der kirchlichen Lehre und der Politik behandelt. Der Zweck,

---

1) Er war durch seine Urgroßmutter ein Urenkel Eduards I. und jüngerer
Sohn des mächtigen Grafen von Devonshire, den ersten Familien des Landes
nahe verwandt: „vehement and impetuous, with generous inpulses and a
high spirit, popular in his manners and energetic in all he undertook‘‘,
Hook, Lives etc. IV, 320.

2) Sie stehen Wals. I, 353; Vaughan I, 457; vgl. unten, S. 152.

weshalb sie an die Öffentlichkeit und vor die kirchliche Zensur ge=
zogen wurden, springt klar in die Augen: es sollte der Nachweis
geführt werden, daß die Gesellschaft durch die radikalen Lehren
Wiclifs bedroht sei. — Andere Erwägungen traten hinzu. In
dem erst vor kurzem zugänglich gewordenen Chronicon Angliae
nennt der Mönch von St. Albans, der die Vorgänge dieses Jahres
bespricht, Wiclif einen falschen Theologen, aber einen wahren Wider=
sacher Gottes, der seinen Namen Johannes mit Unrecht führe, denn
Johannes heiße „Gottes Gnade“, er aber habe Gottes Gnade
längst von sich gestoßen. Der Chronist fährt fort, daß Wiclif „das
Recht des Papstes zu exkommunizieren verwerfe und
daß kein weltlicher Herr der Kirche ewige Schenkungen
machen könne“ [1]. Diese Lehren mußten aber um so gefährlicher
wirken, als Wiclif sie nicht nur in Oxford verteidigte, sondern
auch „unter großem Erfolge“ auf den Kanzeln Londons ver=
kündigte. „Viele große Herren des Landes nahmen seine wahn=
sinnigen Lehren an, bestärkten ihn in seinen Versuchen, das Schwert
des heiligen Petrus abzustumpfen, und beschützten ihn mit ihren
Armen gegen eben dieses Schwert. Viele Bürger Londons zog
er sich nach in den grundlosen Schlund des Irrtums; denn er
war ein beredter Mann . . . und wanderte von Kirche zu Kirche
und streute seine unsinnigen Lügen in vieler Ohren [2].“ Es han=
delte sich hiernach bei dem Vorgehen der Prälaten nicht allein um
die sozialpolitischen Theorien des Universitätsprofessors, auch nicht
in erster Linie um die Unterstützung, welche Wiclif in früheren
Parlamenten dem Könige hatte zuteil werden lassen, sondern um
die thatsächlichen Gefahren, welche die Verkündigung grundstürzender
gesellschaftlicher und kirchlicher Irrtümer von den Kanzeln der
Hauptstadt im Gefolge zu haben schien.

Den Theorien über die Ansprüche des Papstes auf das Na=
tionalvermögen, welche er auf dem sechsundsechziger Parlamente
schon in ihren Grundzügen aufgestellt hatte, hatte er jetzt eine
breitere philosophische Grundlage gegeben [3]. Die Eigentumsfrage,

---

1) Chronicon Angliae ed. by M. Thompson, S. 116.
2) Chron. Angl., S. 116.
3) In der Schrift De dominio div., die seine Summa Theologiae einleitet
und den Übergang vom philosophischen zum theologischen Stubium bildet.

die wir immer im Zusammenhang mit der mittelalterlichen Entwickelung des Lehnsrechtes zu verstehen haben, war die brennende Frage der Zeit [1]). Sie griff in alle Verhältnisse ein, und in tausendfacher Ab= wechselung wiederkehrend mußte sie naturgemäß jeden, der politische, auf die Besserung der Lage gerichtete Interessen hegte, mit einem gewissen Reize anziehen. Das Verhältnis des Papsttums zur staatlichen Gewalt, seine seit Innocenz III. mit Erfolg durch= geführten, von Bonifacius VIII. gegen Philipp von Frankreich und von Klemens VI. gegen Ludwig von Bayern erfolglos er= neuerten Ansprüche auf die Oberherrschaft über den Staat verliehen dieser Frage eine natürliche Schärfe. Die weltliche Gewalt, hatten Occam und Marsiglius von Padua behauptet, steht nicht in der Gabe des Papstes, sondern Gott ist der oberste Herr aller Herr= schaft, der geistlichen wie weltlichen. Von diesem, hatte in England Fitzralph hinzugefügt, trägt jeder Mensch seinen irdischen Besitz zu Lehen; ihm muß er daher dienen. Läßt er sich in diesem Dienste etwas zu schulden kommen, d. h. übertritt er Gottes Gebot und fällt er in eine Todsünde, so geht er seiner Rechte verlustig [2]). —

Wurden mit diesen (dem Lehnsrecht entnommenen) Sätzen die Schwierigkeiten besiegt, welche päpstliche und königliche Gewalt im 14. Jahrhundert schieden, so mußte die Lehre vom Besitzrecht auch Wiclif, dessen politische Kämpfe gegen Rom gerade auf diese um= strittene Position zurückgingen, in hohem Maaße anziehen. In seiner Schrift De Dominio divino (aus dem Jahre 1367 oder 1368) hatte er sie entwickelt, zugleich freilich unter ausdrücklichem Hinweis darauf, daß er nicht praktische Zwecke im Auge habe, sondern eine ideale Gesellschaftsordnung für seine Argumente voraus=

---

1) Konst. Höfler, Anna von Luxemburg, S. 20.

2) Wir verdanken diese berühmte These Wiclifs Gegner Woodford, der sie in seinen 18 Artikeln gegen Wiclif (Fascic. rer. exp. ed. Brown (London 1690), I, 191 ff.) uns erhalten hat: „pro isto articulo arguit dominus Armachanus primo sic (et concordat cum illo adversarius): Omnis inobediens iustis imperiis domini sui in his, quae contingunt domini sui debitam servitutem, ius perdit omnium pro debito servitio a suo domino impensorum, et in illa forefacit: sed homo recipit dominium a deo praestando sibi debito obsequio: ergo inobediendo iustis imperiis dei mortaliter peccando perdit dominium a deo sibi impensum et forefacit illud.“

setze, denn „in vielen Punkten seien seine Resultate unverträglich
mit dem gegenwärtigen Stande der Gesellschaft" [1]). — Alle
Autorität, sagt er, alle Herrschaft beruht „allein auf Gnade" [2]). Das
Besitzrecht im höchsten Sinne des Wortes hat seine Quelle nicht
im Kaiser, nicht im Papst, sondern allein in Gott [3]), der als
höchster Herrscher des Universums unter diejenigen, die ihm gehorsam sind, den Besitz austeilt. Nur derjenige, der in der gött=
lichen Gnade steht, ist der rechte Herr über die Weltdinge; der
ungehorsame, in einer Todsünde stehende Mensch ist unfähig, die
(Lehns) Gabe Gottes weiter zu verwalten [4]) und geht des Besitz=
rechtes verlustig [5]). — Von einem unbedingten „ewigen Besitze"
kann also für den Menschen nicht die Rede sein.

Diese aus dem Feudalrecht herüber genommenen Vordersätze
auf die thatsächlichen Verhältnisse angewendet ergaben, daß die
geistliche und weltliche Gewalt kein Dominium, sondern ein
Ministerium sei, und daß auch der Geistliche bis hinauf zum
Papste durch Todsünde sein Besitzrecht (vor Gott) verliere.
Denn wurde die Frage gestellt, wem die Beurteilung dieser Sün-
digkeit zukomme, so antwortete Wiclif darauf nur unbestimmt: der
Prädestinierte sündigt nicht zum Tode, wohl aber der Voraus-
gewußte. Da wir selbst aber nicht wissen können, wer in einer
Todsünde steht oder nicht, so ist die Beantwortung der Frage, wer
denn eigentlich der Würdige sei, eine schwierige [6]). Der Papst

---

1) **Shirley**, Fascic. Zic. LXII.

2) „Dominion is founded alone in grace."

3) De dominio divino (wird eben von **Poole** herausgegeben, die Aus=
hängebogen gehen mir von der Oxforder Druckerei zu), vgl. S. 22: „nullus
homo est dominus dati Dei, quia ad dominium requiritur Dei donacio.

4) Vgl. The Ten Comaundementis (bei **Arnold**, S. E. W. III, 88):
„So eche man in his degree is boundoun to serve God. And gif he
wante this service, he is no lord of goodis bi no trewe title. For he that
standith in grace, is verrey lord of thingis; and whoevere failith by defaute
of grace, he failith rigt title of thing that he occupieth, and unablith himsilf
to have the goodis of God. And so curatis of the Chirche stelen the goodis
of God, that comen in bi the roof, and not bi the dore that is Christ, etc."

5) Vgl. auch De dom. div. (Aushängebogen), S. 21—22: „nullum est
civile dominium nisi in iusticia ewangelica sit fundatum, ideo peccans
mortaliter non habet dominium."

6) Vgl. De Apostasia (bei **Arnold**, S. E. W. III, 426): „And so

freilich, der nicht einmal über seinen eigenen Gnadenstand in Klar=
heit ist, vermag diese Frage nicht zu beantworten, weil er den
Ratschluß Gottes über Seligkeit und Unseligkeit nicht kennt.

Ist darum der einzelne auch nicht berechtigt, dem ungehor=
samen Lehnsmanne oder sündigen Priester sein Eigentum zu nehmen,
so mögen die staatlichen Gewalten, König, Parlament, Konzilien
oder Synoden doch zusehen, ob die Geistlichkeit ihr Ministerium
nicht in ein Dominium verkehrt. Denn die Königsgewalt ist ebenso
heilig und göttlich wie diejenige des Papstes und steht über den welt=
lichen Dingen, selbst über den Temporalien der Kirche mit demselben
Rechte wie die kirchliche Gewalt über den geistlichen. Sie hat das
Recht einzugreifen, um die der Kirche gemachten reichen Stiftungen
ihren wahren Zwecken, dem Besten der Kirche und der Gemeinde,
dienstbar zu machen. —

Diese Theorie vom Besitzrecht ist zu den verschiedensten Zeiten
Wiclif zum Vorwurfe gemacht worden: sie predige die wildeste
Willkür und Gewaltthat, „einen allgemeinen Sturm auf das
Eigentum"[1]. Er selbst hat an zahlreichen Stellen gewarnt vor
Mißbrauch dieser Lehre[2], die im Grunde doch nur den Satz be=

---

if the pope asked me wether I were ordeyned to be saved, or predestynate,
I wolde say that I hoped so, but I wolde not swere hit, ne ferme hit withouten condicioun, thof he grettly punyscht me; ne denye hit, ne doute
hit, wolde I no wey."

1) Die andere hierher gehörige, Wiclif gleichfalls vorgeworfene These lautet
in ihrer paradoxen, mittelalterlichen Form: „Deus debet obedire diabolo".
Auch hier war die ursprüngliche Wahrheit des Gedankens durch Übertreibung
verkehrt worden. Gehorsam ist, sagt er, die Erweisung von Diensten. Da
sich oft Böse und Sünder im thatsächlichen Besitze der Macht befinden,
muß das Gute häufig der Sünde und ihrem Vater, dem Satan, dienen;
(so mußte z. B. Christus selbst dem Satan in Judas Ischarioth dienen).
Es ist aber Gottes Zulassung, daß der Christ denen, die durch göttliche Ge=
bote thatsächlich über ihn gestellt sind, sich unterwerfe. Vgl. Arnold, S. E.
W. III, 437 und Matthew XXXVI—XXXVII.

2) Vgl. die Stellen bei Matthew XXXVII—XXXVIII. Auch die Bösen
empfangen Güter und besitzen sie, vgl. De domin. div. Aushängebogen,
S. 17: „cum ex approbacione divina habet iniustus tam bona naturalia
quam fortune". Aber nicht unsere, des Einzelnen Sache ist es, über ihr
Besitzrecht zu richten. Gott wird mit ihnen zu Gericht gehen.

antwortete, daß der Sabbat um des Menschen willen, nicht der Mensch um des Sabbats willen, der Klerus für die Kirche, nicht die Kirche mit ihrem Gute für den Klerus da sei. Wiclif ver= langte nichts anderes, als daß der Reiche nicht nur Rechte, son= dern auch Pflichten habe, dasselbe, was die Oberbehörde der Kirche jetzt unwidersprochen in den sogenannten Enqueten ihrer Kirchen=, Schul=, Kathedral= und Kloster=Kommissionen, in der Aufhebung von gewissen Abgaben und Lasten, Ablösungen, Zehnten zc. fordert. — Die Anwendung seiner Theorie auf das Verhältnis zwischen Kirche und Staat war, da er selbst zwischen idealen und realen Gesell= schaftszuständen unterschied, von tiefgehenden Folgen nicht begleitet [1]).

Viel bedeutsamer wurde im Verlaufe seiner Reform die Theorie für das Verhältnis der christlichen Persönlichkeit zu Gott. Denn durch diese Lehre war jeder Christ als Inhaber von Besitz in ein un= mittelbares und persönliches Verhältnis zu Gott, wie der Lehns= mann zum Lehnsherren, gesetzt worden. In allen Lebenslagen ging jetzt seine Berufung unmittelbar an den Thron Gottes. Die Lehre vom Besitzrecht eröffnete also dem Christen einen unmittel= baren Zugang zu Gott, den die Reformatoren des 16. Jahr= hunderts durch den rechtfertigenden Glauben gewannen. Aber der Idee von einem zwischen dem Himmel und Menschen vermittelnden Priestertume, auf welcher der Bau der mittelalterlichen Kirche ruhte, wurde nicht nur in sehr wesentlicher Beziehung die Grundlage ent= zogen, sondern der Gläubige überhaupt mit dem Gedanken der Entbehrlichkeit jener priesterlichen Vermittelung vertraut gemacht. —

So gefaßt und beurteilt gewann die Lehre allerdings einen für den inneren Bestand der Kirche äußerst bedrohlichen Charakter und verlangte den energischsten Eingriff derer, die sie anging. —

---

1) G r e e n 447: „so far as the question of Church and State was concerned, the distinction between the ideal and practical view of dominion was of little account.“

Für den 19. Februar 1377 war Wiclif zur Verantwortung vor die Konvokation in die Lady's Chapel der St. Paulskirche geladen. Hier spielte sich eine Szene ab, die nicht ohne dramatische Momente ist.

In vollem bischöflichen Ornate erwartete ihn Courtenay mit seinen Genossen. Unter dem Schutze Lancasters und einer zahlreichen Begleitung von Grafen und reisigen Mannen betrat Wiclif, von Fleet Street her am St. Paulskreuze vorbei, die Vorhalle des Gotteshauses. Eine ungeheuere Menge Londoner erfüllte die Straßen und den Vorplatz der Kirche und hinderte das Vorwärtskommen des Zuges. Schon beim Aufzug des verhaßten Lancaster wurden drohende Stimmen laut. Der Menge war bekannt geworden, daß der Prinz gegen ihren Bischof, der durch geschickte, leutselige Formen rasch ihr Vertrauen gewonnen, Böses im Schilde führe. Mit dem herzoglichen Zuge schlichen zahlreiche Männer in die Kirche. Rasch war diese gefüllt. Als man unter Lärm und Geschrei an die Nebenkapelle gekommen war, machte Graf Heinrich Percy, der Großmarschall des Königreiches, der vom Pferde gesprungen war, dem Manne im schwarzen Gelehrtenmantel, der unter den glänzend geschmückten Gestalten der Grafen und Prälaten den Mittelpunkt bildete, Platz.

Da tritt Courtenay mit erhitztem Gesicht an die in voller Waffenrüstung erschienenen Herren heran. Seine Stimme bebt vor Aufregung.

„Hätte ich gewußt", ruft er dem Grafen Percy zu, „ was Eure Herrlichkeit sich hier in der Kirche für Gewaltthaten herausnehmen würde, Lord Percy, so hätte ich die Pforten der Kirche geschlossen."

Jetzt mischt sich Lancaster in den Wortstreit. „Der Graf", ruft er, „ wird sich herausnehmen, was ihm beliebt, wenn Ihr es ihm auch verwehren wollt."

Nun erzwingen die Herren nachdrängend den Eingang in die Kapelle, und Wiclif steht seinen Klägern gegenüber. Seine Haltung ist stolz und frei. Der Graf Percy tritt ihm, als der Lärm sich ein wenig gelegt, zur Seite und zu ihm gewandt sagt er:

„Wiclif, setze dich, denn auf viele Fragen wirst du noch zu antworten haben, und du bedarfst eines weichen Sitzes."

„Es geziemt sich", ruft bebend vor Wut Courtenay, „daß sich Wiclif vor seinem Ordinarius stehend verantworte. Er soll und muß stehen."

„Lord Percys Aufforderung an Wiclif ist berechtigt, und was Euch, Herr Bischof", sagt drohend Lancaster, „angeht, so seid Ihr stolz und hochmütig geworden. Aber ich sage Euch, ich will Euren und der ganzen englischen Prälatur Hochmut demütigen. Eure Herrschsucht und Euer Pochen auf vornehme Geburt ertrage ich nicht länger."

„Meine Zuversicht", antwortet Courtenay, „steht auf Gott, nicht auf meine Eltern. Er wird mir helfen, daß ich auch Euch die Wahrheit sagen darf."

„Solche Worte will ich aus Eurem Munde nicht mehr hören", und damit streckt Lancaster seinen beschienten Arm in drohender Haltung gegen Courtenay aus, „an den Haaren schleppe ich diesen hochmütigen Bischof aus der Kirche. . . . ."

Diese Worte waren vom Herzoge nur halblaut gesprochen, aber von den Bürgern, die nachgedrängt und Zeugen der bewegten Szene gewesen waren, verstanden worden. Rasch hatten sie sich verbreitet. Es entstand ein ungeheurer Tumult. Aber was wirklich geschehen war, wußte von den Draußenstehenden niemand; daß man dem geliebten Bischofe an Leib und Leben wolle, glaubten alle. So brachen sie unter wildem Lärm in die Kirche, trennten die Parteien, und ohne daß in der Sache Wiclifs, der überhaupt nicht zum Worte gekommen war, etwas geschehen wäre, löste sich die Versammlung auf. Von den drohenden Massen gedrängt nahmen die Herren den Angeklagten in ihre Mitte und ritten schnell davon. Lancaster eilte mit Percy Ludgate Hill hinunter, durch Fleet Street den Strand entlang nach Westminster und suchte dem Parlamente eine Bill zu entreißen, welche die munizipale Selbständigkeit Londons bedrohte[1]). Das brachte die Bürger der Stadt in helle Wut. Am anderen Morgen überfielen schreiende Haufen, von keinem Widerstande gehemmt, zuerst des Grafen Percy Haus, durchsuchten die Zimmer nach dem Earl und wandten sich, als sie ihn nicht

---

1) An die Stelle des Lordmayors sollte ein königlicher Kommissar, jener berüchtigte Latimer, gesetzt werden.

fanden, nach der City, wo Lancaster mit seinem Freunde von einem Londoner Kaufmann zum Mahl geladen war. Als der Mob in das Haus einbrach, floh er[1]) nach Kennington zur Prinzessin von Wales. Nun stürmten die Aufrührer, welche glaubten, er habe sich in seinen Palast in der Savoy geflüchtet, dorthin, erbrachen die Thore, ermordeten einen Priester, der seinen abwesenden Herrn verteidigte, und beschimpften das herzogliche Wappen in schmählicher Weise. Nur Courtenays Einschreiten verhinderte es, daß der ganze Palast demoliert wurde. Schließlich kam eine Versöhnung der Parteien zustande. Lancaster mußte Zugeständnisse in der Angelegenheit de la Mares und Wykehams machen, drang aber darauf, daß bei einer feierlichen Prozession nach St. Pauls die Bürger die Ehre seines Wappens wiederherstellten[2]).

Soweit die politischen Ziele in Frage kamen, war die Lancastersche Partei unterlegen. Gewaltthat stand gegen Gewaltthat. Die Roheit des Haufens hatte über den hochfahrenden Stolz des Prinzen triumphiert. Der Schlag aber, den Courtenay gegen Wiclif geführt, war mißlungen. Nicht dieser, nur Lancaster war getroffen worden. Da er erkannte, daß der Unwille der Bürger sich gegen das politische Intriguenspiel des gewaltthätigen Prinzen richtete, zog er sich aus dem Parteigetriebe zurück. Er mochte selbst erkennen, daß diese Wege nicht zum Ziele führten. Auf der Seite eines Mannes, der die Korruption des politischen Regimes in sich darstellte und es wie eine natürliche Pflicht zu empfinden schien, den Gegner mit rechten oder unrechten Mitteln zu verderben, durfte er nicht stehen.

Gegen Wiclif hatten weder der Aufruhr der Massen, noch der Groll der Prälaten etwas vermocht. Als Courtenay den Adel und die reiche Bürgerschaft auf seines Gegners Seite sah, mißtraute er seiner eigenen Kraft und wandte sich an die höchste Gewalt in der Kirche, an den Papst in Avignon, dessen Spruch den gefähr=

---

1) Er aß grade Austern, „um sich den Appetit etwas anzuregen", Hook, Lives IV, 335; Pennington, S. 109.

2) Walsingham I, 325 ff. Fox, Acts II, 804.

lichen Mann vernichten sollte. Um das volle Gewicht der päpst=
lichen Lehrautorität in diese Sache hineinzuziehen, wurden fünfzig
Sätze aus Wiclifs Schriften, Disputationen und Reden ausge=
zogen und nach Avignon gesandt. — Hier werden wir nun vor
die interessante Frage gestellt, von wem diese Sache bei der Kurie
betrieben, von welcher Seite aus also Wiclifs Angelegenheit
z u e r ſt zu einer allgemein kirchlichen gemacht wurde. Von
Courtenay, der zuerst in Frage kommt, ist nirgends die Rede.
Den versöhnlichen Erzbischof Sudbury hatte der thatkräftigere
Bischof von London überhaupt erst zum Einschreiten gegen Wiclif
gedrängt, und nirgends treten uns Anzeichen entgegen, daß der
englische Episkopat Courtenays Sache zu der seinigen gemacht. Und
doch wäre die Aufklärung gerade dieser Frage, aus welchen Kreisen
die Anklage zuerst vor das päpstliche Forum gebracht wurde, von
um so größerem Interesse, als durch sie der Beginn des theo=
logischen Kampfes mit der höchsten geistlichen Behörde bezeichnet ist.

Zuerst von Fox, dann von Lechler, der diese Dinge am gründ=
lichsten versteht, ist darauf hingewiesen worden, daß die Anklage
von dem englischen Episkopat erhoben worden sei. Um das Jahr
1377, argumentiert Lechler [1]), habe ein Gegensatz zwischen Wiclif
und den Bettelmönchen noch nicht bestanden, deshalb habe die An=
klage von dieser Seite nicht erfolgen können. Sie habe zweitens
überhaupt nicht von einzelnen Bettelmönchsorden oder ihren Ver=
tretern, sondern nur von den Bischöfen der englischen Kirche als
den kompetenten Anklägern in Sachen der Lehre ausgehen können.
Endlich sehe Wiclif selbst die Bischöfe als diejenigen an, welche in
Rom eine Verurteilung seiner Sätze betrieben hätten. Für diesen
dritten Punkt verweist Lechler auf eine Stelle aus Wiclifs
De Ecclesia [2]), giebt aber die Worte nicht unter dem Texte. Da
mir z. B. der cod. 1294 der Wiener Bibliothek, den Lechler be=
nutzt hat, nicht mehr zur Hand ist, vermag ich nicht mit G e =
w i ß h e i t zu konstatieren, welche Stelle er im Sinne hat. Ich
habe im cod. 3929, in dem sich De Ecclesia gleichfalls findet,
das 15. Kapitel nachgelesen und vermute wohl nicht mit Unrecht,

---

1) I, 374.

2) „ De Eccl., c. 15, cod. 1294, fol. 178, col. 2.“

daß die von dem Leipziger Gelehrten früher (S. 332) citierte
Stelle gemeint ist. Aus dieser ergiebt sich aber meines Erachtens
für den in Frage kommenden Punkt nicht der geringste Anhalt.
Sie lautet: Unde episcopus Roffensis dixit michi in publico
parliamento stomachando spiritu, quod conclusiones mee sunt
dampnate, sicut testificatum est sibi de curia per instrumentum Notarii. Dann heißt es weiter: Et visum est multis, quod
fuit assercio indiscreta, primo quia vergebat ad curie Romane
defamacionem, 2º quia implicabat regis nostri et regni scan-
dalizacionem, et 3º quia ostendebat sui et fratrum suorum
consentaneam suspicionem. Non enim tam signanter mitterent
fratres eius sibi dictam dampnacionem nisi applau-
dendo de facto, cuius utraque pars fuit auctor vel fautor.
Aus diesen letzten Worten ergiebt sich unzweifelhaft das eine, daß
von Mitgliedern des römischen Episkopats, den Amtsbrüdern
Trillets von Rochester, die vollzogene Verdammung, deren Urheber
sie beim Papste waren, in auffälliger Weise nach England gemeldet
wurde [1]), aber nicht ist zu ersehen, daß englische Bischöfe die Sätze
von England nach Rom sandten. Denn die fratres, welche durch
die consentanea suspicio verbunden sind, sind doch offenbar dieselben, welche die condempnacio nach England geschickt haben,
d. h. römische (avignonensische), nicht englische Bischöfe. Im
Gegenteil scheint die Haltung des englischen Episkopats dem Könige
gegenüber, der in der ersten Hälfte des Jahres 1377 von den
Regierungsgeschäften sich zurückgezogen hatte, es geradezu auszu-
schließen, daß von ihm Schritte gethan wurden, welche vielen als
eine scandalizacio regis et regni erscheinen mußten. Dem Herzoge
von Lancaster gegenüber wäre der Schachzug am Platze gewesen,
dem Könige gegenüber nicht. Endlich ist, selbst für den Fall, daß
der Kampf Wiclifs gegen die Bettelmönche 1377 noch nicht begonnen (was ich für zweifelhaft halte), es nicht ausgeschlossen, daß
einzelne Bettelmönche auch vorher, eignem oder fremdem Drängen
folgend, die heimliche Anklage bei den kirchlichen Behörden übernommen hatten.

Gerade darauf hin scheinen mir die Sätze zu deuten, welche

---

1) Auch das instrumentum Notarii weist darauf hin.

wir in dieser Angelegenheit Wiclif selbst verdanken. In den von Shirley veröffentlichten Fasciculi Ziz. [1]) sagt er, daß die Angelegenheit per quosdam apostatas intimatum est auribus romani pontificis. Der Ausdruck apostatae für die englischen Bischöfe ist in Wiclifs Munde nicht am Platze. Sie waren seine alten Gegner, begingen also mit dem Schritte keinen Abfall von einer von ihnen früher verteidigten Sache. Ebenso wenig kann die andere zeitgenössische Notiz: per pueros etiam usque ad Romanam curiam transportata (est res) [2]) auf die Bischöfe (pueri) gedeutet werden. Dagegen konnte Wiclif gerade Bettelmönche als Apostaten bezeichnen, wenn sie einen Mann am päpstlichen Hofe verdächtigten und verklagten, an dessen Seite sich noch vier ihrer Ordensbrüder wenige Tage oder Wochen vorher, als er sich in St. Paul's gegen die Prälaten verteidigte, eingefunden hatten. Waren es jüngere Brüder, die zu der Mission verwandt wurden, so ist auch Walsinghams Ausdruck pueri, für den eine Deutung sich bisher nicht hat finden lassen, erklärlich. Ich bin deshalb gegenüber den beiden zeitgenössischen direkten Zeugnissen geneigt, geschäftige Bettelmönche als die Urheber der Anklage [3]) und der Verwickelungen anzusehen, in die Wiclif der Theolog von da an geriet.

In Rom hatte am 17. Januar 1377 Gregor XI., der letzte Avignonenser Papst, seinen feierlichen Einzug gehalten. Dort wurden ihm die Sätze des englischen Doktors vorgelegt. Aus den Maßregeln, welche er ergriff, dürfen wir auf die Bedeutung schließen, welche der verklagten Person vonseiten der Kurie beigelegt wurde. Nicht weniger als fünf Bullen sandte Gregor nach England: drei an die gemeinsame Adresse des Erzbischofs und Bischofs, die vierte an den König, die fünfte an die Universität Oxford. Mit Umsicht und Berücksichtigung aller möglichen Zwischenfälle abgefaßt, sollten sie ein unentrinnbares Netz über den Feind werfen. Durch Lob und Tadel, Drohung und Verheißung werden die Adressaten auf ihn getrieben [4]). Die beiden beauftragten Prälaten sollen an

---

1) S. 483.

2) Walsingham I, 206. Shirley XXVII.

3) Urheber der Verdammung sind nach der aus De ecclesia angeführten Stelle (Schluß) der Bischof von Rochester und seine römischen fratres.

4) Das Nähere bei Lechler I, 367 ff.

Wiclif eine öffentliche Vorladung ergehen lassen, daß er „sich binnen drei Monaten vom Datum der Vorladung an vor Gregor XI. zur Verantwortung stelle". Das ruhmreiche Königreich von Eng= land, durch seinen Reichtum und Kriegsruhm bekannt, sei immer reich an Männern gewesen, welche mit einem gründlichen Wissen der Schrift rückhaltslose Hingebung gegen den päpstlichen Stuhl verbunden hätten. Treue Wächter, immer auf dem Ausblick über den Weinberg des Herrn, hätten sie sich, sobald Unkraut unter den Weizen gesät worden sei, voll Eifers an die sofortige Aus= rottung gemacht. Tief schmerze ihn, daß dies alles dahin sei. Nachlässig und träge hätten die berufenen Führer des einst so treuen und gläubigen Landes den Feind eindringen und die kost= baren Güter der Seele davon tragen lassen. Das aber erhöhe die Betrübnis und Beschämung, daß man in Rom das Übel eher empfunden habe, als es in England bekämpft worden sei. Es seien glaubwürdige Nachrichten nach Rom gelangt, daß Johann Wiclif, Pfarrer von Lutterworth und Dr. theol., einem verdammenswerten, Wahnsinn verfallen sei und es gewagt habe, Ansichten zu behaupten welche der Kirche verderblich und der Verkehrtheit und Unwissen= heit des Marsiglius von Padua und des Johann von Jandun fluchwürdigen Andenkens verwandt seien. Darauf vor allem, heißt es in einer anderen Bulle, komme es an, den König, die Prinzen und die Prinzessin von Wales, die Reichsgroßen und andere ein= flußreiche Männer zu gewinnen und von der Staatsgefährlichkeit der Sätze zu überzeugen.

Der König selbst wurde in seiner Bulle an die loyale Treue erinnert, die er und seine Vorfahren allezeit dem Papste geleistet; die Universität mit dem Verluste ihrer Privilegien bedroht, falls sie nicht rücksichtslos die Aufstellung und Verhandlung der Sätze in ihren Hörsälen verhindere. In dieser Bulle fielen überhaupt scharfe Worte: der Papst sei erstaunt und tiefbetrübt, daß die hohe Schule trotz der reichen ihr gewährten Privilegien in der Sache der Kirche nachlässig und gleichgiltig sich erwiesen und Unkraut auf ihrem guten Weizenfelde geduldet habe. Das könne so nicht fort= gehen. Man solle sich von Universitätswegen der Person Wiclifs versichern und ihn an die Bischöfe ausliefern.

Eine angefügte Schedula enthielt die neunzehn anstößigen Sätze.

In ihnen treten uns zum erstenmal die kirchenpolitischen Ideen
Wiclifs in jener scharfen Form entgegen, welche bei der Kirchen-
behörde Anstoß erregte. Das Recht des Eigentums ist kein abso-
lutes, sondern durch die göttliche Gnade bedingt (Art. 1.—5); die
weltlichen Herren dürfen nach Herkommen und Gesetz einer in
Sünde verharrenden Kirche ihren weltlichen Besitz entziehen (Art.
6—7); das Recht der Schlüsselgewalt ist keineswegs ein unbe-
dingtes, sondern an gewisse biblische Beschränkungen gebunden. Aus
habsüchtigen Motiven ist dieselbe thatsächlich oft gemißbraucht worden. Wirksam ist sie nur insoweit, als der bindende und lösende
Papst mit der heiligen Schrift in Einklang steht (Art. 8—15);
von jedem ordnungsmäßig geweihten Priester, nicht ausschließlich
vom Papste, können dem aufrichtig Bereuenden die Sünden vergeben und die Sakramente gespendet werden (Art. 16); jeder
Kleriker, ja selbst der römische Papst kann, wenn er in Sünde
steht, gesetzmäßig von seinen Untergebenen, auch von Laien, ge-
tadelt und gestraft werden (Art. 19).

So gefaßt waren das freilich Lehren, welche dem römischen
System aufs entschiedenste widersprachen. Mit feinem Verständnis
waren die Sätze über das weltliche Eigentum an die Spitze gestellt
worden, in denen dem irdischen Besitzrechte ein wilder und schranken-
loser Krieg erklärt zu werden schien.

Dennoch entkam das Opfer den verwirrenden Maschen des
Netzes. Die politische Lage gebot dem Eifer der päpstlichen Partei
Mäßigung. Ende Mai erlassen und im Juni unzweifelhaft nach
England gelangt, wurden die Bullen in höchst auffälliger Weise
erst nach mehr als sieben Monaten zur öffentlichen Kenntnis ge-
bracht. Die Empfänger hatten augenscheinlich Grund, mit ihrer
Bekanntgebung zurückzuhalten.

In den Tagen, in denen sie in England ankamen, beschloß der
alte König auf seinem Landsitz Shene sein ruhmreiches Leben durch
einen Tod in einsamer Schande: so war seine Bulle gegenstands-
los. In den folgenden Wochen nahm der Thronwechsel die Gemüter in Anspruch. Welche Stellung, mußten die Prälaten sich
fragen, wird der junge König unserer Sache gegenüber einnehmen?
Er war minderjährig und stand noch unter Lancasters Einflusse. Da
war das Schlimmste zu befürchten. Also weise Mäßigung war geboten.

Kriegsnöte im Süden und Norden machten dazu die allgemeine politische Lage unsicher und warfen ihre Schatten auf das Land, dessen König ein unerfahrenes Kind war. Also galt es hier, auf eine Wendung der Dinge, auf sichere Zustände harren.

Nicht hoffnungsreicher stand die Sache an der Universität. Dort hatte die brüste Sprache der Bulle verletzt — eine Zeit lang schwankten Kanzler und Proktoren, ob man sie überhaupt annehmen solle [1]). Nicht weniger als der väterliche Ton der Zurecht= weisung über Lauheit in der Lehre hatte die Zumutung, daß die Universität auf den Mann, in dessen Ruhme sie sich sonnte, die Schande des Kerkers werfen sollte, die Gemüter in Aufregung ge= bracht. „Des Papstes Büttel" zu sein, erschien der freien Uni= versität nicht als begehrenswerte Ehre. — Endlich traten auch die Londoner Bürger, die in der Freiheit des Verteidigers der Parlamentsrechte eine Gewähr für die Anerkennung ihrer eigenen mühsam errungenen Privilegien sahen, jetzt entschieden auf Wiclifs Seite.

Die Aussichten auf einen günstigen Erfolg waren also geringe. Schon im Oktober trat Richards erstes Parlament zusammen. Seine Verhandlungen wurden vom Geiste des „Guten Parlaments" beherrscht. Von dem energischen Peter de la Mare geführt, be= schwerten sich die Gemeinen über die immer wieder erneuten Provisionen und Reservationen des Papstes, forderten die Aus= weisung aller ausländischen Kleriker, die Verwendung ihrer Güter zu Kriegszwecken und stellten zuletzt den Satz auf, daß im Falle der Not das Reich auch gegen den Einspruch und Wider= stand des Papstes berechtigt sei, den Reichtum des Landes zum Zwecke der Selbstverteidigung einzuhalten.

Das war die Konsequenz der Beschlüsse von 1366 und 1376. Das Land wollte sich selbst angehören und über sich selbst ver= fügen. Einer Aufforderung des Königs und seines „Großen Rates" entsprechend gab Wiclif auch dieser Frage in einem ausführlichen

---

1) Walsingham I, 345: „Wie tief ist die Schule von ihrer Höhe und Weisheit und Wissenschaft gesunken, da sie jetzt, vom Gewölk der Unwissenheit verdunkelt, sich nicht scheut, Dinge anzuzweifeln, die selbst einem christlichen Laien nicht zweifelhaft sein sollten."

Schriftstücke die biblische Begründung [1]). Noch einmal führte er jetzt, von dem Wohlwollen der Londoner Bevölkerung und der Universität getragen und vom Hofe unterstützt, die Sache seines Vaterlandes gegen die päpstlichen Ansprüche. Er beruft sich auf das natürliche Recht und die heilige Schrift, um das Unrecht der Kurie aufzudecken. Immer schärfer, kräftiger, herausfordernder wird seine Sprache im Laufe der Untersuchung. Unsere Väter, ruft er aus, haben unsere Kirche ausgestattet zum Unterhalt ihrer Geistlichen, nicht zur Machtvergrößerung des Papstes. Er hat kein Recht, wie ein Herr die Güter für sich zu beanspruchen. [2]) Hungrig nach Besitz ist er nicht mehr Christi Nachfolger, sondern bereitet dem Antichrist den Weg [3]), denn Christus lebte von dem Almosen armer Frauen. In Fällen der eigenen Not aber hört das Almosen auf, Liebespflicht zu sein. Auch die Kirche empfing ursprünglich ihren Besitz als Almosen; das beweise die Geschichte und andere Schriften. Schon der h. Bernhard habe die Begehr= lichkeit der Päpste hart gestraft. „Wie konnte Christus", sagt er in seinem Briefe an Eugen, „Dir etwas geben, was er selber nicht besaß? Was er selbst hatte, das gab er Dir. Die geistliche Für= sorge für die Kirche. Verlieh er je Dir weltliches Regiment? Höre, was er selbst sagt: Nicht als die über das Volk herrschen, sondern werdet Vorbilder der Herde. Hier ist den Aposteln klar und hell Herrschaft verboten, wie kannst Du es wagen, dieselbe für Dich in Anspruch zu nehmen? Willst Du ein Herr sein, so wirst Du aufhören, ein Apostel zu sein. Willst Du ein Apostel sein, so wirf die Herrschaft von Dir. Willst Du beides haben, so wirst Du beides verlieren. Die rechte apostolische Regel lautet: Herrschaft und Regieren ist verboten, Dienen und Helfen ist befohlen." Aus diesen Worten des frommen Mannes ergebe sich, daß der Papst

---

1) In der Responsio Magistri Johannis Wycliff ad dubium infra scriptum, quaesitum ab eo per Dominum Regem Angliae Ricardum II. et Magnum suum Concilium: anno regni sui primo, abgedruckt bei Shirley 258 ff.

2) Shirley 261: „dominus papa non habet potestatem occupandi bona ecclesiae ut dominus."

3) Shirley 261: „viam praeparans Antichristo."

lein Recht habe, sich der Güter der Kirche zu bemächtigen [1]), als ob er ihr Herr wäre, sondern daß er sich als ihr Verwalter zum Besten der Armen, als Diener und Knecht anzusehen habe [2]). Nicht minder schwer leide das Vaterland unter diesen Ansprüchen. Der Reichtum des Landes schwinde, je mehr die Kassen der Kurie sich füllten. Während das Volk in Armut und Elend gerate, würden die Kräfte des Landesfeindes durch die englischen Gelder gestärkt. „Mit Recht werden wir deshalb verlacht um unserer eselhaften Dummheit willen, weil wir persönlichen Mut genug haben, unsere Feinde anzugreifen, aber in religiösen Dingen von feiger Furcht beherrscht sind, die Almosen den Unwürdigen zu entziehen [3])." Um des Gewissens willen müssen wir dem Gift der päpstlichen Habsucht widerstehen. „Darum sorgt für Eure Seele, für Eure Kinder und Enkel, die ihr wünscht glücklich zu sehen. Und ehe der Weltherr seine Hand ausstreckt, um uns zu strafen für unsere sittliche Schlaffheit, denkt eifrig nach, wie Ihr diesem Unwesen ein Ende macht [4])."

Sobald das Parlament vertagt war, schien der Mann, der solche unerhörten Sätze aufgestellt, nicht mehr gedeckt. Nun holten Courtenay und Sudbury die Bullen hervor (am 18. Dezember). Sie schrieben nach Oxford, verlangten aber in besserer Erkenntnis der dortigen Lage der Dinge nicht Wiclifs Verhaftung, sondern nur die Beantwortung der quaestio facti, ob Wiclif die anstößigen Sätze thatsächlich gelehrt habe.

Als die Universität sich lässig zeigte, thaten sie selbst die nötigen Schritte. Sie luden Wiclif vor eine geistliche Kommission in die Paulskirche, bald darauf, ungewiß über die Haltung der Londoner Bürger, in den von der City entfernten, festen erzbischöflichen Palast in Lambeth gegenüber Westminster. Hier erschien Wiclif im März 1377, diesmal unbegleitet. Er wollte seine Sache allein führen. Er reichte eine Antwort über die verdammten Sätze ein, in der er

---

1) S. 260.

2) S. 261.

3) Shirley 263: „deridemur ex asinina nostra stulticia, qua audemus in causa mundana hostes invadere, sed in causa Dei non audemus pro timore servili eleemosynas nostras ab indignis subtrahere."

4) S. 262: „De correctione huius sceleris studiosissime cogitate!"

sich über ihren Sinn genauer ausließ, und ihre Rechtfertigung
versuchte. Als er noch mitten in seinen mündlichen Erklärungen
war, brachen die Londoner Bürger unter wildem Geschrei in die
Kapelle, nahmen eine drohende Haltung gegen die vom Schreck ge=
lähmten Prälaten[1]) an und hätten den beliebten Volksmann
vielleicht im Triumph seinen Feinden entführt, wenn nicht gleich=
zeitig Sir Henry Clifford, ein Kavalier der Prinzessin von Wales,
erschienen wäre mit der Weisung an die Bischöfe, jede Maßregel
gegen Wiclif einzustellen.

Frei und ungehindert verließ dieser das Tribunal. Der schlau
angelegte Plan war trotz der fünf Bullen durchkreuzt. Die bei=
den mächtigsten Kirchenfürsten des Landes waren von der höchsten
Gewalt in Rom angewiesen worden, den Häretiker zu verhaften. Wie
die Dinge lagen, vermochten sie weiter nichts, als ihm für Kanzel
und Katheder Stillschweigen aufzuerlegen, aber nicht einmal das
Versprechen, in dieser Beziehung gehorchen zu wollen, konnten sie
von Wiclif erzwingen.

Er selbst führte seine Sache mit den Waffen des Geistes
weiter. Mit stets wachsendem Erfolge warf er jetzt Flugschriften in
lateinischer und englischer Sprache ins Volk und appellierte an
dessen Urteil[2]). In 33 Sätzen faßte er seine Ansichten zusammen
und sandte sie nach Rom[3]). Die öffentliche Meinung hatte für

---

1) Walsingham I, 356: „tanto timore concussi sunt, ut cornibus
eos carere putares, factos velut homo non audiens, et non habens in ore
suo redargutiones.‘‘

2) Matthew 405.

3) Einer erneuten Citation vor die Prälaten Folge zu leisten, trug er
Bedenken. Der Erzbischof von Canterbury hatte das Wort Christi: „Über
ein Kleines werdet Ihr mich sehen, und aber über ein Kleines werdet Ihr
mich nicht sehen‟, in bedeutungsvoller Weise auf ihn angewendet. „Einige
werden es als eine Wohlthat empfinden‟, sagt er De Veritate Scripturae
Sacrae, cod. 1294, fol. 44b, „wenn ich verbrannt oder auf sonst eine Weise
beseitigt würde.‟ Licet fuerim citatus ad comparendum nunc coram domino
Archiepiscopo, in quocunque loco fuerit sue provincie, timui illo ire.
Audivi enim, quod dixit in sentencia, quod Modicum et non videbitis
me et iterum: Ac iterum modicum et videbitis me. Si, inquam, vadit
(der angegriffene Gegner) ad patrem papam vel Archiepiscopum, posset
faciliter parare michi locum insidiarum et cedis corporis, cum multi sunt

ihn Partei genommen. Mit neuer Kraft ging der Verfolgte aus
den Verfolgungen hervor. War vor Jahresfrist der Angriff des
englischen Episkopats wirkungslos geblieben, jetzt hatte auch die
päpstliche Autorität nichts gegen den kühnen Lehrer vermocht. Das
erste Mal standen Barone, Grafen und ein königlicher Prinz ihm
zur Seite, jetzt breitete die edle Prinzessin von Wales ihre Hand
über ihn, und die Teilnahme des Volkes schützte den Vorkämpfer
seiner Freiheit. —

Konnten viele ihm in die Tiefe seines theologischen Denkens
nicht folgen, die Herzen aller Patrioten schlugen dem Mann entgegen, der die Regungen der englischen Volksseele mächtig in der
eigenen empfand. Der Aufstieg zu den Höhen des politischen
Lebens war vollendet: es traten Ereignisse von weltgeschichtlicher
Bedeutung ein, welche ihre tiefen Schatten auch über sein Gemüt
warfen, die nationalen Interessen, denen er bisher gedient, zurück-
drängten und seine nach religiöser Wahrheit ringende Seele, sein
christliches Empfinden und theologisches Denken zu einer kritischen
Untersuchung der Grundlagen antrieben, auf denen die mittelalterliche Papstkirche ihren stolzen Lehrbau errichtet hatte. —

Über die abendländische Christenheit waren Stürme gekommen,
welche diese bis in ihre innersten Tiefen erschütterten. 1378 starb
Gregor XI. Der Kunde vom Tode des Papstes folgte auf dem
Fuße das unheimliche Gerücht von einer päpstlichen Doppelwahl.
Die Kirchen Frankreichs, Deutschlands und Englands gerieten in
tiefe Erregung. Denn die erschreckte Christenheit erlebte das noch
nie gesehene Schauspiel, daß zwei Stellvertreter Gottes die furchtbarsten Bannflüche auf einander schleuderten und die ihnen folgenden Völker in Krieg und Blutvergießen stürzten. Die grego-
rianische Idee von der Einheit der Kirche war unwiederbringlich
dahin. Jetzt war die Bahn frei für kühneres Vorwärtsschreiten.
Auch für Wiclif bildet das folgenreiche Jahr einen Markstein seines

---

instructi, Deus scit a quibus et qualiter, quod foret elemosina, ut combus-
tione, occisione vel morte alia sim extinctus."

Lebens. Seine politische Thätigkeit liegt abgeschlossen hinter ihm. Drei Jahre tritt er aus dem öffentlichen Leben zurück. Aber wir werden sehen, daß er in dieser Zeit nicht unthätig war, sondern Werke schuf, die für die Kirche seines Volkes von tiefgehender und bleibender Bedeutung wurden. Jetzt vollzog er eine Kritik des römischen Lehrsystems, während er gleichzeitig sein Volk zu den Quellen des religiösen Lebens, zur Bibel, zurückzuführen versuchte.

Die Papstspaltung hatte auf ihn die Rückwirkung, daß er bewußt, überzeugt und grundsätzlich den Kampf gegen das Papsttum und die Papstkirche aufnahm. Das Schisma stellte ihn auf einen neuen Boden. Er wurde ein neuer Mann. Vor ihm hatten Gelehrte und politische Männer die Schäden der Kirche bloßgestellt und mit denselben Waffen gekämpft, die er bisher verwendet; aber sie hatten ohne Erfolg gearbeitet. Jetzt sah er, das System war verderbt bis ins innerste Mark. Von dem Baume der Kirche hatte er in einem zwölfjährigen Kampfe nur Schößlinge und Nebenzweige abgeschnitten. Das Übel mußte an der Wurzel angegriffen und von da aus Heilung · versucht werden. Er mußte in tieferer Begründung seines Widerspruchs die lehrhaften Grundlagen des päpstlichen Systems an der Norm alles religiösen Erkennens, der heiligen Schrift, einer erneuten Untersuchung unterziehen. Dies war der Schritt, der ihn über seine Vorgänger hinausführte. Indem er sich von diesem Jahre an ausschließlich theologischen Fragen zuwandte, beginnt die Periode seiner kirchlichen Reformation. —

Auch durch die veränderte politische Sachlage, welche das Schisma im Gefolge hatte, war diese Wandlung Wiclifs bedingt. Die nationale Gereiztheit gegen den Papst hatte bisher dem Avignonenser gegolten, dem willenlosen Werkzeuge Frankreichs, der mit den England geraubten Geldern die Waffen des Landesfeindes stärkte. Mit einem Schlage war durch das Schisma, welches England auf Urbans VI., Schottland und Frankreich auf Klemens' VII. Seite stellte, dieser Lage der Dinge ein Ende gemacht. Ein guter Teil der Gründe, welche dem französischen Papsttum bisher die allgemeine Ehrfurcht der englischen Patrioten entzogen hatten, wurde hinfällig, die fromme Verehrung für das Haupt kehrte zurück, und mit lang entbehrter Befriedigung durfte jetzt der Eng-

länder wahrnehmen, wie der Landesfeind, der weltliche wie geist=
liche, dem Banne Urbans verfiel, und wie in dem nicht mehr avig=
nonensischen Papste dem Lande ein natürlicher Bundesgenosse zur
Seite trat. —

Das war eine Wandlung der politischen Lage, welche dem
bisherigen nationalen Widerspruche Wiclifs zum guten Teil den
Boden entzog. Von der alten Position aus und mit den alten
Bundesgenossen [1]) konnte er für seine kirchenpolitischen Reform=
pläne nicht mehr auf Erfolg rechnen. Auf einem andern, dem
rein theologischen Gebiete, boten sich ihm Waffen, die geeignet
waren, ihn in dem Kampfe mit veränderter Frontstellung zum
Siege zu führen. —

Kurz nach dem am 27. März 1378 erfolgten Tode Gre=
gors XI. war der Erzbischof von Bari als Urban VI. von den
italienischen Bischöfen zum Papst erwählt worden. Sein ge=
mäßigtes Auftreten, seine charaktervolle, von sittlichem Ernste
getragene Haltung ließ Wiclif zuerst hoffen, daß der ener=
gische Papst die notwendige ·Reform der Kirche in die Hand
nehmen werde [2]). Bald trat die Enttäuschung ein. Eine Anzahl
mißgünstiger Bischöfe und französischer Kardinäle erklärten Urbans
Wahl für null und nichtig und wählten Robert von Cambray
zum Gegenpapst als Klemens VII. Diese Wahl hat das kirchliche
und nationale Leben der abendländischen Christenheit mehr als ein
Menschenleben lang in die unheilvollsten Verwickelungen gebracht.
Die schlimmsten Leidenschaften sah die Christenheit an jener Stelle
entfesselt, zu der sie mit ehrfürchtigem Staunen hinaufzuschauen

---

1) Über die rohe Gewaltthätigkeit und die an Wahnsinn streifende Rück=
sichtslosigkeit der Lancasterschen Partei vgl. Shirley XLII.

2) Über seine anfängliche Haltung Urban gegenüber vgl. De ecclesia in
der eben von Loserth vorbereiteten Ausgabe — nach den mir zugänglichen
Fahnenabzügen S. 37: „Sed Benedictus dominus matris nostre, qui nostre
peregrinanti iuvencule providit caput catholicum, virum evan-
gelicum Urbanum sextum, qui rectificando instantem ecclesiam, ut vivat conformiter legi Christi, ordinetur ordi-
nate a se ipso et suis domesticis. Ideo oportet, . . . credere, quod ipse
sit caput nostre ecclesie, cum mediate vel immediate influit motum ten-
dendi sursum ad corpus Christi . . . . Ista autem fides de nostro
capite tam graciose et legitime nobis dato est credenda.‟

gewohnt war. Der ungemessene Ehrgeiz und die blutige Gewalt=
thätigkeit der Nachfolger Christi traten in das Bewußtsein der
staunenden Zeitgenossen und erschütterten die Gemüter. Kein früheres
Schisma kam an Tiefe und Umfang dem gegenwärtigen gleich. Die
abendländische Christenheit schied sich in zwei Heerlager: Italien,
England, Deutschland, Schweden, Polen und Ungarn standen auf
Urbans, — Frankreich, Schottland, Norwegen, Lothringen, Kasti=
lien und Aragonien auf Klemens' Seite. Vor den politischen
traten die religiösen Fragen in den Hintergrund. In die heiligsten
Geschäfte der Christenheit mischten sich die niedrigsten Leidenschaften
des menschlichen Herzens. Denn die kirchlichen Gewalten wurden
in den Wirren der politischen Umtriebe mißbraucht zu höchst un=
kirchlichen und unchristlichen Zwecken, und der Druck der politischen
Not riß von dem Herzen des Statthalters Christi die letzten
Schleier fort, welche die radikale Verderbtheit der römischen und
avignonensischen Gewalthaber den ehrfürchtigen Augen der Völker bis=
lang verhüllt hatten. An den Bannstrahlen, welche die beiden
Päpste auf einander schleuderten, entzündeten sich die Flammen
furchtbarer und grausamer Kriege, welche die Länder der Partei=
gänger verzehrten [1]). Von Kanzel und Altar wurden Kreuzzüge
verkündet und den Bettelmönchen, welche von den beiden Präten=
denten mit den weitgehendsten Sündenerlassen ausgestattet waren,
fiel die Aufgabe zu, in dem kirchlichen Entscheidungskampfe die
Kohlen zu schüren. —

   Bis in die innerste Tiefe seines religiösen Empfindens mußte
Wiclif durch die furchtbare Gewalt der Thatsachen, die sich vor
seinen Augen vollzogen, getroffen werden. Denn in dem Evange=
lium fand er den entschiedensten Widerspruch und die herbste Kritik
über die Lage der Kirche. Als Urban durch Härte und Leiden=
schaftlichkeit seine Freunde von sich trieb, kam tiefe Trauer über
ihn. Jetzt erschienen ihm beide als „falsche Päpste". „Sie

---

   1) Wiclif klagt einmal cod. 1338, fol. 109 b: „numquam habundabit
concordia in contrata nostra occidua, antequam discordia inter papas
redacto populo ad legem domini funditus sit destructa." An einer an=
dern Stelle, cod. 4536, f. 41 b heißt es: „si duo pape ex seminacione
satane fuerint electi, ex tali scismate oriri possent inconveniencia in=
finita." —

haben", rief er aus, „beide nichts zu thun mit der Kirche Gottes.
Ihre Thaten zeigen es. Ihr Amt ist nicht in der Schrift be=
gründet [1]); sie sind beide Abtrünnige und Glieder des Antichrists
anstatt am Leibe Christi. „Ohne sie hätte die Kirche größere
Ruhe [2]." In einer anderen Flugschrift nimmt er Gelegenheit,
auf die ungeheure Bedeutung, welche dieser große Standal der
Christenheit für die westlichen Völker hatte, hinzuweisen. „Ge=
lobt sei der Herr, der das Haupt der Schlange entzweigespalten
hat und die eine Hälfte wider die andere streiten läßt [3]). Des=
halb scheint es der beste Rat zu sein, daß man diese beiden Teile
des Antichrists sich selbst vernichten läßt."

Die Stellung zu dem gespaltenen Papfttum forderte von ihm
eine persönliche Entscheidung. Schon Lechler [4]) hat darauf hinge=
wiesen, daß bis zum Schisma Wiclif noch weit davon entfernt
war, den päpstlichen Primat als solchen in seinem Kern und
Wesen anzugreifen. Erst seit 1378 tritt er in einen prinzipiellen
Gegensatz zum Papfttum und sagt sich von demselben grundsätzlich
los. In einem dritten Stadium geht er zur rückhaltlosen Be=
kämpfung desselben über: der Papst ist der Antichrist. Der
ganze Zorn seiner sittlichen Entrüstung lodert mächtig aus verein=
zelten Äußerungen [5]) seiner letzten Lebensjahre hervor. Da er=

---

1) Cod. 1338, f. 101 a: „ex nulla auctoritate legis gracie papatus potest
concludi, cum Cristus non fuit papa, nec Petrus, nec Clemens, nec aliquis
ante dotacionem ecclesie." f. 102 a: „utile foret ecclesie militanti neminem
esse papam." Ibid.: „non habet scintillam coloris concludendi oportere aliquem esse papam." Cod. 3929, f. 222 c: „foret utile, quod non forent
pape vel prelatus cesareus . . . et ita foret ecclesia liberata." Cod. 1338,
f. 106 a: „de collegio pape et cardinalium non lego, quod Cristus ipsos
ordinavit." f. 102 c: „cum Cristus non docuit aliquem esse papam, sed
multipliciter eius oppositum, patet, quod foret expediens ecclesie militanti
neminem esse talem."

2) Streitschriften S. 621: „probabiliter creditur, quod utroque isto-
rum subtracto de medio vel dampnato staret ecclesia Cristi puiecius,
quam stat modo, cum multi supponunt probabiliter ex vitis eorum, quod
nichil illis et ecclesie sancte dei." Vgl. auch S. 573. 559. 676.

3) Streitschriften, S. 243.

4) I, 575—581. Das Genauere über diese Partie, namentlich die ein=
schlägigen Stellen vgl. Streitschriften XVIII ff.

5) Vgl. die Zusammenstellung Streitschriften XX—XXI.

scheinen sie zunächst ohne innere Begründung als die rabiaten
Ergüsse eines Gemütes, welches das Vor= und Urbild der Gemeinde
in Sünde und Schande bis zu diabolischer Bosheit verkehrt sieht.
Berücksichtigen wir aber das gesamte polemische Material, welches den
grundsätzlichen Gegensatz in mehr systematischer Darstellung giebt und
die Einzelangriffe begründet, so finden wir, daß bei aller Schärfe
des Gegensatzes, bei aller sittlichen Entrüstung des Patrioten und
Christen die Sprache von einem edlen Pathos getragen bleibt und
nicht in jene rücksichtslosen und zionswächterlichen Ausschreitungen
verfällt, wie sie wohl aus gelegentlichen Äußerungen Wiclifs an=
geführt zu werden pflegen. —

Der Traktat De Christo [1]), der aus Wiclifs letztem Lebens=
jahre stammt, ist in dieser Beziehung am charakteristischsten.
Er zeichnet sich durch äußerst heftige Sprache aus. Aber an
keiner Stelle geht Wiclif soweit, den Papst ohne weiteres mit
dem Antichrist zu identifizieren. Er spricht vielmehr seine innerste
Meinung, daß er dies wirklich sei, in vorsichtiger und be=
dingter Weise aus: der Papst ist der Antichrist, nur insofern
er dies oder jenes thut, bezw. verabsäumt. Ich halte die Be=
tonung dieser immerhin entschiedenen, aber um es kurz zu sagen,
wissenschaftlich nobleren Art der Kampfführung für um so wich=
tiger, als es seine Feinde nicht haben daran fehlen lassen, seine
Schroffheit und Rücksichtslosigkeit gegen das sichtbare Haupt der
Kirche hervorzuheben und daraus Kapital zu schlagen [2]). In der
Sache selbst ist die ganze Strenge des prinzipiellen Gegensatzes
festgehalten. Das Haupt der Kirche sei Christus, nicht der Papst,
alle von ihm in dieser Richtung erhobenen Ansprüche seien unbe=
rechtigt. Petrus sei weder das Haupt der Kirche, noch an sich
Stellvertreter Christi. Der römische Papst habe keineswegs seine
Gewalt von Petrus überkommen und sei nicht unfehlbar. Viel=
mehr stehe er im schlagendsten Gegensatze zu Christo. In jener
berühmten Antithesen=Reihe läßt er die vernichtende Kritik des
Evangeliums auf die Unwahrhaftigkeit, Weltförmigkeit, die Grau=
samkeit, den Stolz, die Habsucht, die Prachtliebe, die Gewinnsucht

---

1) De Christo et adversario suo Antichr., F. A. Perthes, 1880.
2) De Christo etc., S. 14—15; und Streitschriften XXII—XXIII.

den Kriegseifer des Papstes und der Seinigen fallen und stellt ihm in scharfen Umrissen das Bild Christi, des milden und armen Heilandes, gegenüber [1]). Indem er mit feiner Wendung dem Leser den Vollzug der dort eingefügten Bedingungssätze überläßt, weist er an der Hand offen zutage liegender, jedem Zeitgenossen bekannter Thatsachen nach, daß der Papst der Antichrist sei. — Die letzten Zeiten der Kirche sind gekommen, da die Sucht nach Reich=tum beide Häupter der Kirche ergriffen, ruft er an einer andern Stelle in der Schrift De Schismate Paparum [2]) aus. Die welt=lichen Herren sollten den weltlichen Besitz, mit dem sie die Kirche thörichter Weise ausgestattet, ihr wieder nehmen. Das sei der giftige Knochen, den der Satan in die Kirche Gottes geworfen, um Volk und Klerus zu vergiften und zu Krieg und Blutver=gießen anzustiften. Schwachheit oder Thorheit sei, den Behaup=tungen des Papstes von seiner Gewalt über das Gewissen und die Sünde der Gläubigen zu trauen, seinen wirkungslosen Bann=flüchen, seinem Beichtzwange, seiner Schlüsselgewalt und seinem thörichten Anspruche, daß auch über das Grab hinaus ihm Macht über die entschlafenen Geister gegeben sei [3]).

Als endlich Urban 1383 durch die Bettelmönche in England einen Kreuzzug gegen Flandern predigen ließ, erhob Wiclif lauten Protest gegen die blutigen Greuelthaten in einem Briefe an den Erzbischof von Canterbury, und in einer seiner mächtigsten Streit=schriften, der Cruciata [4]), goß er noch einmal die Schalen seines flammenden Zornes über die in eine Feldkanzlei verwandelte Kurie. „Der Papst ist von Christi Wegen abgewichen und geht den Pfaden Satans nach", das ist der Grund alles kirchlichen Verderbens.

Die schlimmen Bettelmönche aber schüren die verderbliche Flamme. In Rom bei Urban hetzten die einen, die andern bei Klemens in Avignon [5]); sie sind es, die einen Krieg aller

1) Streitschriften, S. 630. 679 ff.
2) Streitschriften, S. 570 ff. Arnold, S. E. W. III, 242 ff.
3) Ähnliche Gedanken in 24 Verm. Pred., cod. 3928, fol. 156 d.
4) Streitschriften, S. 588 ff.
5) XXIV Verm. Pred., cod. 3928, fol. 162.

wider alle erregt, den Frieden gestört, Haß und Blutvergießen hervorgerufen haben, weil sie Gottes Gesetz verlassen haben und dem Antichrist dienen.

Wir sehen, nicht nur gegen das Papsttum, sondern auch gegen dessen eifrigste Vorkämpfer und Werkzeuge richtet er seine zornige Anklage. Wie er zu ihnen auch früher gestanden haben mag, sei dem Schisma tritt er ihnen mit Entschiedenheit entgegen. Nicht erst mit der Abendmahlskontroverse [1] beginnen seine Angriffe. Wir kennen eine Anzahl Stellen, in welchen er der idealen Seite des Bettelmönchtums seine Anerkennung zollt [2]. Seine Forderung der evangelischen Armut, die er selbst in der Regel seiner „Armen Priester" zu verwirklichen suchte, war auch diejenige des heiligen Franz und Dominikus gewesen. In den idealen Zielen der Orden lag für ihn also kein Motiv des Gegensatzes. Charakteristisch ist in dieser Beziehung der Traktat A short Rule of Life, welcher zeigt, wie nah verwandt die Ideeen Wiclifs und des heiligen Franz sind. Nachdem die einzelnen Bestimmungen der Regel mit Beifall kommentiert sind, übt Wiclif eine schneidende Kritik an den Brüdern, nicht um deswillen, weil sie die Regel gehalten, sondern weil sie sie nicht gehalten [3]. Wohl aber konnten die thatsächlichen Verhältnisse ihn innerlich von ihnen abwenden. Nicht die Abendmahlsstreitigkeit [4], sondern der nicht selbstlose Eifer, mit dem die Bettelbrüder die Sache der beiden Päpste zu der ihrigen machten, die Bibelübersetzung und das Reisepredigertum hat, wenn ich recht sehe, beide geschieden. Schon drei Jahre vor seinen berühmten Abendmahls=Thesen, in der

---

1) Daß die Spannung erst seit diesem Angriff Wiclifs auf die römische Hauptlehre eingetreten sei, behaupten Woodford in 72 Quaestiones de sacr. alt. in Fascic. Ziz. XIV, und Lechler I, 585 ff.

2) Vgl. Eulogium Historiarum (Fortf.) 345; Rule of St. Francis bei Matthew, S. 39 ff.; vgl. auch De dominio divino, cod. 1340, fol. 200a (bei Lechler, S. 588).

3) Matthew, E. W. h. u., 39 ff.

4) Die Schrift De contrarietate etc., Streitschriften, S. 698 ff., darf

Schrift vom Pfarramt (aus dem Jahre 1378) greift er die
Bettelmönche in der erbarmungslosesten Weise an [1]). Er eifert
dort gegen ihre Bekämpfung der englischen Bibel, ihren Handel
mit Gebeten und Indulgenzen, ihre Aufreizung zum Kriege, ihre
Üppigkeit und Verschwendung. Endlich gebraucht er auch hier
schon den Ausdruck Kainsburgen [2]) gegen sie.

Gerade daraus aber sehen wir, daß der Gegensatz bereits ein
prinzipieller, tiefbegründeter ist. Der Abendmahlsstreit mag den
Riß noch vertieft haben. Die verschiedenartige Auffassung, wie
die Aufgaben des Reiches Gottes im Leben zu verwirklichen seien,
trennte die Gegner von vornherein. Nur darum handelte es sich, wenn
der Funke in den reichlich vorhandenen Zündstoff [3]) schlug. Schon um
die Mitte der siebziger Jahre muß der Gegensatz vorhanden gewesen sein. Aber die politische Verwickelung dieser Jahre, das Verhältnis Wiclifs zu Lancaster, der die Bettelmönche gegen die ver-

---

als Beweis für diesen Satz angeführt werden. Dort kommt Wiclif im Verfolg eines heftigen Angriffs auf sieben Streitpunkte zu sprechen, die ihn von
den Brüdern trennen. Gerade die Abendmahlslehre aber, die nach Woodford
allein das Kampfmotiv bildete, wird in der Liste vergeblich gesucht.

1) Ich kann die Stellen nicht in extenso mitteilen; sie sind zu vergleichen
Matthew, 420. 429—430. 444. 448.

2) In diesem Namen Caymes Castles faßt er seine schlimme Meinung
von den Brüdern zusammen. Es ist eine Art akrostichischen Spieles, das an
den Mörder Caim anknüpft, in dessen Namen die vier Orden schon ange-
deutet seine: C(armeliter), A(ugustiner), J(akobiten, Dominikaner), M(inoriten);
vgl. Trialog 362. 444. Sel. Works III, 348 und De off. past. bei
Matthew, 420. 425. 448. 449.

3) Das Ablaßunwesen, die Kreuzzugspredigten, die Bruderschaftsbriefe,
die an die Heiligkeit ihres Ordensgewandes geknüpften Ansprüche, ihre Behauptung, eine vollkommnere Religion als die Christi zu besitzen, die Be-
schränkung der freien Predigt des Wortes Gottes, die Schriftwidrigkeit ihres
Bettels, die Störung des Friedens in der Gemeinde, ihre Begehrlichkeit,
ihre Sinnenlust, ihre leichte Auffassung von der Sünde, endlich der Ablaßstreit,
die Bibelübersetzung, das Reisepredigertum bilden die Anklagepunkte, welche
Wiclif wider sie erhebt.

4) In 50 Kapiteln sind diese Punkte in dem von James, S. 16, zuerst gedruckten Fifty Heresies of Friars zusammengestellt; gedruckt von Arnold
III, 366 ff; bezeichnend ist, daß der Abendmahlsstreit nur einmal, und zwar
in aller Kürze, erwähnt wird. c. 16, S. 379.

haßte Prälatur ausspielte [1]), mag ihn abgehalten haben, seinen innern Gegensatz gegen diese Feinde des Evangeliums geltend zu machen [2]). In dem öffentlichen Universitätsleben, welches in jenen Jahren von unausgesetzten Kämpfen zwischen den Mendikanten und Säkularen beherrscht war, lagen hinreichende Anlässe, den für die Größe und Freiheit der ruhmreichen Hochschule begeisterten Mann gegen die Vorkämpfer der römischen Ansprüche, welche mit unwürdigen Mitteln die freiheitlichen Bestrebungen der Schule bekämpften, aufzubringen. Hierauf bezügliche Andeutungen dürfen wir vielleicht in jenen Äußerungen finden, in denen er sich, eben an die Beschwerden jenes Fitzralph anknüpfend, über ihre Bemühungen beklagt, nicht nur die heilige Schrift den Weltlichen vorzuenthalten, sondern auch andere gute Bücher den wissenschaftlichen Zwecken der Universität zu entziehen und in ihren Bibliotheken lieber vermodern zu lassen. Sie trügen, sagt er geradezu, hauptsächlich die Schuld, daß Geistliche und Kleriker fast kein Buch von Wert besitzen und suchen dadurch, wie Richard von Armagh schon bezeugt, nicht nur den Einfluß der Weltgeistlichkeit zu zerstören, sondern verhindern die rechte Belehrung des Volkes [3]).

Gerade in dieser aber erkannte er die Hauptaufgabe seines Lebens. Predigt und Seelsorge, uneigennützige Hingabe an die geistliche Versorgung der Gemeinde war den Bettelmönchen von

---

1) Später ändert sich die Haltung der Bettelmönche gegen ihn. In den Streitschriften ist wiederholt von einer conspiratio fratrum gegen Lancaster die Rede; vgl. S. 95. 227. 332.

2) Ich bin geneigt, jene Äußerung in De ordinatione fratr., Streitschr., S. 92: nos in labores eorum (Fitzralphs, Occams ꝛc.) intrantes wörtlich zu fassen und an ein Vorhandensein des Gegensatzes schon in den 60er Jahren zu glauben.

3) Matthew, 128: „thei han manie bokes and namely of holy writt, Summe by bygging and some by gifte and testamentis and hyden hem from seculer clerkis & suffren thes noble bokes wexe roten in here libraries, & neither wolen sillen hem ne lenen hem to othere clerkis that wolden profiten bi studiynge in hem & techen cristene peple the weie to hevene." Vgl. auch S. 221.

ihren Stiftern befohlen worden, weil die in die Gefahren des
Reichtums verstrickte Weltgeistlichkeit ihre seelsorgerischen Pflichten
den Verlockungen eines behaglichen Lebens geopfert hatte. Das
waren jene Jahre gewesen, wo die Jünger des heiligen Domini=
kus und Franz von dem Volke wie himmlische Boten begrüßt worden
waren, weil sie in einer wahrhaft bewundernswerten Liebesthätig=
keit sich der geistlichen und leiblichen Nöte des Volkes angenommen
und Thaten der höchsten Selbstlosigkeit vollbracht hatten. Jetzt
waren sie andere geworden. Die Bedürfnisse der Volksseele aber
waren dieselben geblieben. Hier mußte eine helfende Hand ein=
greifen. Seine Lebensaufgabe, das empfand Wiclif, war mit der
erfolgreichen Kritik der Jurisdiktion und Oberlehnsherrschaft des
Papstes nicht erschöpft. Die vertiefte Erkenntnis der heiligen
Schrift und ihres religiösen Wertes stellte ihm höhere Ziele. In
Goddis lawe hatte er in seinem Lebenskampfe Wahrheit und
Klarheit gefunden. Hier waren die Grundzüge alles religiösen
Lebens gelegt. War die Kirche in der That die Gemeinde der
Erwählten, der Gläubigen, wie er gegen den Widerspruch der
kirchlichen Gewalthaber lehrte [1]), so mußte das Evangelium Christi
Allgemeingut, das Lebensprinzip jedes einzelnen werden. Jeder
hatte Anspruch darauf. Es handelte sich also darum, für die
Ströme des neuen Lebens die rechten Kanäle zu finden. Mar=
siglius von Padua und Johann von Jandun hatten wenig oder
nichts erreichen können, weil sie einreißend, nicht zugleich aufbauend
gewirkt hatten. Ihrem fluchwürdigen Namen hatte der Papst be=
reits denjenigen Wiclifs beigesellt. Jetzt ließ er sich von dem
Evangelium, dem großen Grundgesetze der göttlichen Lebensord=
nungen, zu dem Schwerte auch die Baukelle in die Hand legen.
So gab ihm die dankbare Nachwelt den Namen des „Evange=
lischen Doktors.“

Ohne Seelenhirten, ohne geistliche Unterweisung und religiösen
Zuspruch hatte das Volk schon vor der Zeit, von der hier die
die Rede ist, die schweren Pflichtversäumnisse des Klerus büßen
müssen. Es hatte selbst eine Empfindung seiner geistlichen Ver=
lassenheit. Auch die Kirche erkannte den Mangel an, indem sie

---

1) Streitschriften, S. 653.

den Bettelmönchen Kanzel und Beichtstuhl anwies. Mit der ganzen
Kraft, welche die Begeisterung für ein Ideal verleiht, warfen sich
die Dominikaner den geistlichen, die Franziskaner den leiblichen Nöten
des Volks entgegen: beide Orden mit steigendem Erfolge. Aber
das Feuer der ersten Liebe war bald verglommen. Was ihre
Stärke gewesen und ihnen die Herzen und Thüren der Armen
geöffnet, ihre Armut, das wurde der Grund ihres Verderbens.
Die Besitzlosigkeit zwang sie zum Bettel. So wurden sie rasch
reich. Nun stellten sie die ihnen befohlenen idealen Aufgaben
hintan. Riß früher das Feuer einer natürlichen Beredsamkeit, die
Harmonie zwischen Lehre und Leben die Hörer hin, jetzt erregten
die plumpen Possenreißereien und die durchsichtigen Kunstgriffe der
schmutzigen Bettler nur noch ein Lächeln [1]): denn nach der Predigt kam die Kollekte, auf die der „Pfennigprediger" es abgesehen [2]). So war das Wort Gottes unter dem Volke verstummt.
Auch die Seelsorge der Weltgeistlichkeit war, wie wir gesehen, zum
Formeldienst erniedrigt worden, der sich auf das Hersagen der kirchlich
vorgeschriebenen Gebete und Meßformularien beschränkte, während
ihre Predigt in formalistische Schönrednerei oder witzelndes Fabulieren eines ehrgeizigen, nach Beifall haschenden Strebertums
ausgeartet war [3]).

„Weil das ewige Wort Gottes fehlt, und der Acker der Kirche
verwüstet ist, herrscht überall geistiger Tod. Gottes Wort muß
deshalb wieder lebendig werden", ruft Wiclif aus, „verkündigt in
beiden Sprachen, in der lateinischen den Gelehrten, in der Landessprache den kleinen Leuten." Wiclif selbst ist ohne Zweifel das
Muster eines solchen Volkspredigers in seiner Zeit gewesen. Sehr
zahlreiche lateinische Predigten sind von ihm in Oxford, dum stetit
in scholis, gehalten. Umfangreicher ist sein uns erhaltener Nachlaß an englischen Sermonen, die der Lutterworther Periode angehören [4]). Halten sich auch seine lateinischen Predigten nicht frei

---

1) Vgl. Streitschriften, S. 97. 67.
2) De Offic. past. II, 5 (herausgeg. von Lechler).
3) Interessante Belege hierzu bei Lechler, S. 395 ff.
4) Sie sind 1869 von Th. Arnold in den Select Engl. Works of
J. W. gedruckt.

von der Sprache der Schule, so sind die englischen durch schlichte Popularität, einen herzlichen Ton, und an vielen Stellen durch eine warme Empfindung ausgezeichnet, daß der Leser, sobald er die Schwierigkeiten des etwas schwerfälligen Idioms überwunden hat, nicht ohne das Gefühl ihrer einfachen Schönheit bleiben kann.

Indessen ein für die Wahrheit und Lebenskraft des Evangeliums begeisterter Mann mußte den seelsorgerischen Notständen der Zeit gegenüber einen Schritt weitergehen. „Nichts ist“, ruft er aus, „nützlicher für das Wachstum der Kirche als die Verkündigung des Wortes Gottes. Die einen Prälaten, wenn ich es sagen darf, kennen die heilige Schrift nicht. Andere wiederum verheim= lichen alles, was in der Schrift über die Armut des Klerus ge= sagt ist. Da ist es für die Kirche das Beste, daß die Gläubigen den Sinn der Schrift aufdecken, und das muß geschehen in der Sprache, die das Volk versteht.“ „Haben Christus“, fragt er, „und die Apostel viele Leute durch die Predigt in der Landessprache bekehrt, warum sollen denn nicht die neuen Jünger Christi Brocken des= selben Brotes austeilen? In beiden Sprachen muß der Glaube dem Volke erschlossen werden“ [1].

Von diesen Grundsätzen aus that er die ersten Schritte zur Durchführung einer praktischen Kirchenreform, welche für das eng= lische Kirchentum des folgenden Jahrhunderts von den tiefgreifendsten Folgen begleitet war. Der von ihm gegründete Verein von armen Wanderpredigern (Poor Priests, Simple Priests) sollte in das geistliche Arbeitsfeld der Bettelmönche eintreten und unter freieren Formen eine Lösung der Aufgaben versuchen, welche von diesen nicht erfüllt worden waren. Kein Gelübde, keine förmliche Weihe

---

1) Vgl. Speculum secul. domin. im cod. 3929, fol. 20 d: „Similiter cum veritas fidei sit clarior et reccior in scriptura quam sacerdotes sciunt exprimere, cum multi eciam prelati, si phas est dicere, sunt scripture minus ignari et alii celant puncta scripture, que sonant in humiliacionem et paupertatem cleri . . . utile videtur ecclesie fideles sensum fidei taliter reservare.“ fol. 21 a: „Cristus et sui apostoli converterunt gentem plurimam per de= teccionem scripture sacre et hoc in lingua, que fuerat magis nota . . . quare ergo non deberent moderni cristiani discipuli de eodem pane fig= menta colligere? In duplici ergo lingwa est fides Cristi populo reser= renda.“

band die Glieder. Ein Erſatz der alten durch einen neuen Orden wurde nicht angeſtrebt. Ein neuer Geiſt belebte, neue Formen umſchloſſen das Ganze. Arm ohne zu betteln, von einem Willen gelenkt und ihm gehorſam, im beſtändigen Verkehr mit dem Volke und ausgerüſtet mit Geiſt und Glauben, wurden die Armen Prieſter bald die mächtigſten Vorkämpfer der neuen Lehre. Nur inſoweit behält Shirley (Fasc. XLI) recht, wenn er von ihnen ſagt: „Wäre Wiclif geſtorben vor ſeiner Leugnung der römiſchen Abend=mahlslehre, ſo wäre ſein Name vielleicht in einer anderen Form uns erhalten worden, und am Grabe ihres Gründers wären vielleicht Wunder gewirkt worden von den Predigerbrüdern des heiligen Johann Wiclif.‟

So erhebt ſich vor unſerem innern Auge das Bild dieſer frei=mütigen, kühnen und geiſtgeſalbten Volksprediger des 14. Jahr=hunderts: barfuß, gekleidet in einen langen, groben Tuchmantel von dunkelroter Farbe, der das Zeichen harter Arbeit und der Armut war, einen langen Stab in der Hand, der ihren Hirtenberuf andeutete, wandern ſie in der weiten Diöces von Leiceſter (und London) von Stadt zu Stadt, von Dorf zu Dorf. In Kirchen, Kapellen und Meß=häuſern, wo ſie nur ein paar Zuhörer zuſammen bekommen können, predigen ſie von der Herrlichkeit des Geſetzes Gottes. Der ganze Haß der Prälaten und reichen Pfarrherren, der Rektoren und Äbte wendet ſich gegen ſie. Ihr rauhes Gewand und ihre rauhere Art begegnet in den Städten manchem Lächeln und Spott=wort — aber das Volk liebt ſie, und fortwährend iſt ihre Gunſt im Steigen begriffen [1]). Und die Männer waren es wert, daß man ſie liebte. Wir dürfen nicht zweifeln, daß Chaucer einen dieſer Wanderprediger (oder Wiclif ſelbſt) vor Augen hatte, als er ſeinen berühmten Canterbury=Erzählungen das Bild des Guten Landgeiſtlichen einfügte, in dem ſich eine Reihe von Zügen der Armen Prieſter Wiclifs zuſammenfinden.

> „Ein guter Mann aus heil'gem Stand war dort,
> Ein Pfarrer war's aus einem kleinen Ort;
> Arm, doch an heil'gem Sinn und Werken reich.
> Er war auch ein gelehrter Mann zugleich,

---

1) Vgl. mein engl. Schriftchen: J. Wiclif, Patriot and Reformer, S. 60.

Der Christi Lehre predigt treu und rein.
Wohlwollend war er, immer dienstbereit,
Und voll Geduld in Widerwärtigkeit.
Um seinen Zehnten hat er nie geflucht,
Nein, lieber schenkt er selber voll Erbarmen
Von den Gebühren noch den Kirchspielarmen,
Ja selbst von seinem eignen Hab und Gut.
Von Wen'gem lebt er mit vergnügtem Mut.
Groß war sein Kirchspiel, weit die Häuser entlegen,
Doch hielt ihn nicht Gewitter ab, noch Regen,
Daß er besucht in Siechtum und in Harm
Auch den Entferntesten, reich oder arm,
Zu Fuß, in seiner Hand den Wanderstab.
Das Beispiel, das er der Gemeinde gab,
War: erst zu handeln, und hernach zu lehren.
Auch gab er seine Pfründe nicht auf Pacht,
Verließ die Herde nicht in Sumpf und Nacht,
Um selbst nach London und St. Pauls zu laufen,
Und einen Seelenmessedienst zu kaufen.
Er war kein Mietling, nein, ein guter Hirte.
Und war er gleich ein frommer, heil'ger Mann,
So ließ er doch nicht hart den Sünder an.
Nie war sein Wort voll Hochmut, nie voll Wut,
Nein, schonend war er stets und sanft und gut.
Die Reuigen dem Himmel zu gewinnen
Durch gutes Beispiel war sein ganzes Sinnen.
Nur wenn er einen ganz Verstockten fand —
War er von nieder'm oder höher'm Stand —
Dem wollt' er die Leviten scharf verlesen.
Ein beß'rer Priester traun ist nicht gewesen.
Was Christus samt den zwölf Aposteln sprach,
Das lehrt er: doch zuerst that er danach. —"

Es ist eine oft wiederholte, im Wesen der Sache begründete Erscheinung, daß große Geistesbewegungen scheinbar unvermittelt, unvermutet und plötzlich in das Bewußtsein der Zeitgenossen treten. Auf ihre Anfänge hat niemand geachtet, sie sind plötzlich da und überraschen die Mitwelt. Für denjenigen aber, der diese Erscheinungen geschichtlich zu verstehen sich bemüht, liegt ein eigentümlicher Reiz darin, den Kräften, welche jene geistigen Bewegungen an die Oberfläche des Lebens treiben, nachzuspüren und die treibenden Motive ihres Schöpfers bloßzulegen. Dann geschieht es wohl, daß ein tieferes, das Wesen der Bewegung erfassendes Verständnis gewonnen wird. Dies darf, nachdem die neueren Forschungen sich etwas gründlicher dem Institut der Armen Priester zugewandt haben, auch von diesem plötzlich und unvermittelt zutage tretenden praktischen Reformversuche Wiclifs gesagt werden. —

In einem Mandate des Erzbischofs Courtenay vom Mai 1382 erscheinen diese „Prediger des Göttlichen Gesetzes" zum erstenmal. Der Primas beklagt sich, daß „gewisse unberufene Reiseprediger unter dem Scheine großer Heiligkeit, aber ohne bischöfliche Ermächtigung an heiligen und unheiligen Orten irrige, ja ketzerische Behauptungen in ihren Predigten aufstellen". Daß Wiclifs Arme Prediger gemeint sind, ergiebt sich aus den dem Mandate angefügten Sätzen[1]). Durch die Bettelmönche suchte Courtenay den gefährlichen Männern entgegenzutreten und „die treuen und armen Priester zu vernichten"[2]). Aber einen durchgreifenden Erfolg hatten seine Schritte nicht. —

Auch eine Oxforder geistliche Kommission ergriff Maßregeln gegen sie. Aus der Beschwerdeschrift, mit der sie sich in der Sache an den Erzbischof wandte, ersehen wir, daß das Institut „schon mehrere Jahre" vor 1382 bestand, also in das Ende oder die Mitte der siebziger Jahre zurückreicht. Anderseits ergiebt sich aus der Notiz, daß dem Institut eine mächtige Kraft des Aufschwungs beiwohnte, da die Bewegung und ihr Erfolg bereits „innerhalb weniger Jahre" so bedenkenerregenden Umfang angenommen hatte, daß sie zu Klagen an den Ordinarius Anlaß gab. Um 1378 oder 1379, nachdem Wiclif einzelne Teile der englischen Bibel vollendet, entfaltete der Verein seine volle Thätigkeit. Nach Knightons Bericht waren die Armen Prediger über einen großen Teil Englands verbreitet und predigten das Evangelium[3]).

Oxford, Leicester und Lutterworth waren die Zentralpunkte der Mission[4]). Von hier aus entfalteten die Männer eine reich gesegnete Thätigkeit. Aus einer ganzen Reihe zeitgenössischer Be-

---

1) Vgl. Wilkins III, 158 ff.
2) Fascic. Ziz. XL., Anm. 1.
3) Knighton, 2658.
4) Vgl. Zeitschr. f. hist. Theol. 1875 I, 10, Anm. 12.

richte, die sich fast alle in Klagen über diese „Söhne des Ver=
derbens", die „ungelehrten und dummen Priester" ergehen, fallen
Lichter auf die Weise und Erfolge der Mission [1]). Es gelang
ihnen, weite Kreise von der Notwendigkeit einer inneren Reformation
zu überzeugen. Das war die Stärke ihrer Position. Denn unter
dem flutenden Drange häretischer Meinungen, deren man die Armen
Prediger und ihre Anhänger, die Lollarden, beschuldigte, trat die
eine Lehre von der alleinigen Autorität der heiligen Schrift in
Glaubenssachen kräftig hervor. Für alle Reformen, deren Not=
wendigkeit sie verkündigten, sie mochten sich auf das Leben oder
die Lehre beziehen, gingen sie zurück auf das Gesetz Gottes, Goddis
lawe. Dieses allein „sollte beständig erkannt, gelehrt, aufrecht er=
halten und hochgeachtet" werden [2]), weil „niemand gerecht und gott=
gefällig werden könne, der nicht Gottes Gesetz halte" [3]). Wir
sehen aus diesen von ihrem Meister ihnen übermittelten Grund=
sätzen, von welchen Motiven aus ihre Gründung erfolgt war:
Verbreitung der Bibel, evangelische Mission war der Zweck dieses
lebenskräftigen Instituts, dem der Geist des Meisters auch in
seiner ganzen äußeren Art aufgeprägt war.

———

In zahlreichen Stellen kommt Wiclif auf die universale Be=
deutung der heiligen Schrift für das christliche Leben zurück. „In
dem Maße", ruft er einmal aus, „wie Christus unendlich viel er=
habener ist als irgend ein anderer Mensch, steht auch das Gesetz des
Herrn höher als alle menschliche Satzung." „Es ist unmöglich",
sagt er in seiner großen Apologie der Bibel De veritate Scripturae
sacrae, in der er den einzigartigen Wert der heiligen Schrift nach=
zuweisen sucht, „daß irgendein Wort oder eine That eines Christen
gleiche Autorität wie die Schrift in Anspruch nehmen könnte" [4]).

---

1) Knighton 2658.
2) Of good prechyng Prestis bei Lewis, S. 200.
3) Knighton 2664.
4) Cod. 1294 fol. 45 b: „Scripture auctoritas precellit omnem auctori-
tatem creatam, et efficacia sentencie est magis utilis ac forma verborum

„Kein Christ", heißt es an einer anderen Stelle, „darf zugeben,
daß die Heilige Schrift irgendwie Falsches lehre. Auch darf der=
jenige, der sie unrichtig versteht, nicht zugeben, daß sie falsch sei;
denn die Falschheit liegt nicht in der Heiligen Schrift, sondern in
dem, der sie falsch auslegt ¹). Denn wenn die Heilige Schrift
irgend einen unmöglichen Sinn ergäbe, so hätte Gott selbst ihn ge=
geben, und man dürfte sie dann nicht die Heilige Schrift nennen" ²).
„Wenn wir auf den gegenwärtigen Stand der Kirche sehen, so
finden wir, daß es für die Kirche nützlicher wäre, wenn sie von
dem Gesetze der Bibel, als von menschlichen Traditionen, die mit
evangelischen Wahrheiten untermischt sind, regiert würde ³). Gottes
Wort ist die Grundlage für jeden Glaubenssatz, das Vorbild und
der Spiegel, in dem der Christ jeden Irrtum und jede ketzerische
Verkehrtheit erkennen kann." „Die Heilige Schrift ist der Glaube
der Kirche, und je deutlicher sie uns in ihrem richtigen Verständnis
bekannt ist, desto besser. Deshalb sollte sie, da auch die Laien
den rechten Glauben kennen müssen, in der Sprache, die diesen am
besten bekannt ist, gelehrt werden" ⁴). „Christus und die Apostel
belehrten das Volk in der ihm bekannten Sprache — warum soll
man es jetzt nicht auch thun?" „Die Franzosen haben trotz aller

plus venerabilis quam sentencia vel locucio aliena." fol. 45: „in omnibus talibus videtur michi summum remedium, solide credere fidem
scripture, et nulli alii in quocunque credere nisi de quanto se fundaverit
ex scriptura." Cod. 1338, fol. 21 a: „non capiende sunt ut fides (scripture) leges, quas prelati fabricant, nec est credendum suis vivis vocibus
nisi de quanto fundate fuerint ex scriptura, cum . . . omnis veritas
est in scriptura."

1) Cod. Dubl. Trin. C. 1, 24, fol. 45 a: „ nullus cristianus debet concedere
scripturam sacram propter intellectum erroneum esse falsum. Faslitas
est in false intelligente et non in scriptura sacra."

2) Vgl. dazu Matthew 429: „goddis writ is hooly writ, that may on
no maner be fals."

3) Cod. Cambr. Queens 27, fol. 100 a: „utilius et undique expedicius
foret regulari pure lege scripture, quam quod tradiciones humane sunt
sic commixte cum veritatibus ewangelicis, ut sunt modo."

4) Cod. 1338, fol. 20 d: „scriptura sacra est fides ecclesie, et
de quanto est nota planius in sensu orthodoxo, de tanto est melius. Ideo
sicut seculares debent fidem cognoscere, sic in quacunque lingwa plus
nota fuerit est docenda."

Hindernisse die Bibel aus dem Lateinischen ins Französische über=
setzt, warum sollen's die Engländer nicht? Und wenn englische
Lords französische Bibeln haben, so wäre es doch nicht wider die
Vernunft, sie auch englisch zu haben" [1]).

Aus diesen Sätzen erkennen wir die höhere Aufgabe, die Wiclif
sich gestellt: das Buch des Lebens sollte hinausgeworfen werden
auf den Markt des Lebens, damit es sich da erweise als eine
Gotteskraft, die scheidend, aber auch aufbauend, tröstend, kräftigend,
erhebend auf die Volksseele wirken sollte. Ihm galt es, nachdem
er selbst aus diesem Lebensbronnen getrunken, die erfrischende
Quelle „auf den Boden des Vaterlandes zu leiten und in den
Formen volkstümlichen Empfindens und Verstehens neu zu fassen".
So unternahm er das Werk, das wie kein anderes die Spuren
seines kühnen und frommen Geistes dem nachfolgenden englischen
Kulturleben aufgedrückt hat. Seine Übersetzung der Bibel
in die Volkssprache bezeichnet nicht nur eine Epoche in der
Entwickelung des englischen Sprachtums, sondern ist als religiöses
Ferment für das Geistesleben der nächsten anderthalb Jahrhunderte
von tiefgreifendster Bedeutung geworden. —

Mit der alleinigen Ausnahme der Psalmen gab es bis zum
Jahre 1360 kein biblisches Buch in englischer Sprache [2]). Nur
poetische Bearbeitungen einzelner Schriftteile, Auszüge aus biblischen
Büchern waren vorhanden. Nach kaum fünfundzwanzig Jahren
war eine Prosaübersetzung der ganzen Bibel, der kanonischen wie
apokryphischen Bücher, in der Sprache des gemeinen Mannes voll=
endet und weithin in Gebrauch. England hatte eine Volksbibel
erhalten. „Das Evangelium wird gemein", klagt Knighton, „ja
vielen Laien und Frauen, die des Lesens kundig sind, bekannter, als es
den gelehrtesten und klügsten Geistlichen zu sein pflegt. Die Perle
des Evangeliums ist vor die Säue geworfen, das Kleinod der
Geistlichen in ein Spielzeug der Laien verkehrt worden." „Jeder

---

1) De off. past. Matthew, 429: „crist & his apostlis taugten the
puple in that tunge that was moost knowun to the puple, why shulden
not men do nou so? Also the worthy reume of frannse notwithstondinge
alle lettingis hath transletid the bible into freynsch, why etc."

2) Das Genauere bei Pennington, S. 157 ff.

zweite Mann, dem du auf der Straße begegnest, ist ein Lollarde." Nicht weniger als 150 Handschriften sind noch jetzt von Wiclifs re= vidierter Version vorhanden, so viele wie von keinem anderen seiner Werke, auch dem am meisten kopierten Dialog nicht; sie be= weisen, wie kräftig das Verlangen nach dem „lautern und freien Evangelium" die Herzen des Volks ergriff.

Können wir auch nicht mit Sicherheit den Anteil bestimmen, den Wiclif, nachdem das Werk in Angriff genommen war, an dem= selben nahm, so wissen wir doch, daß nicht nur die Idee und die Vorbereitung derselben von ihm ausging, sondern auch daß die Vollendung der Arbeit seinem Eifer, seiner Aufmunterung und Oberleitung zu verdanken ist [1]).

Schon zu Ende der siebziger Jahre, noch ehe er jene schöne dreisprachige Bibel gesehen, welche die Königin Anna, eine deutsche Kaisertochter, aus Böhmen mit nach England gebracht hatte [2]), hatte ihn der Gedanke beschäftigt, die heilige Schrift aus ihrer lateinischen Erstarrung zu befreien und für das gemeine Volk in seine damals jugendfrisch aufstrebende Muttersprache zu übersetzen. An einer Evangelienharmonie des Priors Klemens von Lanthony versuchte er zuerst seine Kraft. Unter der Arbeit ging ihm sein Herz auf: wie ein Gebet zu Gott ringt sich aus seinem Innern die Klage „über die armen Leute, denen das Wort Gottes ge= nommen ist". Eine tiefe Bewegung geht durch seine Seele, während er in jene schönen, seine ganze Art so treffend kenn= zeichnenden Worte ausbricht: „Christen sollten Tag und Nacht arbeiten an den Texten der heiligen Schrift, namentlich des Evan= geliums in ihrer Muttersprache. Aber wollüstige Gelehrte dieser Welt erwidern, Laien könnten leicht irren. Ach, ach, welche Grau= samkeit ist es, alle leibliche Speise aus einem ganzen Königreiche zu rauben, weil wenige Thoren könnten gefräßig sein und sich durch unmäßigen Genuß Schaden thun. Geradeso leicht kann ein

---

1) Forshall & Madden, Preface VI.

2) Streitschriften, S. 163: „nam possibile est, quod nobilis regina Anglie, soror cesaris, habeat ewangelium in lingwa triplici exaratum, scilicet in lingwa boemica, in lingwa teutunica et latine et hereticare ipsam propterea foret luciferina superbia."

stolzer, weltlicher Priester irren, dem lateinischen Evangelium zu=
wider, als ein einfacher Laie irren kann, dem englischen Evangelium
zuwider. Ist denn das Vernunft, wenn ein lernendes Kind am
ersten Tage Fehler begeht, Kinder um solches Fehlers willen über=
haupt nicht zum Lesenlernen zuzulassen? Jedermann ist ge=
halten, seine heilige Lektion zu lernen, damit er
selig werde. Aber jeder Mann, welcher selig werden
will, ist ein wirklicher Priester, von Gott dazu ge=
macht, und jedermann ist verbunden, solch ein Priester
zu sein. Aber weltliche Priester schreien, daß die Bibel in eng=
lischer Sprache die Christen in Streit bringen würde, deshalb solle
sie unter den Laien nicht geduldet werden [1].“

In diesem Geiste nahm er nun das große Werk auf. Zuerst
ging er an das Neue Testament, das rasch zur Vollendung kam.
Auch die überlieferten Prologe wurden wie der Text aus der Vul=
gata ins Englische übersetzt [2]. Noch während er selbst das Evan=
gelium unter seinen Händen hatte, wurde das Alte Testament von
Nicolaus v. Hereford in Angriff genommen [3]. Hereford gelangte in
seiner Übersetzung bis Baruch 3, 20. Mitten in der Arbeit wurde er
unterbrochen: am 1. Juli 1382 war er als einer der energischen
Vertreter der neuen Ideeen von einer Provinzialsynode exkommuniziert
worden und ging noch in demselben Monat nach Rom, um dort
seine Appellation zu betreiben [4]. So blieb seit Ende Juni
1382 das Herefordsche Bruchstück in Wiclifs Händen. Wie Stil und
Wortschatz beweisen, setzte er seines Schülers Werk fort und voll=
endete das Alte Testament noch vor Abschluß des Jahres 1382. —
Rasch wurde durch praktische Verwertung der einzelnen biblischen

---

1) Forshall & Madden I, XVa: „eche lewed man that schul be
savid is a real preest maad of God, and eche man is bounden to be
suche a verri preest.“

2) Des Griechischen war Wiclif nur in sehr mangelhafter Weise kundig,
vgl. Zeitschr. f. hist. Theol., 1874, III, 309.

3) Die Bodleian Libr. bewahrt das Originalmanuskript Herefords noch
jetzt als einen ihrer kostbarsten Schätze (No. 959). Einer zweiten Handschrift
derselben Bibl. (Douce 396) verdanken wir den Namen des Übersetzers; auf
dem letzten Blatte steht: „explicit translacion Nicholay herford“.

4) Fascic. Ziz. 289 ff. Knighton 2656. Er wurde dort verhaftet
und kehrte erst nach Jahren in seine Heimat zurück.

Stücke, durch Auszüge aus gern gelesenen Büchern, der Sonntags=
evangelien und =episteln das Ganze dem allgemeinen Bedürfnisse
nutzbar gemacht. Da den Arbeitern die sichere Methode, die Basis
einheitlicher Übersetzungsgrundsätze fehlte, ergaben sich Mängel. In=
folge davon regte Wiclif eine Revision des ganzen Werkes an.
Etwa vier Jahre nach seinem Tode gelangte diese, das Werk
John Purveys, der Wiclif in seinen letzten Lebensjahren sehr nahe
stand, zum Abschluß. Rasch eroberte sich die jüngere Textgestalt
Boden. Die ältere Arbeit trat vor der verbesserten in den Hinter=
grund, und so kam es, daß (bis zum Jahre 1850) über die Pro=
venienz der beiden Arbeiten falsche Annahmen unterhalten wurden,
indem nach Lewis' Vorgange die jüngere Übersetzung für die ältere
und umgekehrt angesehen wurde. Es ist das Verdienst Forshalls
und Maddens', in diese dunklen Partien Licht gebracht zu haben.

So war die Riesenarbeit vollendet: ein Werk treuster, be=
geisterter Hingabe und eines eisernen Fleißes, nicht aus dem Geiste
der Kirche zu erklären, der vielmehr eine Abtrennung des religiösen
Gedankens von dem geistigen Untergrunde der heiligen Schrift an=
strebte. Von Wiclif war die große und neue Idee einer eng=
lischen Volksbibel nicht nur gefaßt, sondern auch verwirklicht wor=
den: in ihren Folgen viel bedeutsamer, als es auf den ersten Blick
erscheint. Seinem genialen Weitblick und tiefem Verständnis für
die religiösen Bedürfnisse der Zeit verdankt England dies Werk,
das seinen Meister nachher an Chaucers Seite stellen und zum
„Vater der englischen Prosa" machen sollte. Nicht ohne die
Empfindung ihrer einfachen Schönheit können wir das edle Pathos
und die männliche Kraft seiner kurzen Sentenzen auf uns wirken
lassen, durch welche er die Schwächen einer noch ungeformten
Sprache überwindet. In seinen Streit= und Lehrschriften kämpft
er wohl auch mit den Waffen des erhitzten Scheltworts und der
schlagenden Ironie. Heftig und verzehrend lodert das Feuer seines
Zornes auf, wenn er im Heiligtum den Greuel der Verwüstung
erblickt — hier in seiner Bibel leuchten andere mildere Flammen.
Ein tiefer Ernst, warmes Empfinden und heiliger Gottes=
frieden. Wie auf heiligem Boden wandelt er in andächtiger Stille,
„als spräche er ein Gebet". Denn in diesem biblischen Grunde
war sein ganzes religiöses Empfinden festgewurzelt. In der Bibel

fand er, wie Luther 150 Jahre später, die Sicherheit, „gegen welche Papst und Prälaten ein jeder 100 000 Bücher schreiben mögen, sie würden doch nur schriftlose, nackte, ungelehrte Schreiber sein". „Und wenn es hundert Päpste gäbe", sagt er nicht ohne Anflug von Humor, „und alle Bettelmönche Kardinäle würden, man dürfte ihnen in Glaubenssachen doch nur insoweit beipflichten, als sie mit der heiligen Schrift übereinstimmen." Mit solchen Gedanken schritt er vorahnenden Geistes, wie ein religiöser Genius und Prophet, über die Schranken seiner Zeit und seines Volkes hinweg und pflanzte mit den großen Grundsätzen der Gewissensfreiheit, der Befreiung der christlichen Persönlichkeit aus priesterlicher Bevormundung, der Hinlänglichkeit und unbedingten Autorität der heiligen Schrift für alle religiösen Fragen die ersten Keime jenes neuen Geisteslebens, deren Blüten anderthalb Jahrhunderte später in deutschen Landen hervorbrachen. Insofern steht Wiclif, wenn wir ihn mit den großen Geisteshelden seiner Zeit vergleichen, vor uns in dem Halbdunkel einsamer Größe, welche von seinem Jahrhundert noch nicht verstanden wurde.

Nicht minder bedeutsame Schlaglichter fallen auf sein Werk, wenn wir dasselbe in seiner Bedeutung für die englische Sprachentwickelung zu begreifen suchen. Wie Luther durch seine Wartburgsarbeit das neuhochdeutsche Schrifttum schuf, so Wiclif neben Chaucer, dem Vater der englischen Poesie, durch seine Bibel das Mittelenglische. Chaucers sinnige und zart empfundene, durch den Reiz seinen Humors ausgezeichnete Geschichten sind kulturhistorisch von höchstem Interesse. Diese frischen und frohsinnigen Schilderungen sind in geschichtlicher und sozialer Beziehung unvergleichlich; Wiclifs Bibel wandte sich in einzigartiger Weise an das religiöse Empfinden des Volkes. Chaucer suchte den vornehmen und gebildeten Gesellschaftsklassen zu dienen, und sein Einfluß blieb, soweit er bahnbrechend war, im wesentlichen auf die kleine litterarische Gemeinde seiner Zeit beschränkt. Wiclif wandte sich an alle Schichten des Volkes, an die Reichen und Armen, Gelehrten und Ungebildeten und befruchtete, indem er die religiösen und sittlichen Wahrheiten der Bibel in alle Klassen der Gesellschaft warf, das englische Volksgemüt auf Jahrhunderte hinaus.

So hatte er unter den Bemühungen, das Wort des Lebens in die junge, lebensfrische Sprache seines Landes zu übertragen, nicht nur ihre objektiv religiöse Bestimmung, Regel und Richtschnur für das christliche Leben zu werden, innerlich erfaßt, sondern in dem neu gewonnenen Schriftprinzip auch persönlich die Freiheit und Kraft für eine Kritik des kirchlichen Lehrbegriffs gewonnen.

Im Frühsommer 1381 veröffentlichte er in Oxford zwölf Sätze[1]), in denen er das Bollwerk des römischen Systems, die Abendmahlslehre, zu brechen suchte. Es war der erste erfolgreiche Angriff, den der reformatorische Gedanke auf diese grundlegende Doktrin unternahm. Auf Wiclif folgten Hus und Luther; Wiclif wandte sich gegen die Wandlung, das priesterliche Wunder, Hus verlangte den Laienkelch und bekämpfte den priesterlichen Anspruch; Luther leugnete das priesterliche Opfer, den „Greuel der Messe": alle drei aber gründeten ihren Widerspruch auf das Evangelium.

Nicht plötzlich und unvermittelt erfolgte dieser Angriff. Schon in den sechziger Jahren hatte die Abendmahlsfrage Wiclifs lebhaften Geist beschäftigt. Er ging auf Gedanken zurück, die in dem unergründlichen Sinne seines Volksgenossen Scotus Erigena beschlossen gewesen waren, der 400 Jahre früher die gelehrte Welt durch die Tiefe seiner Weltbetrachtung in Staunen gesetzt hatte. In einer Predigt vom Jahre 1367 kommt Wiclif auf die verschiedenen irrtümlichen Auffassungen und Fälschungen der römischen Lehre zu sprechen und fügt hinzu, daß es genüge zu glauben, daß der Leib Christi in jedem Punkte der geweihten Hostie auf eine geistliche und sakramentale Weise da sei[2]), wie denn überhaupt die ganze Predigt von dem Gedanken einer geistigen sakramentalen Gegenwart Christi im Abendmahl beherrscht ist. In einem anderen frühen (1362?) Werke „Über das Sein" macht er seine philosophischen Bedenken gegen die Lehre geltend, indem er bei einer Betrachtung des Begriffs annichilacio darauf hinweist, daß es nicht in Übereinstimmung mit der Idee Gottes sei, irgend ein Ding

---

1) Sie stehen Fascic. Ziz. 105 ff.; übersetzt bei Lechler 1, 652 ff.

2) Vgl. Early Sermons, No. XX, Lambeth cod. No. 23: „videtur satis esse Christiano quod corpus Christi sit quodam modo spirituali [et] sacramentali ad omne punctum hostie consecrate."

wesenhaft zu vernichten, daß also auch die nach kirchlicher Annahme täglich und stündlich vor sich gehende Vernichtung der Brot= und Weinsubstanz nicht stattfinde, da ihre Accidenzien zurückbleiben [1]). Wir werden gleich sehen, daß die Grundzüge seiner späteren An= schauung im Keime schon hier ausgesprochen sind. Philosophische Erwägungen scheinen den Anlaß zu den Bedenken gegeben zu haben, aus denen sich zwanzig Jahre später die heftige theologische Bekämpfung der Lehre entwickelte. „Jener weiße und runde Gegenstand", heißt es in einer seiner frühesten Predigten [2]), „ist nicht seiner Natur nach der Körper des Herrn; daraus folgt, daß ein Christ in diesem heiligen Sakramente den Leib Christi nicht körperlich, sondern auf geistige Weise empfängt." „Jene Substanz", sagt er in der demselben Jahre angehörenden Schrift De Incarna- cione [3]), „wird nicht der Körper Christi, sondern ist ein Zeichen, welches anzeigt, daß der Leib Christi sacramentaliter da sei und zugleich (comitanter) seine Seele und alle anderen Accidenzien Christi." — Aus diesen Sätzen ergiebt sich, daß schon in seinen frühesten Lehrjahren ein Widerspruch gegen das Dogma vorhanden war, der zur schließlichen Verwerfung führte. In den Auf= stellungen des Jahres 1381 tritt uns das Resultat eines langen inneren Kampfes entgegen [4]), in dem es für ihn sich in erster Linie nicht um die Forderungen des religiösen Gemüts, auch nicht des logischen Denkens, sondern um das klare Schriftwort handelte [5]). Jetzt wies er darauf hin, daß aus dem Worte: „dies Brod ist mein Leib" sich ergebe, daß die Hostie Brot und zugleich Christi Leib sein müsse. Soweit sei die Kirchenlehre im Recht. Nur darum

---

1) Vgl. Fascic. Ziz. LVII: „substantia panis in eucharistia non annihilatur propter remanentiam accidentium."

2) Vierzig Predigten, cod. 3928, fol. 226a; sie sind von Wiclif noch vor seinem theologischen Doktorat gehalten, vgl. Shirley, Fascic. Ziz. LX.

3) Sie wird jetzt in Oxford von Harris gedruckt; ich benutze die mir von der Wiclifgesellschaft zur Verfügung gestellten Aushängebogen, S. 45.

4) Vgl. über die einzelnen Phasen desselben Woodfords Äußerungen bei Shirley XV, 4; Bodl. MS. 703, fol. 129a.

5) Cod. 1338, fol. 14c: „dictum est in multis tractatibus istius materie de hostia consecrata, quod fidei scripture, cum raciones hu- mane hic deficiunt, est specialiter attendendum."

handle es sich, wie die Hostie beides sein könne: in dieser Be=
ziehung sei die Kirche im Unrecht. Von einer Wandlung, einem
Aufhören der Substanz, könne nicht die Rede sein. In seiner
„Konfession", in der seine Auffassung am übersichtlichsten unter
der Berufung auf die Bibel [1]) gegeben ist, erklärt er, daß die
Substanz des Brotes zurückbleibt und in der geweihten Hostie
substantiell und lokal vorhanden ist. Im natürlichen Sinne Brot
auch nach der Konsekration wird es auf dem Wege der Konkomitanz
in figürlichem und sakramentalem Sinne Leib Christi [2]). Leib und
Blut Christi sind also „wirklich und wahrhaftig vorhanden" und
auf eine dreifache, eine virtuale, sakramentale und spirituale Weise
da [3]), und nur insofern ist die Anbetung der Hostie zuzugestehen [4]);
denn die Elemente sind nicht bloße und leere, sondern wirksame
Zeichen (signa efficacia). Leib und Blut empfangen wir nicht
körperlich und substantiell, sondern „auf eine geistliche Weise ver=

---

1) Fascic. Ziz. 133: „Hoc autem totum ex fide scripturae colligitur."

2) Cod. 1338, fol. 114c: „sepe dictum est, quod ipsa hostia consecrata non est naturaliter corpus Cristi, sed essencialiter verus panis . . .
quod est veraciter corpus Cristi, ut baptista equivocando negavit ipsum
esse Heliam . . . Non est ibi (in sacram. alt.) corpus Cristi, licet sit
figuraliter vel sacramentaliter corpus Cristi, quod est in celo." fol. 114d:
„dicunt quidam probabiliter, quod dupliciter potest corpus Cristi esse
alicubi, vel concomitanter vel . . . virtualiter . . ; et isto primo modo
conceditur, tam corpus Cristi quam eius sanguinem esse ad quemlibet
punctum alterius sacrificii consecrati.''

3) Fascic. Ziz. 115: „credimus, quod triplex est modus essendi corpus
Cristi in hostia consecrata', scilicet virtualis, spiritualis et sacramentalis".
Ferner cod. 1338, fol. 104a: „conceditur catholice, quod totus Cristus
tam divinitus quam humanitus est ibidem, quia quelibet pars quanti-
titativa sui corporis gracia comitancie (? concomitancie) est ibidem."
fol. 104b: „quia solum virtualiter aut sacramentaliter et non quantitative
aut corporaliter corpus Cristi est ibidem. Et sic intelligunt quidam
catholici, quando dicunt, quod adorant Cristum verum deum et verum
hominem in hostia consecrata et addunt, quod ipsa hostia sit realiter verus Cristus."

4) Cod. 1338, fol. 115c: „conceditur, quod consonat fidelibus adorare
vicarie istam hostiam, non ut est panis, sed ut est figuraliter corpus
Cristi." fol. 115a: „satis est, quod ipsum (sacramentum) sit hic ali-
qualiter memoriter adorandum, sed in celo modo alio, quando corpus
Cristi glorificatum a beatis erit intuitum."

mittelst des Glaubens." In diesem Glauben werden wir der
sakramentalen Gegenwart Christi teilhaft, die an sich ein Wunder
ist und auf der Kraft des göttlichen Einsetzungswortes beruht [1]).
„Es ist der Glaube der Kirche", sagt er, „daß wie Christus zugleich Gott und Mensch war, so das Sakrament zugleich Leib
Christi und Brot ist, Brot in natürlicher, Leib Christi in sakra-
mentaler Weise" oder kurz gefaßt: „Das Sakrament des Altars
ist Christi Leib und Blut in der Form des Brotes und Weines [2])."
Also auf den geistigen, nicht auf den leiblichen Genuß kommt es
an. Sakramentale Gegenwart und geistiger Genuß aber setzen
notwendig Glauben voraus, und so läßt Wiclif in der That nur
den Gläubigen Empfänger des Leibes und Blutes Christi sein.
„So wenig", sagt er, „als der Mensch eine unverdauliche Speise
sich anzueignen vermag, ebenso wenig genießen die Nichterwählten
Christum, wie auch Christus sich dieselben nicht aneignet [3])." De
veritate heißt es geradezu, daß „das Sakrament nur den Würdigen zum Segen gereicht" [4]). —

Dies sind die Hauptzüge der Wiclifschen Abendmahlslehre.
Fast von jedem Punkte der christlichen Lehre kommt er in den
letzten vier Jahren seines Lebens in Volks- und gelehrten Schriften,
Predigten und Thesen, Streitschriften und wissenschaftlichen Ab-
handlungen auf sie zurück. Man bekommt, sagt Lechler schön, wenn
man die Lehre überblickt, den Eindruck, daß Wiclif aus der Macht
der Wahrheit schöpfte und mit einer außerordentlichen Geistes-
schärfe, Gewissenhaftigkeit und Willenskraft die Lösung seiner Aufgabe erfaßte. „Denn von allen Ketzereien", so äußert er sich

---

1) Cod. 1622, fol. 161 b: „sicut Cristus deus est simul deus et
homo, sic virtute verborum domini hoc sacramentum est verus
panis et realiter corpus Cristi . . . Dicimus cum fide scripture et
cum antiquis doctoribus (Ambrosius, Hieronymus und Augustin sind so-
eben, fol. 161 a, behandelt worden), quod ille panis est vere et realiter
corpus Cristi."

2) Cod. 1338, fol. 14 c: „dixi sepius tam in lingwa latina quam
in wlgari, quod hoc sacramentum venerabile sit corpus Cristi in forma
panis et sanguis in forma vini."

3) Näheres über diese Lehre vgl. Lechler I, 641 ff. Lewald, Zeitschr.
f. hist. Theol. 1846, S. 610 ff. Pennington, S. 248—255.

4) De Veritate Scr. S., cap. 12 (nach Pennington, S. 254).

auf der Höhe des Kampfes [1]) über die angefochtene Lehre, „die jemals in der Kirche aufgekommen sind, betrügt keine das Volk so sehr wie diese von Heuchlern auf hinterlistige Weise eingeführte Doktrin; denn sie beraubt das Volk, macht es zu Götzendienern, leugnet die Wahrheit der heiligen Schrift und giebt durch Unglauben der Wahrheit ein Ärgernis." — „Glaubt man diese Lehre vom Verbleiben der Accidenzien bei verwandelter Substanz, so giebt es nichts, was man uns nicht glauben machen kann. Denn es kann nichts geben, was der Schrift und gemeinem Menschenverstand so sehr entgegen wäre [2])."

Im Sommer 1381 trat, wie wir gesehen, Wiclif mit seinen Sätzen an die Öffentlichkeit. Das Aufsehen, welches sie machten, war ein ungeheueres. Selbst unter den Kreisen, die Wiclif nahe standen, wurden Befürchtungen laut. Der Herzog von Lancaster kam von London heruntergeritten, damit Wiclif in der Sache nicht weiter gehe. Die Bettelmönche aber frohlockten und schmähten. Der Ruf der rechtgläubigen Universität war in schlimme Gefahren gekommen [3]). Eine Kommission erklärte die Thesen für häretisch und anstößig. Bei Amtsentsetzung wurde ihre Verbreitung verboten. Wiclif sprach in einem Lehrsaal des schönen Augustinerklosters — es stand an der Stelle, wo jetzt Wadham College liegt — über die Sache, die in aller Munde war, als das Verdammungsdekret ihm eingehändigt wurde. Anfangs überrascht, faßte er sich schnell. „Ihr setzt Gewalt", sagte er, „an die Stelle der Gründe. Weist mir nach, daß ich unrecht habe, und ich will schweigen." Aber weder der Kanzler, noch seine Genossen waren imstande, die Sätze aus der Schrift zu widerlegen. Er glaubte darum, auch nicht schweigen zu dürfen. „Wie ein rechter Ketzer" berief er sich „nicht auf den Papst oder die Bischöfe, sondern auf die weltliche Gewalt" [4]). Er veröffentlichte in diesen Wochen seine große Konfession über das Abendmahl [5]), in der wir Laute des=

---

1) Trial. 248.

2) Bei Vaughan, Life (1828) II, 132.

3) Fascic. 109: „fides catholica minimum fuit periclitata, et universitas Oxoniensis non mediocriter diffamata."

4) Fasc. ·114.

5) Fasc. 115 ff.

selben Geistes an unser Ohr schlagen hören, der Luther zu seinem
heldenhaften Bekenntnisse von Worms trieb. „Wehe dem ehe=
brecherischen Geschlechte, das einem Innocenz und Raimund mehr
glaubt als den klaren Worten des Evangeliums! Wehe den Ab=
trünnigen, welche die biblische Wahrheit unter dem Schutte späterer
Satzungen vergraben! Doch ich bin getrost, denn ich ver=
traue, daß zuletzt die Wahrheit siegen wird." — In
einer zweiten Schrift, dem „Pförtchen", brachte er seine Sätze
vors Volk. In packendem Englisch weist er nach, daß der Weg
durch die enge Pforte dem Volke verhindert werde, und erhebt
seine bewegte Seele im Gebet zu Gott, daß er durch seine Gnade
uns im geistlichen Leben stärke und helfe einzugehen durch die schmale
Thür. Denn schon sei die Versuchung, von ihm abzufallen und
Götzendienst zu treiben, nahe, da die Menschen es als Ketzerei er=
klären, das Wort Gottes in der Muttersprache dem Volke zu ver=
künden und diesem ein falsches Gesetz, einen falschen Glauben an
die geweihte Hostie, der doch von allen am falschesten sei, auf=
zwingen wollen."

Zum erstenmal in der englischen Geschichte sehen wir einen
Mann, der wie wenige seiner Zeitgenossen die Regungen der Volks=
seele verstand, die Wege des Herkommens verlassen [1]): nicht an den
Gelehrten und Gebildeten, an das Urteil des Volkes appellierte
er. Mit bewundernswertem Fleiße schuf er eine Flugschriften=
litteratur. Auf seinen kurzen Blättern ist der trockne Syllogismus
der Schule überwunden. In der kräftigen Sprache des Bauern
und Handwerkers, die mit den packenden Sentenzen der Bibel
durchsetzt ist und durch ihren anheimelnden Humor und die scharfen
Antithesen die Gemüter im Sturme gewann, ließ er sein bewegtes
Gemüt zu Worte kommen. Der Schulgelehrte war Tagesschrift=
steller geworden. Von den dogmatischen Fesseln befreit, aber im
Evangelium gebunden, schritt er jetzt in seinem Angriffe von Po=
sition zu Position: die priesterliche Schlüsselgewalt, Heiligenwunder [2])

---

1) Green, 489: „he appealed, and the appeal is memorable as the
first of such a kind in our history, to England at large."
2) Cod. 4526, fol. 45 b: „quantum ad oraciones et miracula sancto=
rum patet, quod sunt illusiones dyaboli sompniate, cum publicatur ho-

und= Gebete [1]), Ablaß, Absolution, Wallfahrten, Bilder= und
Reliquienverehrung, die päpstlichen Bullen [2]), werden von ihm
bekämpft. Denn die Bibel allein ist der Glaube, Richtschnur
unseres Lebens und Glaubens, und jeder, der sie lesen kann und
versteht, hat das Recht, seinen religiösen Besitz aus ihr zu ziehen.

Von Oxford gingen diese gefährlichen Sätze hinaus ins Land.
Jetzt waren sie nicht mehr Schulmeinung, nicht an den Lehrsaal
gebunden. In Dorf und Stadt wurden sie von den Armen
Priestern verkündet, und überall fanden sie Anhang. „Jeder zweite
Mann", schreibt Knighton, „dem du auf der Straße begegnest,
ist ein Lollarde."

So erwuchsen aus jener ersten und größten „Oxforder Be=
wegung" Gefahren, die den Bestand der englischen Kirche be=
drohten. Gegen den Mann, der so die Gemüter des Volkes ver=
wirrte, mußte vorgegangen und sobald die politische Lage es
gestattete, ein entscheidender Schlag geführt werden.

Diese Lage wurde von dem furchtbaren Sturme, der im Früh=
sommer 1381 die Tiefen der englischen Nation mit elementarer
Gewalt erschütterte, geschaffen. Denn wie später Luther die
Bauernerhebung, so wurde das ganze Odium der Greuel, welche
der kentische Bauernaufstand von 1381 im Gefolge hatte,
Wiclif zugeschoben, sodaß es fast wie eine nationale Pflicht er=
schien, daß die kirchlichen Behörden gegen einen Mann einschritten,

---

die, quod quilibet sacerdos consecrando hostiam facit infinita miracula
et tanta, quanta fecit dominus Jesus Cristus."

1) „Nulla oracio", sagt er einmal cod. 4536, fol. 43 b, „porrecta specialiter sancto est Cristo laudabilis, nisi de quanto acuit devocionem in
Cristum." „Utilius est", heißt es weiter fol. 44 a, „cristiano oraciones
specialiter ad Christum porrigere. Nec valet false credere, quod Cristus
propter celsitudinem sui dominii non potest a nobis miseris faciliter
exorari. Ideo dicunt quidam, quod porrecciones oracionum ad istos
sanctos superflue vel nocive fiunt."

2) Er sagt cod. 4536, fol. 42a: „bulle papales non per se faciunt
fidem et multis hominibus nullam aut parvam credibilitatem, cum tam
papa quam sua curia falli poterit et fallere propter lucrum." Darum
fol 42 b: „non debemus accipere bullas papales vel generaliter dicta
illius curie tamquam fidem, cum . . . . sint non generaliter a domino
inspirate et ocularis experiencia docet, quod sepe sunt decepti et contra
veritatis regulam sepe errant."

dessen verderbliche Lehren auch die Grundlagen des Reichs erzittern machten.

Schon oben [1]) ist auf die Ursachen des sozialen Notstandes der unteren Klassen, auf das Aufblühen der Städte und ihren Reichtum einerseits und den Niedergang der Naturalwirtschaft anderseits hingewiesen worden. Aus beiden Vorbedingungen hatte sich eine Steigerung der Preise wohl um tausend Prozent ergeben, und die Folge davon war ein starker Druck auf breite Schichten der Bevölkerung, der dadurch, daß man die Ursache des allgemeinen Elends nicht kannte, um so schwerer empfunden wurde. Der furchtbare Steuerdruck gerade auf die armen Leute entfesselte dann die Flammen, die in den Tiefen des Volkes wühlten. Unter den politischen Mißerfolgen der Regierung Richards II. war die Erbitterung gewachsen, und als 1379 der Staatskanzler und Erzbischof Sudbury in rascher Folge dem Lande zwei Kopfsteuern (von 50 000 und 16 000 Pfd. Sterl.) auflegte, da fiel der Funke, den wütende Bauerndemagogen und fanatische Priester durch seltsame Reden in den Massen genährt, und den packende Schlagworte weitergetragen hatten, in den Zunder. Die Gesichte des „Langen Will" [2]) waren im Volke noch unvergessen. Nivellierende Reime „Als Adam grub und Eva spann — Wer war denn da der Edelmann" gingen von Mund zu Mund [3]). In Dartford wurde ein Kronagent, der die Steuer mit empörender Rücksichtslosigkeit eintrieb, von dem Vater der Mißhandelten, einem Tyler (Ziegelbrenner), erschlagen.

---

1) Vgl. S. 28 ff.

2) Vgl. oben, S. 25—28.

3) Green 475: „John Bell ", so lautete ein anderer Spruch, „greeteth you all, And doth for to understand He hath rung your bell. Now right, and might Will and skill, God speed every dele!" „Help truth", heißt es in einem andern, „and truth will help you. Now reigneth pride in price, And covetise is counted wise, And lechery withouten shame, And gluttony withouten blame. Envy reigneth with treason And sloth is taken in great season. God do bote, for now is time." „Falseness", sang Jad Trewman, „and guile have reigned too long, And truth hath been set under a lock, And falseness and guile reigneth in every stock. True love is away that was so good, And clerks for wealth work them woe. God do bote, God do bote, for now is time." „Die ersten Vorläufer der politischen Flugschriften Miltons und Burkes" nennt Green diese revolutionären Reime.

Wilde Haufen rotteten sich in Kent und Essex unter rasch ge=
fundenen Führern zusammen, stürzten sich auf die Hauptstadt, deren
zügellose Plebs ihren Vorstoß stärkt, bemächtigen sich der ganzen
Stadt, demolieren Lancasters Palast, nehmen den Tower mit List
und schlagen dort auf Tower Hill in fanatischer Wut dem Erz=
bischof Sudbury das Haupt ab. Berauscht von dem Weine der
reichen Kaufleute und dem Blute einiger verhaßter Ritter (und
Prälaten) lagern sich die gewaltthätigen und grausamen Rotten in
Smithfield vor die Stadt in drohender Haltung. Die besitzenden
Klassen ermannen sich wieder, Richard, fast noch ein Knabe, reitet
unter die schreienden Leute, läßt ihren Anführer, Wat Tyler, vor
ihren Augen niederstechen, und indem er mit kaltem Mute vor die
Bogenschützenfronte der Männer von Kent sprengt, ruft er ihnen zu:
„Was wollt ihr, meine Leute? Seht her, ich bin euer
Hauptmann und König. Folget mir!" Nun macht er in der
Not ihnen einige Zusagen; so folgen sie ihm und ziehen sich zurück.

Aber das Parlament nahm die Versprechungen zurück, und der
führerlos gewordene Aufstand wurde im Juni und Juli in Kent
und Essex durch scheußliche Grausamkeiten, die letzten Funken in
Norfolk durch den Bischof Spencer von Norwich erstickt. —

Diese Ausbrüche einer maßlosen Leidenschaft sind schon im 14.
Jahrhundert von den gegnerischen Chronisten und neuerdings von
katholischen Historikern auf die Rechnung Wiclifs und seiner Lehre
gesetzt worden [1]). Dieser Vorwurf gründet sich lediglich auf die
Aussagen eines Priesters John Ball, der einer der Bauernführer
war und kurz vor seiner Hinrichtung dem Richter Sir Robert
Tresilian bekannt haben soll, daß er ein Schüler Wiclifs sei und
von diesem seine Ketzereien, namentlich diejenige über das Abend=
mahl, überkommen habe; er selbst habe diese Häresieen gepredigt,
namentlich aber hätten Wiclifs Arme Priester sich die Aufgabe ge=
stellt, ganz England mit diesen Ideeen zu erfüllen. — Diese ganze
Notiz wird hinfällig [2]) durch die Bezugnahme auf Wiclifs Abend=

---

1) Ich kann an dieser Stelle des Weiteren auf diesen Vorwurf, den ich
früher ausführlicher in d. A. A. Z. 1875, Nr. 209, behandelt habe, nicht
eingehen.

2) Das „Bekenntnis" ist schon deshalb ganz unzuverlässig, weil es erst
vierzig Jahre nach Balls Hinrichtung aufgezeichnet worden ist.

mahlsangriff, der öffentlich erst im Sommer 1381 erfolgte, als
Ball schon im Gefängnisse war. Entscheidend gegen sie ist, daß
Knighton, ein heftiger Gegner Wiclifs, Ball nicht einen Schüler
Wiclifs, sondern seinen Vorläufer, praecursorem et suae pestiferae
inventionis praemeditorem nennt. Schon 1362, also lange vor
Wiclifs öffentlichem Auftreten, hatte Ball seine Wühlereien be=
gonnen [1]). — Wiclif selbst beklagt in seinen Schriften wiederholt
nicht nur die Ausschreitungen, sondern auch die Thatsache der Empö=
rung [2]), und in einem Flugblatte über „die Herren und Diener" ist er
sich der Gefahren, mit welchen das furchtbare Ereignis sein Werk
bedrohte, wohl bewußt. Nur seine mißverstandene Lehre vom Be=
sitzrecht, daß ein in Todsünde stehender Herr kein sittliches Recht
auf Amt und Besitz habe, dürfte verfänglich erscheinen. Im übrigen
waltet zwischen dem Oxforder Reformator, dem Schützlinge und
Freunde Lancasters und dem erklärten Feinde der Bettelmönche
einerseits und den Bauern anderseits der denkbar größte Gegen=
satz. Gerade gegen Lancaster wüteten die Empörer vor allen
anderen, zerstörten seine Paläste in der Savoy, Leicester und Tut=
bury und bedrohten ihn persönlich. Jack Straw, ein Bauern=
führer, aber erklärte ausdrücklich, daß die Bewegung „zuletzt auch
den König und alle Bischöfe und alle Pfarrer von der Erde
vertilgt, und nur die Bettelmönche im Lande gelassen haben
würde, die zur Verrichtung der Gottesdienste genügend seien".
Von anderer Seite [3]) ist von dieser Sympathie zwischen dem
Bettelmönchtum und der Bauernbewegung sogar auf einen ge=
schichtlich ebenso wenig nachweisbaren Schuldanteil der Bettelbrüder
an dem Aufstande geschlossen worden. —

Den Herzog von Lancaster hatte der wilde Sturm aus der
Leitung der öffentlichen Geschäfte vertrieben. Eingeschüchtert und
bestürzt verbarg er sich in den schottischen Bergen. Dagegen hatte
der gewaltsame Tod des nachgiebigen Sudbury Wiclifs alten und

---

1) Walsingham II, 32. Er bekämpfte damals die Abgabe des Zehnten.

2) Er nennt z. B. den Aufstand einen lamentabilis conflictus, eine
nimis crudelis punitio.

3) Westminster Review 1854, S. 170: „if there was any underhand
agency at work, it seems more probable that the heads of the Mendicants
were the movers."

fanatischen Gegner, Courtenay, in jenen Tagen, „wo alles sich in die Reaktion warf", an die einflußreichste Stelle des Kirchen=regiments, in den englischen Primat, erhoben. Die erweiterte Machtstellung gab seinem kirchlichen Eifer neue Impulse. Er hatte kaum das Pallium aus Rom erhalten, als er die volle Schwere seines Einflusses gegen die Ketzerei wandte. Die Prälatur und Bettelmönche standen jetzt auf seiner Seite. „Auf den Tag wurden Pilatus und Herodes Freunde mit einander", so kommentiert Wiclif den unnatürlichen Bund. „Haben jene beiden Christum zu einem Ketzer gemacht, wie leicht wird es diesen gelingen, treue Christen an den Pranger des Ketzertums zu stellen." —

Der erste Zug der feindlichen Gewalt galt dem verderblichen Lehrer. Im Mai 1382 ließ Courtenay von einer Kommission von Prälaten und Bettelmönchen im Dominikanerkloster zu Blackfriars vierundzwanzig angeblich Wiclifsche Sätze aufstellen und durch die Schrecken eines Erdbebens nicht verwirrt, teils als ketzerisch, teils als irrtümlich verwerfen. Courtenay war ein schlagfertiger Mann. „Der lebendige Gott", rief er den Prälaten zu, als die Wände des Saales bebten, „macht sich selbst auf, euch für die Sache der Kirche zu erwecken. Durch eine gewaltige Umwälzung reinigt er die Erde von den schlechten Dünsten; also sollen auch wir, will er damit sagen, das Königreich von der Pestilenz der Ketzerei befreien." — Aber auch Wiclif ließ sich von dem Naturereignis ermutigen: „Sie beschuldigen Christum und die Heiligen im Himmel der Ketzerei; wahrlich, da antwortete die Erde auf der Menschen Stimme an Gottes Statt wie einst bei der Kreuzigung." — In seinem Über=eifer wandte sich Courtenay zugleich an das Parlament und erlangte von den Lords, welche der große Bauernschrecken wieder solidarisch mit der Prälatur verbunden hatte, ein Gesetz gegen Wiclifs Reise=prediger. Die antiklerikalen Gemeinen lehnten jedoch die Bill ab. Aber der König hörte auf die erzbischöflichen Mahnungen, und in einem Erlasse, „der den halben Geist des schwachmütigen Richard atmet", wurde die Ergreifung der Irrlehrer verfügt.

Mit dem Verdammungsurteil des „Erdbebenkonzils", dem Ge=setze der Lords und der Ordonnanz des Königs in der Hand, suchte Courtenay nun den Hauptschlag gegen die Partei in Oxford zu führen. An die Universität ergingen Mandate, welche dort die Ver=

breitung der Lehre unter die Strafe des großen Banns stellten. Aber hier stieß Courtenay auf kaum erwarteten Widerstand. Von der Gunst der Universität getragen erhob sich die junge Partei, der Kanzler Rigge, selbst ein Anhänger Wiclifs, berief sich auf die alten Freiheiten der Hochschule gegen den Primas, ermutigte den Widerstand Herefords, Repingtons, Astons und Bedemans, entzog dem Karmeliter Stokes, dem Agenten des Erzbischofs, seinen Schutz und verbot ihm die Ausführung seiner gegen Wiclif gerichteten Aufträge. Die ganze Universität war in Bewegung. Hier standen die Sachen viel schlimmer, als Courtenay geahnt. Als er von Rigge, den er nach Lambeth citiert, die Suspension Herefords und seiner Freunde erzwingen wollte, weigerte sich der Kanzler, das Urteil zu publizieren. „Sie bedrohen mich mit dem Tode, wenn ich eurem Befehle nachkomme", sagte er. „Dann ist die Universität eine offenbare Begünstigerin der Ketzerei, wenn sie nicht dulden will, daß die reine Lehre der Kirche bei ihr verkündet werde [1])", erwiderte der Primas. Als schließlich der Cisterzienser H. Crump, der durch aufreizende Predigten den Frieden der Schule zu stören fortfuhr und die Wiclifiten zum erstenmal Lollarden schalt, seines Amtes entsetzt wurde, erwirkte Courtenay eine könig= liche Verordnung, welche durch die Verweisung aller Wiclifiten von der Universität den Frieden wiederherstellte.

Erst jetzt, nachdem die Krone eingegriffen, war die Unterdrückung der Lollardenbewegung an der Universität gründlich gelungen; ebenso gründlich aber auch die Vernichtung der religiösen Freiheit überhaupt. Jene hatte den Tod alles geistigen Weiterstrebens an der Uni= versität im Gefolge. Alle Spuren freieren Denkens und Forschens verschwinden seit diesem Jahre. Das frische geistige Leben, das im 13. und 14. Jahrhundert an der Hochschule sich wieder ge= regt hatte und ihr eine Fülle des Schönen und unvergeßlichen Glanz verliehen, scheint mit dem Jahrhundert, das dem Triumph Courtenays folgte, völlig erloschen. Wie ein Nachtfrost kam die Verfolgung der Prälaten und der Bettelmönche über das sonnige Blütenleben, das damals im Reiche der Geister aufzusprießen be=

---

[1]) Fascic. 311. Hereford, Repington, Bedeman und Aston wurden im Oktober von Courtenay zum Widerruf gezwungen.

gann. Kleinliche Parteikämpfe erfüllen, kein großer englischer Name
ziert die Annalen des folgenden Jahrhunderts. Wie von den
Fesseln eines Todesschlummers gehalten ruhte die Universität 150
Jahre lang, bis sie unter den tiefgehenden Bewegungen des
16. Jahrhunderts neugestärkt die Bande der Unfreiheit brach und
sich wieder zur Führerin ihres Volkes erhob [1]).

Courtenay hatte gesiegt. Die Partei der kirchlichen Opposition
war geschlagen. In Oxford und im Lande waren die Feinde zum
Schweigen gebracht und gedemütigt. Nur ein Mann trotzte dem
hereingebrochenen Sturme mit der alten Kraft — der Stifter
selbst. Seine Lehre hatte man verdammt, auf seine schwächeren
Freunde waren vernichtende Schläge gefallen — ihn selbst persönlich anzugreifen wagte Courtenay nicht. Zwar forderte am 18. November 1382 eine geistliche Kommission in Oxford, welche die
glänzendsten Namen der englischen Prälatur aufwies, ihn vor ihr Gericht: an den Folgen des ersten Schlaganfalls leidend erschien er [2]), ein
schwacher und kranker Mann, aber „sein Geist war ungebrochen
und sein Glaube wankte nicht“. Sorgfältig vermieden seine Richter
alle zur Beurteilung stehenden staatsrechtlichen Fragen [3]) und verlangten befriedigende Erklärungen über seine Stellung zur Transsubstantiation. Mit mannhaftem Freimut und von der Kraft der
Wahrheit getragen, hielt Wiclif alles früher Aufgestellte aufrecht.
Daß er widerrufen habe, ist bloße, auch nicht von einem Scheine der
Wahrheit getragene Verleumdung. Gerade die von ihm früher
entwickelten Abendmahlsanschauungen wurden in dem jetzt veröffentlichten „Bekenntnis“ mit Entschiedenheit festgehalten; keine Spur von

---

1) Green, 492.

2) Wenigstens spricht hohe Wahrscheinlichkeit dafür, daß er sich selbst
stellte, Lechler I, 697, Anm. 1.

3) Dem in demselben November tagenden Parlamente hatte W. eine
Beschwerde eingereicht, in der er mit der Kraft und Entschiedenheit eines
geistig frischen Mannes und unter Berufung auf die h. Schrift die Verbind-
lichkeit der Mönchsgelübde, die Exemption der Geistlichen vom Königs-Gericht
und die Transsubstantiation angriff und dem Laien das Recht zusprach,
lasterhaften Geistlichen den Zehnten zu entziehen. Der Beifall, den die Gemeinen diesen Sätzen zollten, schlug die Anstrengungen der Lords und Prälaten, noch in letzter Stunde ein Ketzergesetz zustande zu bringen, nieder.

Zurücknahme alter Behauptungen, nicht einmal Modifikation von früher Ausgesprochenem läßt auf ein Schwanken schließen. So wurde er durch das Gericht von der Universität ausgeschlossen, aber weder seine Pfarre wagte man ihm zu nehmen, noch gar ihn zu exkommunizieren. Dem Lebenden sollte das Martyrium nicht beschieden sein.

Nun durfte er in den stillen Frieden seines Pfarrdorfes Lutter= worth zurückkehren. Hier hatte er seit der Mitte des Jahres 1381 jene äußere Ruhe gefunden, die seine drei letzten Lebensjahre zu den litterarisch fruchtbarsten seines Lebens machte. Die Schwächen der Krankheit und die Übel des Alters vermochten die Schwingen seines Geistes nicht zu lähmen. Fast das ganze polemische Schrift= tum, in dem er seinen Widerspruch gegen Rom entwickelt, der Dialog, Trialog, eine ganze Reihe lateinischer und englischer Pre= digten, die Bibelübersetzung (teilweise) und ungezählte Gelegenheits= schriften gehören den Lutterworther Jahren an. Selbst unter den Schatten des Todes, die seit dem ersten Schlaganfalle im Jahre 1382 sich über das edle Leben gelegt, ermüdete die Kraft und Schaffensfreudigkeit seines Geistes nicht. Mit fieberhafter Hast, aber in bewundernswerter Kraftfülle warf er eine große Zahl Schriften unters Volk und sandte aus seiner Einsamkeit flammende Worte heiligen Zornes ins Land, als Urbans VI. Bettelmönche, mit den reichsten Sündenerlässen ausgestattet, in England das Kreuz wider die Klementiner in Flandern predigten. In keiner Schrift hat er mit so schneidender Schärfe und so tiefer sittlicher Ent= rüstung das weltförmige, widerchristliche Wesen des Papsttums, das in seinen letzten Zielen sich erst in der großen Spaltung, dann in den selbstsüchtig heraufbeschworenen Kriegen in seiner wahren Gestalt enthüllt, bekämpft: wie die Menschheit zuerst vom Satan verführt worden sei durch Lüge und Hochmut, so kranke auch jetzt die Kirche an diesen beiden Wurzeln alles Übels — der Habsucht, in die sie durch die Ausstattung mit weltlichem Gut, der Lüge, in die sie durch die Praxis einer falschen Sündenvergebung geraten sei. Wie zwei bissige Hunde an einem Knochen, so rissen beide Päpste an dem weltlichen Besitze der Kirche sich herum. Reichtum und Weltlichkeit sei der Wurm, der am Wohle der Kirche fresse, darum sei es die erste Pflicht der weltlichen Herren, den giftigen Knochen, d. h. die weltliche Macht des Papstes, zu beseitigen, da sie das Schwert nicht umsonst trügen und Schirmherren des Friedens seien [1]). Der Kreuzzug sei wider Christus, der seinen Jüngern Demut und Bruderliebe gebiete. Darum sollten sich die Kreuzfahrer lieber gegen Urban und Klemens zugleich wenden, denn im Grunde stünden sich jetzt nicht die beiden Päpste, sondern die Partei Christi und des Antichrists, d. h. des Papstes gegenüber, der nicht mehr Hirte, sondern Verräter der Kirche sei. — Aber der echte Soldat Christi stehe männlich und fest im Glauben „und tröstet sich in dem Herrn, der das Haupt des Antichrists schon entzwei gespalten und beide Teile auf einander gehetzt hat [2]).“

In diesen Jahren stand Wiclif auf der Höhe seines litterarischen und religiösen Einflusses auf sein Volk. Jetzt trat von ihm aus das protestantische Reformprinzip nach seiner negativen wie positiven Seite in das Bewußtsein der Zeitgenossen In ihm selbst spricht es sich in der Fülle einer geschlossenen Persönlichkeit aus, welche in gesammelter Kraft den Kampf gegen die Grundmächte des mittelalterlichen Kirchentums aufnimmt, systematisch begründet und für sein Volk und seine Zeit zwar nicht zu einer praktischen Verwirklichung, aber doch zu einem vorläufigen Siege der Idee führt. —

In dem Schrifttum dieser letzten Jahre, namentlich im Trialog, liegen uns seine Reformgedanken, freilich in dem unschönen und verrohten Latein des späteren Mittelalters, vor. Auf fast allen Gebieten des theologischen Denkens können wir die Vorwärtsbewegung seines Geistes verfolgen. Die Klärung vollzieht sich, je

---

1) Streitschr. 590: „cum ad imperatores et dominos mundanos pertinet . . . pacem in imperio et toto cristianismo quantum sufficerent stabilire, videtur, quod eorum interest prudenter auferre hoc dissensionis seminarium, sicut canibus pro osse rixantibus medicina congrua est os ipsum celeriter amovere.“

2) Streitschr. 604.

mehr seine Erkenntnis vom Werte der Heiligen Schrift als der alleinigen Quelle der religiösen Wahrheit sich vertieft. Er steht keineswegs, wie noch O. Jäger meint, sofort als fertiger Mann vor uns. Er wächst allmählich. Erst in den letzten sechs Jahren seines Lebens wird, wie wir gesehen haben, die Abendmahlslehre Mittelpunkt seiner theologischen Spekulation, und auch seine An= schauungen über Papsttum, Hierarchie und Mönchtum sind all= mählich gereift [1]). Seine eigenen Bekenntnisse bezeugen das. „Manches“, sagt er im Trialog, „habe ich früher gestammelt, was ich klar zu begründen nicht vermochte [2]).“ „Andere Sätze, die mir früher befremdlich waren“, sagt er an einer andern Stelle, „er= scheinen mir jetzt als gut katholisch, denn als ich noch ein Kind war, that ich wie ein Kind rc. [3])“ „Ich bekenne, daß ich lange Zeit hindurch in der Abendmahlslehre auf falschen Wegen gewan= delt bin [4]).“ Rückhaltsloser und nicht ohne herbe Selbstkritik äußert er sich in dieser Beziehung in seiner großen „Bibelapologie“. „Als ich noch ein Anfänger war, bin ich ängstlich bemüht gewesen, jene Schriften über die Kraft des göttlichen Wortes zu verstehen — endlich aber hat mir der Herr in Gnaden das Verständnis ge= öffnet, daß ich nun den rechten Sinn der Heiligen Schrift ver= stehe [5]).“ „Oft freilich“, bekennt er in Demut, „bin ich um eiteln Ruhmes willen, sowohl bei meinen Beweisen als in meinen Antworten, von der heiligen Schriftlehre abgewichen, indem ich zu=

---

1) Schon den Husiten, welche W.s Werke in Böhmen zu lesen bekamen, fiel diese Thatsache auf. Constet omnibus, schrieb ein aufmerksamer Czeche an den Rand einer Wiclifhandschrift (cod. Pal. Vind. 3928, fol. 193), welche Wiclifs 40 Gemischte Predigten enthält, quod iste Wycleff XL sermones illos scribens fuit alius a se ipso quam alibi, ut apparet legenti.

2) Trialog 155; auch 69; 70.

3) Cod. 3929, fol. 218 c: „et alie conclusiones, que olym videbantur michi mirabiles, iam videntur michi catholice defendende; quando enim eram parwlus in noticia fidei scripture, faciebam ut parwlus.“

4) Cod. 1338, fol. 114 c: „confiteor tamen, quod in heresi de accidente sine subiecto per tempus notabile sum seductus.“

5) Cod. Bodl. 924, fol. 23; 24: „unde quando loquebar ut parwlus, fui anxie intricatus ad intelligendum scripturas de virtute sermonis, et demum dominus ex gracia sua aperuit michi sensum ad intellegendum .. scrip- turam sacram infringibiliter veram ad literam. —

13*

gleich meinen Ruhm bei den Leuten und die Demütigung meiner
stolzen Gegner dadurch zu erreichen suchte [1]." So kommt es,
daß erst die letzten Jahre uns das Gesamtbild seiner ausgereiften
theologischen Anschauungen vermitteln.

Je tiefer seine Schriftstudien werden, je schärfer er den Schrift=
sinn erfaßt, um so entschiedener wird seine Sprache, fester seine
Begründung, klarer sein Urteil. Denn in der Bibel findet er
gegenüber der Autorität der Kirche (Väter, Päpste, Konzilien), die
allein zureichende Quelle aller religiösen Erkenntnis, d. h. die
Bibel ist die alleinige Autorität in Glaubenssachen.
„Die heilige Schrift ist von unendlich höherem Ansehen als die
Autorität irgendeiner andern Schrift [2]"; „in einem einzigen
Worte (Petri) ist heilsamere Lehre enthalten als in allen Dekre=
talien und Bullen [3]"; „wer sie nicht kennt, wird des Antichrists
Diener [4]"; „sie nicht kennen heißt Christum nicht kennen, ihr zu=
wider sein, heißt ein Ketzer sein [5]. In ihr ist das Heil der
Gläubigen zusammengefaßt [6]", d. h. sie enthält alles, was zum
Heile der Menschen nötig ist. Darum ist sie für alle Menschen,
nicht bloß für einzelne Stände, nötig [7], sie ist Allgemeingesetz, der
Freiheitsbrief, die Magna Charta der Kirche, die „jeden Stand

---

1) Cod. Dubl. Trin. C. 1. 24, fol. 4 b: „unde de ista vana gloria
confiteor sepe tam arguendo quam respondendo prolapsus sum a doctrina
scripture cupiens simul apparenciam fame in populo et denudacionem
arrogancie sophistarum."

2) Trial., S. 238.

3) Cod. 4536, fol. 38 a: „claret fidelibus, quod in isto unico verbo
Petri sit salubrior sentencia quam in omnibus epistolis, decretalibus et
bullis papalibus. Ex fide fructuosa tenemus, quod scripture sacre et
specialiter evangelii nostri auctoritas sit infinitum maior quam auctoritas
scripture alterius" (bei Jäger 52—53).

4) Cod. 4536, fol. 35 a: „unde ignorancia legis Cristi facit comuniter
filios dyaboli."

5) Streitschr., S. 265.

6) Cod. Cambr. Queen's Coll. 27, fol. 1 b: „in illa consistit salus
fidelium."

7) Cod. Oxf. Bodl. 924, fol. 51: „scriptura sacra est lex dei im-
maculata, verissima, completissima et saluberrima, quam omnes homines
tenentur cognoscere, defendere et servare." Vgl. auch meine kleine Festschrift
J. Wiclif, Patriot and Reformer, London 1884, S. 90 ff.

befreit und bindet." — Sie allein ist unfehlbar, erhaben über Irrtum und Mangel [1]), in jedem ihrer Teile wahr [2]), und darum ist sie, heißt es geradezu, die alleinige Autorität für den Glauben der Kirche [3]). Deshalb wäre es besser und nütz= licher, wenn allein von ihr, nicht von allerlei menschlichen Tradi= tionen, die Kirche regiert würde [4]). Sie enthält alle Wahrheit und das Urteil über jede Ketzerei [5]). Daraus aber folgt, daß die Bibel Gemeingut aller werden muß. Sie ist kein mit sieben Siegeln verschlossenes Buch, unerreichbar für das Verständnis der Laien, sondern ein „Buch für jedermann"; darum soll man mit ihrer Verkündigung nicht zurückhalten. [6]) —

Von diesem biblisch=reformatorischen Standpunkte aus schärft sich nun sein Blick für die geschichtliche Erscheinung der Kirche Christi. Er findet, daß die Abweichungen von dem Gesetze Christi durch Beimischung neuer Überlieferungen anfangs sich in mäßigen, fast unmerklichen Grenzen gehalten haben, aber im Laufe der Zeit sei die Entartung immer stärker geworden [7]), eine Bemerkung, die, wie wir gesehen, für seinen eigenen Standpunkt von folgenschwerer Bedeutung wurde. Das spätere Formalprinzip der deutschen Re= formation gehört dem Doctor evangelicus bereits an. Sein Schrift= prinzip hebt ihn aus dem Rahmen der kirchlichen Anschauungen

---

1) Cod. 3928, fol. 112 c. (Stelle bei Lechler I, 475), vgl. auch Bodl. 924, fol. 50.

2) Streitschriften 14.

3) De dom. civ. Cod. 1341, fol. 133 a (Stelle bei Lechler I, 476) vgl. auch cod. 1338, fol. 20 d: scriptura sacra est fides ecclesie, et de quanto est nota, de tanto melius.

4) Cod. Camb. Queens 27, fol. 100 a: „utilius et undique expedicius foret ecclesie regulari pure lege scripture, quam quod tradiciones hu- mane sunt sic commixte cum veritatibus ewangelicis, ut sunt modo."

5) Cod. 1294, fol. 116 a: „omnis veritas est saltem implicite in scrip- tura, et per consequens sicut ibi omnis veritas catholica est inclusa, sic ibi omnis heresis est dampnata"; vgl. 1338, fol. 21 a: „cum secundum Augu- stinum omnis veritas est in scriptura."

6) Cod. 1338, fol. 20 d: „nec sunt audiendi heretici, qui fingunt, quod seculares non debent cognoscere legem dei, sed sufficit eis noticia quam sacerdotes et prelati eis dixerunt."

7) Cod. 3928, fol. 99 a. (abgedruckt bei Lechler I, 478).

seines Jahrhunderts auf jenen höheren hinauf, den wir seit Luther den reformatorischen nennen.

Von diesem biblischen Grunde aus erhob er nun fast auf der ganzen Linie der kirchlichen Satzungen seinen Widerspruch. Aber der Rück= gang auf Gottes Wort bewahrte ihn zugleich vor der Einseitigkeit seiner Vorgänger, die von anderen Voraussetzungen aus entweder gegen vereinzelte Punkte des Systems ihre Kritik gerichtet oder sich mit bloßem Widerspruch begnügt hatten. —

Einen breiten Raum in seinem System nimmt die Sakra = mentslehre [1] ein. Es kommt darauf an, sagt er, wie man sich zum Sakramentsbegriff stellt. Ist das Sakrament bloß „das Zeichen einer heiligen Sache, das sichtbare Zeichen einer unsicht= baren Gnade" [2], so genügt die römische Siebenzahl nicht. Denn „solcher sichtbaren Zeichen giebt es in der Schrift tausend, welche wie die gewöhnlichen sieben sind [3]." Eigentlich sei dann alles Geschaffene — quelibet creatura sensitiva — ein Sakrament, „warum nehme man jene sieben aus, und mache namentlich nicht die evangelische Predigt dazu?" Legt man aber den Maßstab ihrer biblischen Einsetzung an, so ist die Zahl sieben zu weit. Das Abendmahl hat die stärkste, die Letzte Ölung die schwächste Be= gründung der Schrift. — Was ihre Heilswirkung betrifft, so haben nach ihm alle Sakramente, sofern sie richtig verwaltet wer= den, Heilskraft [4]); neben der rechten Austeilung fordert er wahr= haft fromme und bußfertige Gesinnung als Bedingung der sakra= mentalen Gnade, die nur Würdigen zuteil werden kann [5]). Jeder Anspruch des opus operatum weist er für die Heilswirkung ab. Ebenso wenig ist letztere von dem sittlichen Stande des spendenden

---

1) Die Hauptzüge seiner Abendmahlslehre sind schon oben S. 180 ff. in anderem Zusammenhange gegeben.

2) Trial. S. 244.

3) Trial. 245.

4) Cod. 1294, fol. 192 a: „debemus credere, quod omnia sacramenta sensibilia rite administrata habent efficaciam salutarem."

5) Cod. 1294, fol. 33 c spricht er von capacibus, denen das richtig ver= waltete Sakrament nütze, in De Ecclesia, cod. 1294, 193 c vom Glauben der Empfangenden, denen das Abendmahl zum Segen gereiche.

Priesters bedingt ¹). Ich glaube, sagt er in De Ecclesia, daß ein sündiger und deshalb von Gott verworfener Mensch, selbst wenn er in einer wirklichen Sünde steht, die Sakramente zum Besten der ihm anvertrauten Christen austeilen kann, wenn auch sich selbst zum ewigen Schaden. „Ein verfluchter Mann richtet vollkommen die Sakramente aus, sich selbst freilich zur Verdammnis; denn nicht die Menschen sind ihre Urheber, sondern diese Würde behält Gott sich selbst vor ²)." Wir sehen, von einer Auflösung des objektiven Sakramentsbegriffs darf in der Allgemeinheit, wie es noch vielfach von Freunden und Feinden geschieht, keineswegs die Rede sein. Der donatistische Verflüch- tigungs-Vorwurf Melanchthons trifft Wiclif persönlich nicht. Viel- mehr finden wir bei ihm die objektive Gottesgnade des Sakra- ments dem spendenden Priester gegenüber mit aller Schärfe fest- gehalten.

Auch bei der Taufe wird ausdrücklich diese objektive Gnade behauptet. Kinder, heißt es im Trialog ³), welche die Wasser- taufe ⁴) (baptisma fluminis) richtig empfangen haben, sind auch mit der Geistestaufe (baptisma flaminis) getauft, weil

---

1) Bekanntlich ein Vorwurf, der mit Unrecht in unsere evangelischen Be- kenntnisschriften übergegangen ist. In der Apologie art. 4 heißt es: satis clare diximus in Confessione, nos improbare Donatistas et Viglevistas, qui senserunt homines peccare accipientes sacramenta ab indignis in ecclesia." Vgl. aber dagegen cod. 1622, fol. 173 b: Augustinus wlt, quod, dum fidelis sacerdos ministrat dignis sacramenta ecclesiastica, dum tamen fuit in peccato, sacramenta illa suscipientibus sunt valida, quod est verum." Cod. 1294, fol. 190 a: „videtur mihi, quod prescitus eciam in mortali peccato actuali ministrat fidelibus, licet sibi dampnabiliter, tamen subiectis utiliter sacramenta;" ferner cod. 1294, 35 c: „(cristianus non) sine falsitate dicit verba sacra- mentalia, licet prosint capacibus. Über diese Sache kann kein Zweifel sein; vgl. bei Lechler I, 612 weitere Stellen.

2) Vgl. How preyer of good men helpeth moch bei Arnold III, 227: „a cursed man doth fully the sacramentis thoug it be to his damp- nynge, for they ben not autouris of thes sacramentis, but God kepith that dygnyte to hymself.

3) Trial 286.

4) Er unterscheidet 2 Taufen, vgl. cod. 3929, fol. 218 c: „dupliciter contingit hominem baptizari, scilicet baptismo fluminis et flaminis."

sie die Taufgnade empfangen haben (mit dem heiligen Geist getauft sind). Vermittelt auch nur die Geistestaufe die Gnade, so sollen Christen die andere nicht unterlassen [1]). Denn so=oft der Taufakt an uns nur in gehöriger Weise vorgenommen wird, und wäre es auch nur von Laien, so kommt durch Gottes Gnade auch die Geistestaufe hinzu. —

Für die Firmung vermag er die biblische Begründung nicht zu finden. Es scheine, sagt er, religiöser und schriftgemäßer, die Anmaßung der Bischöfe, als ob sie die Gabe des heiligen Geistes hätten, abzuweisen. Die Apostel hätten nirgends gefirmt; ja vielen scheine die Firmung vielmehr in einem Gebote des Teufels be=gründet zu sein, ut episcoporum solempnitas aut necessitas plus credatur (Trial. 294). Die Priesterweihe nennt er eine sakramentale Einsetzung, bestreitet aber dem Geweihten den cha=racter indelebilis (Trial. 296). Die rechte Weihe vollzieht nicht der Bischof, überhaupt nicht der Mensch, sondern Gott [2]). Die letzte Ölung hat keinen genügenden Schriftbeweis [3]). Die nicht schriftgemäßen Ehehindernisse, wie sie von der Kirche einge=führt waren, verwirft er unter Berufung auf die Patriarchen=geschichte. Den sakramentalen Charakter der Ehe erkennt er an. — Den Coelibat weist er als unschriftgemäß und sittlich verderblich ab. Gott hat im Alten Testament den Priestern geboten, ein Weib zu haben; im Neuen Testament ist es nicht verboten, im Gegenteil, Christus und die Apostel haben es gebilligt [4]), und Petrus selbst hat eine Frau als Gattin ge-

---

1) Cod. 3929, 218 b: „nemo debet presumere carere consueto baptismo fluminis.

2) Vgl. Gret Curse expounded bei Arnold III, 279: Tho prestis that don not justly here office, semen ordeyned of men and not of God, thei ben non prestis .... Treuthe in lif, that a man drede God, makith a man a lewed man; and no clerk, but treuth in lif and prudence, that is, knowyng of crea-turis bothe erthely and gostly, & usyng of every in his degre & wise techynge of Goddis lawe after the nede of the peple, makith a man to be a prest.

3) Trial 334.

4) Of weddid men & wifes bei Arnold III, 190: „God ordeynede prestis in the olde lawe to have wyves, & nevere forbede it in the newe lawe, neither bi Crist ne bi his apostlis, but rathere aprovede it. But now, bi ypocrisie of fendis and fals men, manye bynden hem to prest-

habt [1]). Im Bußsakrament legt er den Schwerpunkt auf das innere
Moment, den Schmerz über die Sünde. Die contritio und das Be=
kenntniß v o r G o t t seien notwendige Momente, die Beichte an den
Priester sei nachzusehen, nicht aber in der von Innocenz III. ein=
geführten Form [2]). Die O h r e n b e i c h t e sei eine Erfindung, die
sich in die Kirche eingeschlichen, erst nachdem der Satan gelöst sei,
und habe sie nicht besser gemacht. Vor der satisfactio operis
komme die innere Zerknirschung über· die begangene Sünde und
den möglichen Verlust der göttlichen Gnade. Dieser Schmerz
und der Vorsatz, besser zu werden, genüge, um die Schuld zu
tilgen [3]). Die Privatbeichte sei an sich gut, die allgemeine Beichte
aber vorzuziehen, weil besser begründet in der Schrift [4]). An den

---

hod and chastite, and forsaken wifis bi Goddis lawe, and schenden may-
denes & wifis, and fallen foulest of alle." Vgl. auch On the seven ded-
li sins, ibid. III, 163.

1) Cod. 3929, fol. 221 a: „Petrus et alii apostoli uxores proprias et
non possessiones proprias licite habuerunt . . . . in lege domini nos, apostolorum vicarii, expressum mandatum habemus (a temporalibus nos servare),
non autem ad continendum nos ab opere coniugali." Cod. 1294, fol. 87 b:
„nec video, quin liceat dispensare ubique terrarum cum uxoratis presbiteris, sed oportet omnem sacerdotem ubique terrarum et semper servare
castimoniam, licet per vices debitum uxori reddiderit."

2) Cod. 1622, f. 177 b: „concedo, quod confessio vocalis facta pres-
bitero est necessaria confitenti et s p e c i a l i t e r c u m f u e r i t l i b e r a,
sicut fuit tempore Augustini, sed o m n i n o e s t n e c e s s a r i a c o n f e s s i o
f a c t a d e o." fol. 177 a: „confessio exterior est u t i l i s ecclesie militanti,
hoc tamen dicimus, quod papa non habet potestatem condendi hanc
legem (die Ohrenbeichte Innocenz'); vgl. dieselben Gedanken Cod. Bud.
(Bautzen) Bibl. Gersd. 8. v. 7. fol. 15 a.

3) Cod. Bud. Bibl. Gersd. 8. v. 7. fol. 14 a: „dicitur, quod n e c e s s a r i e
est peccatori, cuius peccata delenda sunt, c o n t r i c i o n e a n i m i penitere, sed
ex hoc n o n infertur, q u o d s i t t a m n e c e s s a r i a v e r b a l i s c o n f e s s i o
s a c e r d o t i." fol. 14 b.: „patet, quod confessio auricularis est necessario
facienda proprio sacerdoti, non autem dico, quod est necessario facienda
a quolibet viatore semel in anno. Deus enim liberavit suam ecclesiam, quod
e x s u a g r a c i a et cordis contricione fideles sine ista penitencia
sunt salvati, ut patet de Petro, Paulo Magdalena etc."

4) Cod. Gersd., fol. 15 b: „videtur multis, quod g e n e r a l i s c o n-
fessio et p u b l i c a e s t melior quam confessio privata; utraque tamen est
bona, licet in lege veteri et lege gracie prima sit magis fundabilis

Priefter aber sei der Beichtende keineswegs gebunden, sondern auch frommen Laien, denen er vertraue, möge er beichten, vor allem aber in seinem Herzen Gott selbst: so wird ihm Vergebung der Sündenschuld zuteil [1]), nicht aber durch die Absolution des Priesters [2]), dessen Sündenerlaß ein deklaratorischer, nicht ein richter= licher Akt ist. Denn der Priester kann nicht selbst exkommunizieren, sondern nur die Exkommunikation verkündigen [3]). Im Zusammen= hange damit steht, daß „weder Christus noch der Papst anders Indulgenzen erteilen kann, als wie es Gottes ewiger Ratschluß ist." Mit seinem Anspruche auf Sündenerlässe erhebe sich der Papst über Christus und die Apostel, welche niemals solche In= dulgenzen „aus dem überfließenden Schatze der Heiligen" erteilt hätten. Darum bedürfe es der Schlüsselgewalt des Papstes und seiner Sündenvergebung nicht. Diese phantastische Einbildung von einem geistlichen Schatze im Himmel, den der Papst nach seinem Belieben austeilen könne, sei grundloser Traum und Lüge [4]). Denn einen solchen Schatz von Heiligenverdienst könne es

quam secunda nec solum presbiteris est illa confessio facienda, sed discretis tam viris quam feminis."

1) Cod. Bud. Gersd., fol. 16 b — 17 a: „ hoc tamen fidelis debet credere, quod quantumcunque deo deliquerit, dum tamen deo humiliter confessus fuerit, remissionem et delecionem peccati habere poterit ... et sic generalis confessio sepe induceret et maiorem penitenciam et ruborem quam ista confessio specialis."

2) Cod. Bud. Gersd., fol. 17 a: „ unum malum (ex confessione privata promotum) est, quod homines credunt, remissionem peccatorum stare regulariter in iudicio presbiterorum, et sic talis confidens capit sepe audaciam ad peccata talia non timendum." Cod. 1337, fol. 99 b: „ oportet, quod simpliciter et primo omnium fiat remissio peccatorum quoad deum, während die Ketzer sagen, quod si quenquam quantumcunque leviter absolverint in signo sensibili, ipse aput deum simpliciter sit absolutus."

3) Cod. 1622, fol. 175 b: nachdem ausgeführt ist, daß das excommunicare simpliciter dem Priester nicht zusteht, heißt es weiter: „debet sacerdos et specialiter superior, docere, quomodo deus excommunicat propter quodcunque peccatum finalis impenitencie .. et excommunicacionem dei talem predicare."

4) De Pontif. Rom. Schismate: „ This founed fantasye of spiritual tresour in hevene, that eche pope is maad dispensour of this tresour at his owne will, this is a ligt word, dremed withouten ground" bei Arnold III, 262

überhaupt nicht geben. „Von einem Verdienst der Heiligen, die
mehr gethan hätten, als sie für ihre Seligkeit nötig hatten, hat
weder Christus in seinem ganzen Evangelium jemals ein Wort,
noch Petrus, Paulus oder irgend ein anderer Apostel etwas ge=
lehrt [1])". Bloß um die Christenheit zu betrügen und ihr das
Geld aus den Taschen zu locken, werden diese betrügerischen In=
dulgenzen verkauft. Aber Thoren sind die Leute, daß sie sich so
betrügen lassen [2]). Nicht dem Papste vermöge seiner Schlüssel=
gewalt stehe der Sündenerlaß zu, sondern Christo allein. Die
geistlichen Gewalten, die der Herr Math. 16, 16 ff. dem Petrus
gegeben, seien nicht des Papstes, sondern der ganzen Kirche Erbe [3]).
Thatsächlich wisse jener ja gar nicht, von wem und wie schwer im
einzelnen Falle gesündigt werde [4]). Bilderdienst als „not=
wendige und heilsame" Übung zum Zwecke der Sündenvergebung
ist zu verwerfen; doch seien Bilder zuzulassen, soweit sie die
Gläubigen zur Verehrung Gottes selbst anregen. Aber „Götzen=

1) Of Prelates cp. 13: „holy meritis of seyntis that thei diden more
than was nedful for here owne blisse, this crist taugte neuere in al the
gospel and neuere vsed it, neither petir ne poul or ony other apostle of
crist", vgl. Matthew 80—81. Vgl. auch J. Wiclif, Patriot, S. 139—141.

2) Matthew, 80 u. 81: „Prelatis disceyuen foule, cristene men by feyned
indulgences or pardons and robben hem cursedly of here money ... Thanne
men ben grete foolis that bien thes bulles of pardon so dere, and maken hem
more bisy to geten hem than to kepe the hestis of god."

3) Cod. 3929, fol. 101 b: „Quantum ad istud Matth. 16. dictum: Dabo
tibi etc. patet, quod in persona Petri fuit dictum toti ecclesie militanti,
non quod quelibet persona illius ecclesie indifferenter habeat illas claves,
sed quod tota illa ecclesia habeat illas claves. Ille autem claves non
sunt materiales ligandi vel solvendi corpus aliquod, sed spiritualis potestas
vel noticia sciencie ewangelice, nec est putandum, quod ipsa potestas ista
inhabilibus non sequentibus Cristum in moribus est partita, sed sanctis
propius sequentibus eum in moribus distributa." —

4) Cod. Bud. Gersd., fol. 16 a: „iste claves non sunt potestates
date spiritualiter nostris sacerdotibus ad tollendum peccata hominum, quia agno hoc proprium est, sed iste claves sunt potestates et
sciencie ad de viantibus iudicandum conformiter voluntati divine ... et
non dubium, quin si sacerdos a clavibus triumphantis eclesie erraverit,
quod neque solvit neque ligat." Fol. 16 b: „et ut breviter dicatur,
papa vel sacerdos non habet scienciam peccati gravedinem cognocendi,
nisi hoc sibi specialiter revelatum fuerit." —

Dienst sei es, ein Bild für etwas Besonderes zu halten und ihm eine förmliche Neigung zuzuwenden, und die an die Bilder vielfach geknüpften Wunderwirkungen liefen auf teuflischen Betrug hinaus [1]).

Seine Ideen über die Heiligenverehrung, zuerst noch in den von der Kirche gepflegten Anschauungen befangen [2]), führen schließlich mit wachsender Klarheit zur Ablehnung der jenen gewidmeten Dienste [3]). Die Schrift sagt, daß Christus der einzige Mittler zwischen Gott und Menschen ist, darum ist es gewiß, daß jeder Dienst, den wir den Heiligen erweisen, nutzlos ist, wenn er uns nicht anfeuert, Christum zu lieben [4]), und nur insoweit nützen Feste zu Ehren der Heiligen dem Christen, als sie uns antreiben, Christum zu ehren und mehr zu lieben [5]). — Mit der gleichen Entschiedenheit werden von Wiclif Reliquiendienst und Wallfahrten und mit einigen Beschränkungen auch die Totenmessen und die Lehre vom Fegefeuer verworfen [6]).

Wir sehen, auf der ganzen Linie dieser Angriffe gegen die veräußerlichten Formen der mittelalterlichen Kirche, in Lehre sowohl wie Praxis, tritt ein Drang nach Vergeistigung des Äußern, ein Bemühen, das göttliche Moment dem irdischen nicht nur gegenüber zu stellen, sondern auch festzuhalten, hervor. Auf die Höhe dieses echten und evangelischen Spiritualismus führt uns seine berühmte Definition von der Kirche, die er seinen Zeitgenossen in das Bewußtsein zurückrief. An Augustinische Ideen anknüpfend, bestimmt er — 150 Jahre vor Luther — die Kirche als die Gemeinschaft der Gläubigen (oder Erwählten). In diesem echt protestantischen Satze, der „das schlagende Herz des Protestantismus selbst" ist, erscheint sein Gegensatz gegen das römische System in seiner ganzen Schärfe zusammengefaßt. Die Definition deckt sich mit dem, was wir im dritten Artikel bekennen:

---

1) Vgl. Liber Mandatorum, abgedruckt bei Lechler I, 556.
2) Vgl. Lechler I, 557.
3) Vgl. oben, S. 203.
4) J. Wiclif, Patriot, S. 142—143.
5) Cod. 3928, fol. 1 a: „non valet festum vel devocio cuiuscunque sancti citra dominum, nisi de quanto in eius devocionem supereminenter persona solempnizans ascenditur."
6) Vgl. dazu Pennington, S. 263 ff. und Lechler, I, 562 ff.

ich glaube eine Gemeinschaft der Heiligen. Nicht das sichtbare römische Institut, die hierarchisch gegliederte Gemeinschaft ist die Kirche. Sie ist überhaupt nichts Äußeres, sondern ein corpus mysticum, Christi Leib, Christi Braut. Nicht die Prälaten und Priester als solche, sondern die frommen Glieder Christi gehören ihr an [1]), d. h. Kirche und Klerus sind keineswegs sich deckende Begriffe. Es ist grundfalsch, sagt er, die Glieder des geistlichen Standes als solche in den Begriff der Kirche einzuschließen: jeder Erwählte gehört zu ihr, mag er Kleriker oder Laie sein [2]). Der Papst kann nicht beurteilen, ob ein Glied der christlichen Gemeinde auch ein Glied der Kirche ist oder nicht, denn die sittliche Qualität desselben kennt er nicht. Er darf niemanden verdammen, noch exkommunizieren, kanonisieren oder anderswie hinstellen (declarare) außer kraft besonderer Offenbarung (nisi forte hoc sibi fuerit revelatum). Ja, Wiclif betont den Wert des individuellen Gewissens soweit, daß er geradezu den Satz aufstellt: non est possibile hominem excommunicari nisi primo et principaliter excommunicetur a se ipso [3]).

Das Haupt dieser Kirche kann nicht der Papst sein, sondern nur Christus. Denn dieser treue Hirte kennt seine Schafe; der Papst aber weiß nicht nur nicht, wer — auf Grund der Erwählung — Mitglied der Kirche ist, sondern von ihm selbst ist es nicht einmal sicher, ob er ihr angehört [4]). Denn Glied der allgemeinen heiligen Kirche kann nur der Erwählte, nicht der Verworfene sein [5]). Indem Wiclif im Anschluß an Augustin die einen Menschen auf Grund der göttlichen Gnadenwahl als

---

1) Eight sources of Deception bei Arnold III, 447: „Whanne men speken of holy Chirche, they undirstonden anoon prelatis and prestis, monkis and chanouns and freris ... and clepen not ne holden seculeris men of holy Chirche, thoug thei lyven nevere so trewely after Goddis lawe, and enden in perfect charite."

2) Vgl. Arnold III, 447 (Octo, in quibus seducuntur simplices Christiani): „alle that schullen be savyd in blisse of hevene ben membris of holy Chirche."

3) Vgl. Jäger, 51—52.

4) Vgl. dazu Streitschriften 257.

5) Cod 3929, fol. 218b: „ecclesia est universitas predestinatorum, qui fuerunt vel erunt .... nullus prescitus potest esse membrum ecclesie,

zur Seligkeit prädestiniert, die andern, denen einst ewige Strafe
zuteil wird, als voraus gewußt (praedestinati — praes-
citi [nie reprobi]) ansieht, scheint ihm für seinen Begriff der
Kirche der Unterschied zwischen sichtbarer und unsichtbarer verloren
zu gehen. Nach seiner Definition ist der Schwerpunkt der Kirche
in der Ewigkeit, in der Zeit der Vollendung, in der himmlischen
Welt zu suchen. Indessen fehlt es doch auch nicht an Stellen, in
denen er, soweit die Kirche auf Erden, die ecclesia militans (oder
vians) in Frage kommt, zwischen dem wahren und dem falschen
oder scheinbaren Leibe Christi scheidet [1]). Er spricht wohl von
einer gemischten Kirche, welche solche begreift, die zum Heile, und
Heuchler, die zur Verdammnis bestimmt sind [2]). Die Gläubigen,
Erwählten bilden den wahren Leib Christi, die Unbekehrten, Bösen,
Heuchler sind nur im weiteren, uneigentlichen Sinne Glieder der Kirche [3]). Doch ist meines Erachtens nicht zu leugnen,
daß diese Lehre begrifflich noch nicht mit voller Klarheit durch-
gearbeitet ist [4]).

Von diesem Punkte seiner prinzipiellen Bestreitung des römischen Kirchenbegriffs, die bei ihm ganz anders wie bei seinem

---

sed ommis predestinatus est necessario eius membrum." Fol. 106 d: „nullus
dampnandus est proprie cristianus, quamvis multi nominentur cristiani."
Vgl. auch „De eccl. et membris eius: and this chirche is moder to eche man
that shal be saved, and conteineth no membre but oonly men that shulen
be savid." Vgl. ferner Suppl. Trial. II, S. 415. De Eccl., cod. 1294, fol.
189 d (abgedruckt bei Lechler I, 548),

1) Vgl. z. B. De Eccl. (Loserth) 71: „Hic dicitur, quod ecclesia dicitur dupliciter, scil. vere et pretense. Vere, quod est vere corpus Christi
et sponsa eius; pretense, quod viantes reputant corpus Christi, licet sit
sinagoga sathane." Dann heißt es weiter S. 72: „Et sic loquendum est
de ecclesia vera et de ecclesia pretensa vel mixta; sed de prima est nobis
sermo .... Conceditur, quod predestinatus, quantumcunque fuerit in
mortali, non desinit esse membrum vere ecclesie." —

2) Pennington 266—267.

3) Lechler I, 551.

4) In so weit hat Seeberg, Begr. der christl. Kirche, 1885, S. 68 ff.
recht. Der Ausdruck visibilis eccl. scheint sich bei Wiclif nicht zu finden;
Streitschr. 658, 5 ist nach einer nochmaligen Vergleichung universalis (nicht
indivisibilis, wie Seeberg will) zu lesen. Vielleicht gewinnen wir in dieser Beziehung neue Einblicke in Wiclifs Gedanken nach der Veröffentlichung seiner
großen Schrift über die Kirche, die Loserth jetzt druckt.

Nachfolger und Schüler Hus „in dem großartigen Zusammenhang einer festen Weltanschauung" auftritt, während die nachher berühmt gewordene Theorie Husens nichts als ein „matter Abklatsch" der Wiclifschen ist, mußte Wiclif naturgemäß zu einer Beurteilung der irdisch-hierarchischen Erscheinung der Kirche und ihres göttlichen Rechtes geführt werden. Auf Grund von geschichtlichen und biblischen Erwägungen, die teils auf das Leben der apostolischen Gemeinde, teils auf die Anschauungen der Väter (Hieronymus) zurückgingen, verwarf er den Unterschied zwischen Priester und Bischof, die in der Urkirche einander gleich waren [1]). Die Weihe mache keinen Unterschied; jeder rechtmäßig ordinierte Priester vermöge gleich wirksam alle Sakramente auszuteilen. Die Absolution des Papstes sei um nichts wirksamer als diejenige eines gewöhnlichen Priesters, **und alle Priester seien einander gleich.** Von einem Papste, Kardinälen, Mönchen, Kanonikern u. s. w. stehe nichts in der heiligen Schrift. Wohl aber sei zuzugeben (concedo tamen), daß eine gewisse Abstufung zwischen den Priestern sei, aber nicht um ihrer äußeren Würde und Stellung willen, sondern nach dem Grade des ihnen von Christo gegebenen Amtes [2]).

Ebenso wenig ist endlich nach Wiclif der katholische Unterschied zwischen Klerus und Laien ein schriftgemäßer. Der „Erwählte", der Gläubige, auch wenn er ein Laie ist, steht höher als Pfarrer, Bischof und Papst; er ist, auch wenn ihn kein Bischof geweiht hat, **ein wahrer Priester Gottes** [3]) (allgemeines Priestertum). Eche lewed man, sagt er geradezu, that schal be saved, is a real preest made of God [4]).

Dies sind in gedrängter Kürze die hauptsächlichsten Züge seines

---

1) Streitschriften 313; 100; andere Stellen bei Lechler I, 573.

2) Vgl. Streitschriften 101: „penes maioritatem gradus ministerii numilis secundum legem, quam Cristus docuit." —

3) Cod. 3929, fol. 218d: „multis videtur (Wiclif schließt sich mit ein), quod dimissa presumpcione temeraria filii dei possunt impresenciarum uti officio sacerdotis, licet ab episcopo cesareo uon fuerint consecrati.... Membra Cristi ipse ordinavit ad illud officium (sacerdotale) et dedit eis carismata ad hunc finem."

4) Bei Forshall & Madden I, XV; vgl. auch oben S. 200, Note 2.

Reformsystems. Wir sehen, daß sein Lehrbegriff eine ganze Reihe
sehr wesentlicher Gedanken der deutschen Reformation des
16. Jahrhunderts einschließt, daß Luther — aus freilich sehr na=
türlichen Gründen — nicht richtig urteilte, wenn er von Wiclif
sagt, daß er nur das Leben, nicht die Lehre der Kirche
angegriffen [1]). Sind auch eine Anzahl Einzelfragen mit dem uns bis
jetzt zugebote stehenden Materiale noch nicht zu lösen, seine Haupt=
ideen und die Richtung seines theologischen Denkens liegen ziemlich
klar vor uns. Der Vorwurf, er habe revolutionäre Ziele ver=
folgt, ist unhaltbar. Man soll einen Mann des 14. Jahrhunderts
nicht mit dem Maßstabe des neunzehnten messen. Auch ist
seine Sprache, verglichen mit derjenigen seiner Gegner, auch mit
derjenigen Luthers, keineswegs so maßlos und heftig, als ihm vor=
geworfen worden ist [2]). „Ich habe mir fest vorgenommen", sagt
er selbst, „als eine dreifache, der heiligen Schrift entnommene
Lebensregel, mich in diesen Streitsachen von jeder Sünde frei zu
halten, indem ich sorgfältig auf mich achte bei den mir schuldge=
gebenen Fehlern, daß ich zu oft einen unbilligen Strafeifer in
meine guten Absichten mische. In dieser Beziehung will ich mich
immer mehr bemühen und Gott ermüden mit meinen Gebeten,
daß er mir meine geistlichen Fehler vergebe. Sodann will ich,
obgleich ich der mir offen schuldgegebenen Fehler nicht bewußt
bin, geduldig die Schmähung ertragen. Endlich will ich, wenn
ich mich selbst gegen falsche Beschuldigungen verteidige, für diejenigen,
die mich falsch anklagen, beten, damit nicht irgend eine Bosheit oder
Strafeifer zu denjenigen Wunden, die ich schon erhalten, noch
einen neuen Schmerz hinzufüge [3])."

---

1) Tischreden, herausgeg. von Förstemann 1845, II, 414 f. IV, 291.

2) Vgl. in dieser Beziehung das Urteil Matthews, eines ausgezeichneten
Kenners des Vorreformators: „Paradoxical as it may seem, I venture
so say, that one of Wyclif's most marked charasteristics is his essential
moderation etc.", Engl. Works hith. unp., S. XL.

3) De Veritate Scr. S. cod. Bodl. 924, fol. 194: „statui michi pro
tripla regula ex scriptura, quod primo mundem me de culpa, que michi
imponitur, quod nimis crebro immisceo zelum vindicte cum intencione
dextera, . . . secundo considerans, quia dyabolus tamquam leo rugiens
circumit querens, quem devoret . . non conscius michi de crimine mani-
festo imposito pacienter sufferam maledictum . . . tercio excusans me

Wir werden uns nicht wundern dürfen, daß ein Mann, der so mit betender Seele den Impulsen seiner Natur folgte und sie unter die Kontrolle eines ernsten, sittlichen Willens nahm, mit natürlicher Gewalt auf das Gemüt seiner Zeitgenossen wirkte. Es ist wahr, in dem Maße wie Luther ist er kein Mann des Volkes gewesen. Wir dürfen aber nicht vergessen, daß in fast allen Beziehungen seine Zeit für die Reformation, zu der, wie wir oben gesehen, in seinen Schriften und in seiner ganzen Persönlichkeit die fruchtbarsten Keime vorhanden waren, noch nicht reif war. Er hatte, soweit seine Lehre in Frage kommt, keine Vorläufer, auf deren Schultern er stand, Gutenberg lebte fast 100 Jahre nach ihm, die Kunst zu lesen war dem Volke noch nicht eigen, die Verbreitung neuer Ideeen außerordentlich erschwert. Dennoch darf in einem gewissen Sinne gesagt werden, daß der Pfarrer von Lutterworth die Seele seines Volkes in seiner Hand hielt. Der Same, den er durch die begeisterte Predigt seiner Armen Priester und durch seine Bibelübersetzung auf den Boden des englischen Volkstums warf, drang durch das obenaufliegende Gestein auf fruchtbaren Untergrund. In der Bauernhütte, der Werkstatt des Handwerkers und auf den Burgen des Landedelmannes gingen jene Keime auf, und wir wissen, daß sie das Volksgemüt mehr als ein Jahrhundert lang befruchtet haben. —

In rastloser Thätigkeit verbrachte er mit den Freunden, die er in Lutterworth um sich gesammelt, die letzten drei Jahre seines Lebens. Während Luther mit theologischen Sätzen begann und mit der höchsten politischen Thätigkeit endete, machte Wiclif den umgekehrten Weg. Nachdem er einmal erkannt, daß die großen Schäden der Kirche mit äußern Mitteln nicht zu heilen seien, setzte er seine ihm gebliebene Kraft daran, die zuerst angestrebte politische Reform durch diejenige der Lehre zu ergänzen und zu vertiefen. Als der Tod seine kalte Hand schon an ihn gelegt, raffte er hier in Lutterworth noch einmal die ihm gebliebene Kraft auf und warf eine große Anzahl Schriften ins Volk. Kein Feind, auch der Papst und der König nicht, ver=

---

a scandalo michi imposito rogabo pro scandalizantibus, ne livor et zelus vindicte dolorem michi super priora superaddant.“ —

mochten es, ihm den Frieden seines Lebensabends zu stören, weil sie ihn und sein Werk getragen wußten von der dankbaren Liebe eines Volkes. Auch ein letzter Versuch, der von der höchsten Stelle der Kirche ausging, mißlang. Wir wissen jetzt, nachdem bis zu Lechlers gründlichen Untersuchungen hin die Thatsache einer Vor= forderung nach Rom hat bezweifelt werden müssen, daß eine solche in der That noch im letzten Lebensjahre an den von der Last der Tage und durch schweres körperliches Leid gebeugten Mann er= gangen ist: er sollte sich innerhalb 60 Tage persönlich vor den römischen Richtern stellen. Wäre er der Citation gefolgt, es wäre sein Tod gewesen. Er selbst äußert sich über die Angelegenheit in einer seiner letzten Schriften [1]), in ernsten und bewegten Worten: „Wohlan, ihr Streiter Christi, gedenket eures Gelübdes, das ihr Jesu Christo gegeben! Auf in den Streit wider diesen Antichrist, der alle Gewalt über eure Leiber und eure Seelen beansprucht! Wehe dem Lande, das seine Herrschaft erträgt! So spricht ein armer, gebrochener Mann, der vor jene Kurie geladen ist; aber ein königliches Verbot hindert ihn, nach Rom zu gehen; und der König hält ihn wirksam ab, dahin zu reisen, daß er viel= mehr zu Hause dem Hohepriester Jesus Christus zu Willen sein muß." —

Das sind die Worte eines Mannes, der es selbst empfand, daß er bald vor einem höheren und gerechteren Richter werde zu erscheinen haben. Sollte dieser letzte Schlag Roms ihn vernichtend treffen: Gottes Rat hatte anders über den treuen Haushalter, dem viel anvertraut gewesen, der aber mit seinem Pfunde gewuchert hatte, beschlossen. Die furchtbare Anspan= nung aller Kräfte, welcher der elende, von Alter, Krankheit und Studium geschwächte Körper nicht mehr gewachsen war, führte das Ende herbei: am 28. Dezember 1384, als er in der Kirche von Lutterworth „die Messe hörte", traf ihn ein zweiter Schlag. Er stürzte zu Boden, wurde von seinen Freunden in die Pfarre getragen und durfte noch zwei Tage lang sich der teilnehmenden Liebe seiner Amtshelfer, Purvey und Horn, erfreuen. Der Schlag= anfall hatte ihm die Sprache geraubt, nicht das Bewußtsein. End=

---

1) De Citationibus frivolis, vgl. Streitschriften, S. 555—556.

lich am 31. Dezember, am Tage des heiligen Sylvester, wurde
der Streiter Gottes heimgerufen durch einen sanften Tod „ins
Vaterland".

In der Kirche seines Dorfes wurde sein Leib zur ewigen Ruhe
gebettet; aber nicht lange blieb ihm der Frieden des Grabes ge=
gönnt. Den Haß, den seine Feinde am Blute des Lebenden nicht
hatten kühlen können, ließen sie am Toten aus. Im Jahre
1427 wurden, einem Befehle des Kostnitzer Konzils zufolge,
seine Gebeine aus ihrem Grabe gerissen, auf einem Scheiterhaufen
verbrannt und ihre Asche in den Swift geworfen. Aber keine
päpstliche Gewalt vermochte das Feuer zu ersticken, das der geistes=
mächtige Mann auf dem Altare der Kirche entzündet. Die Funken
seines Geistes flogen länger als ein Jahrhundert durch England
und schlugen hinüber in die gesegneten Berge und Wälder von
Böhmen, wo sie ein ganzes Volk zu einer mächtigen religiösen
und politischen Erhebung entflammten.

Die ausgezeichneten Untersuchungen Loserths [1]) haben endgültig
dargelegt, daß, soweit die Lehre in Frage kommt, die Prager Bewe=
gung durchaus von Wiclifschen Gedanken beherrscht ist [2]). Wir
dürfen noch einen Schritt weiter gehen. Unter den Wirren der
Husitenkriege traten die Gedanken, für die Hus litt und starb,
nach Schlesien, Sachsen, Brandenburg hinüber, in den Werken
eines Wesel und Wessel begegnen wir gegen Ende des Jahrhunderts
vereinzelten Spuren derselben. Auch Luther bewegt sich, w e n n   a u c h
v ö l l i g   u n b e w u ß t, bis zum Reichstage zu Worms auf der
Linie Wiclifscher Anschauung. In Leipzig bei der Disputation
mit Eck ließ er sich, gedrängt von seinem lauten und prah=
lerischen Gegner, dem alles daran lag, seinen Feind als einen
Schüler Husens, „des verruchtesten Ketzers aller Zeiten" zu brand=
marken, in der Hitze der Gegenrede die Bemerkung entschlüpfen,

---

1) Hus und Wiclif, Prag 1884.
2) Vgl. oben, S. 4.

auch die Konzilien könnten irren und eine Anzahl hufitischer Säße, welche das Kostnitzer Konzil verurteilt hatte, seien durchaus christlich. Das machte ungeheures Aufsehen, und mancher von Luthers Freunden geriet in Sorge, weil man Husens Lehre, so wenig man von ihr wußte, mit allen Greueln des Hufitenkrieges in Verbindung brachte, an welche die schaurigsten Erinnerungen noch lebendig waren. Noch in demselben Jahre schickten ihm die Utraquisten Husens großen Traktat über die Kirche, für die ihr Verfasser das Leben hatte lassen müssen. Schon 1520 wurde das Buch in Wittenberg auf Luthers Veranlassung gedruckt. Mit bewegter Seele las er diese Schrift, die, wie uns Loserth nachgewiesen, mit unmerklichen, völlig verschwindenden Änderungen, zumeist wörtlich, aus Wiclifs gleichnamigem Werke hergestellt worden war. Nun fand er nicht nur seine gelegentlich hingeworfenen Bemerkungen bestätigt, sondern entsetzt, „wie mit starrem Staunen" gewahrte er, daß er längst, ohne es zu wissen, ein Hufit gewesen. „Ich hab' unbewußt bisher alle Lehren des Hus vorgetragen und behauptet. Wir sind alle Husiten, ohne es zu wissen. Ich weiß vor starrem Staunen nicht, was ich denken soll, indem ich die schrecklichen Gerichte Gottes in der Menschheit sehe, daß die ganz offenbare evangelische Wahrheit schon über 100 Jahr lang öffentlich verbrannt ist und für verbannt gilt.' Er war nicht nur zum Husiten, sondern auch zu einem Schüler Wiclifs geworden. Immer mehr vertiefte er sich in die großen Wahrheiten, als deren Zeugen er Hus, noch nicht den hinter diesem stehenden Wiclif, erkannt hatte. Mit welchen Gefühlen mag damals der deutsche Augustinermönch jene berühmte Stelle in Trialog gelesen haben, in welcher Wiclif das große Reformwerk des deutschen Bettelmönches vorausgeschaut hatte. „Ich vertraue", ruft er in seinem Trialog an einer Stelle, wo er eben die schlimmen Thaten und Reden der Bettelmönche aufs schärffte angegriffen, „daß Bettelmönche, welche zu unterweisen Gott in seiner Gnade gefallen wird, von ihrer Untreue lassen und alsdann die Kirche Gottes wieder bauen werden".

Nachdem ihm zum Bewußtsein gekommen, daß er mit seinen Säßen nicht allein stehe, wurde er zuversichtlicher und ließ sich dahin vernehmen, ob Hus oder sonst jemand etwas gesagt habe, das sei ja gleichgültig. Bei der Wahrheit des Evangeliums müsse

man bleiben [1]). Schon im folgenden Jahre erschien als die erste
der großen Streitschriften, die nun Schlag auf Schlag folgten,
das Buch „Vom Papsttum zu Rom", in dem die Einflüsse
der husitischen Schrift, die Luthers inneres Leben in jenen Mo=
naten bis in die Tiefe erregte, unverkennbar sind. Durch
lange Gedankenreihen hindurch ziehen sich die Parallelen mit Hus,
immer natürlich auch mit den Wicliffschen Ideen. Eben so
finden sich in den Schriften „An den christlichen Adel" und
„Von der babylonischen Gefangenschaft", wenn auch in minderem
Maße, Spuren des Wicliffschen Geistes. Auch der nationale Ton,
der Wiclifs Schrift in so hohem Grade bemerkenswert macht, ist
hier angeschlagen, und gewann in jener von religiösen Impulsen
getragenen und leselustigen Zeit gerade so das Gemüt der Deut=
schen, wie er 150 Jahre früher die englische Volksseele ergriffen.
Es ist sogar nicht unmöglich, daß Luther selbst im Besitze eines
größeren Wiclif=Werks gewesen; wenigstens enthält einer der
schönsten Wiclif=Codices der K. K. Hofbibliothek zu Wien Nr.
1387 auf dem Vorsetzblatte den Namen Doctor Martinus Luter
in einer Hand des 16. Jahrhunderts [2]). Wir wissen ferner, daß
Ulrich von Hutten zahlreiche Traktate Husens und wahrscheinlich
auch Wicliffische besaß, daß Otto von Brunfels aus seinem Nach=
lasse den Trialog herausgab und mit anderen Traktaten Luther
dedicierte. In diesem Zusammenhange möchte ich endlich auch da=
rauf hinweisen, daß die Idee, welche Husens Traktate De anato-
mia Christi zugrunde liegt, der Schrift Wiclifs De Christo et
Adversario suo entnommen ist, und daß die berühmten Antithesen
dieses Traktats [3]) im wesentlichen in dem von Luther herausge=
gebenen, von Kranach illustrierten Passionale Christi und Anti=
christi (1527) wiederkehren. —

Wir sehen, so beschränkt auch unsere Kenntnis der Werke
Wiclifs noch ist, daß die Keime der Geistessaat, die er in den
Acker der Zeit ausgestreut hat, daß seine großen Gedanken be=

---

1) Kolbe, Luther und der Reichstag zu Worms (Halle 1883), S. 2—3.
2) Vgl. meinen Aufsatz in d. M. A. Z., 31. Dezember 1884. Auf diesen
Gegenstand hoffe ich, wenn mir Gott Leben und Kraft schenkt, später einmal
zurückzukommen.
3) Vgl. Streitschriften, S. 679 ff.

fruchtend auf das Geistesleben der nachfolgenden Jahrhunderte gefallen sind. Seine Worte, oft mißverständlich und mißverstanden, waren vielleicht nicht immer die rechten Heilmittel für die Schäden der Zeit: „Gott sei mein Zeuge", ruft er einmal aus, „weil ich sein heiliges Wort verehre und halten möchte, strebe ich vor allen Dingen nach seiner Ehre und nach dem Heile der Kirche." Darum setze ich „meine Sache und meine Hoffnung auf die Hilfe des Höchsten, dann kann es nicht geschehen, daß meine Person oder meine Sache untergeht [1]".

Für die ernster gerichteten, späteren Geschlechter wurden die Gedanken dieses Mannes die Grundlagen eines neuen, unzerstörbaren Lebens. So bezeichnet seine gewaltige Persönlichkeit den Anfang eines Wendepunktes in der Geschichte des christlichen Geistes. Er selbst hatte sein großes Abendmahlsbekenntnis geschlossen mit den Worten: „Ich vertraue, daß zuletzt die Wahrheit siegen wird", und die Wahrheit trägt die Gewähr unvergänglichen Lebens in sich.

---

1) Cod. 1294, fol. 34 d: „testis sit michi deus, ego principaliter intendo honorem dei et utilitatem ecclesie ex veneracione scripture". fol. 37 d: „ponat talis fidels spem et causam suam in adiutorio altissimi, et non est compossibile, quod vel persona vel causa pereat."

Druck von Friedr. Andr. Perthes in Gotha.